Frank&Frei

Werner Reichel

Der deutsche Willkommens WAHN

Eine Chronik in kommentierten Zitaten 2015–2016

„Wishful thinking is not idealism.
It is self-indulgence at best
and self-exaltation at worst.
In either case, it is usually
at the expense of others.
In other words,
it is the opposite of idealism."

Thomas Sowell

„Ich habe einen Traum:
Wir öffnen die Grenzen und lassen alle herein, (...)“

KONSTANTIN WECKER

„Wir schaffen das!"

ANGELA MERKEL

„Die Eliten sind gar nicht das Problem,
die Bevölkerungen sind im Moment das Problem.“

JOACHIM GAUCK

*„Niemand hat gesagt,
wir schaffen das mit links.“*

THOMAS DE MAIZIÈRE

Inhalt

Einleitung

Es war nicht Angela Merkel, es war Sigmar Gabriel. Der SPD-Chef betonte im Zusammenhang mit der Massenzuwanderung noch vor der Bundeskanzlerin: „Wir schaffen das!“ Obwohl Vizekanzler, war Gabriel in dieser für Europa so prägenden Phase des Jahres 2015 aber nur eines von vielen Rädchen in der Willkommensmaschinerie, eine historische Randnotiz. Weshalb dieser Satz ausschließlich mit Angela Merkel in Verbindung gebracht wird. Sie hat ihn zur Maxime erhoben, und ein Großteil der Deutschen, der Österreicher und viele Europäer sind ihr gefolgt, haben ihr vertraut.

Merkel ist die zentrale Figur dieses deutschen Massenphänomens, sie hat das Gesicht eines ganzen Kontinents mit ihren Entscheidungen für immer verändert. Es gibt ein Europa vor Merkel und ein Europa nach Merkel. Der britische Journalist Douglas Murray schreibt in seinem Bestseller „Der Selbstmord Europas“: „Obwohl es Merkel nicht zustand, alleine zu entscheiden, zog sie den ganzen Kontinent mit sich, egal, ob die anderen es wollten oder nicht.“[1] Unter dem „alternativlosen“ Wir-schaffen-das-Banner wollten Merkel und ihre „anständigen“ Deutschen Europa bekehren. Bekehren zum Multikulturalismus, zu Buntheit und Vielfalt.

Wer Merkel die Gefolgschaft verweigerte, wie etwa der ungarische Regierungschef Viktor Orbán, wurde als Unmensch, Faschist und Gefahr für Europa gebrandmarkt und entsprechend behandelt. Der moralische Imperialismus der Deutschen hat Europa verändert, Merkel verordnete ihren Landsleuten und ganz Europa die Willkommenskultur. Sie wurde nicht nur in Deutschland zur Staatsräson. In dieser entscheidenden Zukunftsfrage wurde Deutschland wieder zu einem Einparteienstaat. Alle Parteien, mit Ausnahme der als rechtsextrem ausgegrenzten AfD, zogen an einem Strang, auch wenn die CSU ab und an murrte. Die Medien und ihre Prominenten machten begeistert mit. Sie heizten die Welcome-Refugee-Euphorie an, mit ihrem Meinungsjournalismus, ihrer Propaganda, ihren Appellen, ihrem kulturellen Output, ihrer moralischen Erpressung und dem Versprechen, wer mitmacht, ist einer von uns, gehört zu den Guten, wer nicht mitmacht, ist zum Abschuss freigegeben.

Das Fernsehen und die Presse lieferten die passenden Berichte und Bilder von zerlumpten Frauen und Kindern mit großen Kulleraugen. Die Realität sah anders aus: Es waren vor allem junge muslimische Männer, die über die nicht vorhandenen Grenzen der von der Linken herbeiphantasierten „Festung Europa" einströmten.

Das Foto eines toten syrischen Jungen, angespült an einen türkischen Strand, wurde tausendfach über die Medien verbreitetet. Es wurde zur Ikone, zum Symbol für „unser" Versagen. Dafür, dass Deutschland und Europa ihre Grenzen und Geldbörsen noch immer nicht weit genug geöffnet hatten. Von den Kindern, die an der Strandpromenade in Nizza rund ein Jahr später von einem aus Tunesien „geflüchteten" Islamisten mit einem LKW zu Brei gefahren wurden, veröffentlichten die Medien kein einziges Bild.

Journalismus bedeutete zu dieser Zeit nicht, die Bürger neutral über Ereignisse und Entwicklungen zu informieren, sondern Stimmung für die gute, die eigene Sache zu machen. Was wurde damals nicht alles versprochen: Die „Flüchtlinge" würden die deutsche Wirtschaft ankurbeln, würden die Renten der überalterten, kinderarmen Bevölkerung zahlen, und man freute sich in den Medien und Sonntagsreden über die Techniker, Ärzte und Ingenieure, die da kommen würden, über Leute, die für uns und unsere Zukunft „wertvoller als Gold seien". Und Daimler-Boss Dieter Zetsche verkündete auf der Internationalen Automobilausstellung in Frankfurt begeistert: „Genau solche Menschen brauchen wir bei Mercedes."

Ohne Massenzuwanderung aus der Dritten Welt würde Deutschland, würde ganz Europa einer düsteren Zukunft entgegengehen, laut den Prophezeiungen von Wolfgang Schäuble gar „in Inzucht degenerieren". Das graue Deutschland mit seiner unrühmlichen Vergangenheit sollte endlich bunter und vielfältiger werden, die ärmliche abendländische und deutsche Kultur endlich durch Traditionen, Bräuche und Praktiken aus vormodernen, tribalistischen, islamischen Gesellschaften aufgepeppt werden: Von der weiblichen Genitalverstümmelung über die Kinderehe, von kriminellen Clans bis zum Ehrenmord. Durch diesen millionenfachen Zuzug würden die vielen Nazis, die in Deutschland nach linker Darstellung und in öffentlich-rechtlichen Fernsehfilmen kurz vor der Machtübernahme stehen, endlich zur Minderheit.

Deutschland wollte seine düstere Vergangenheit endgültig ablegen und sich in einen bunten, multikulturellen, pazifistischen[2] Hippiestaat verwandeln. Man wollte vom bösesten zum besten Volk der Welt werden. Und dafür benötigte man so viele hilfsbedürftige „edle Wilde" wie man kriegen konnte. Je mehr, desto besser. Obergrenzen gab es keine. Deutschland wollte nicht mehr die ganze Welt erobern, sondern retten. An der Spitze dieser Bewegung stand deshalb auch kein Führer mehr, sondern eine Mutti. Von Karatschi bis Abuja jubelten die Menschen Mama Merkel zu. Ihre Selfies mit Flüchtlingen, die sich im Internet über den ganzen Globus verbreiteten, galten vielen als Einladung und Eintrittskarte nach „Germoney".

Die Realität hält sich aber nicht an politisch korrekte Drehbücher. Unter den Migranten waren nur sehr wenige Ingenieure und Fachkräfte, auch die linke Vorstellung, dass die Masseneinwanderung die braune deutsche Suppe verdünnen würde, stellte sich als falsch heraus: Man importierte im großen Stil Islamisten, also Anhänger einer totalitären Ideologie, Antisemiten, allerlei Kriminelle, Extremisten, Faulpelze und Glücksritter. Die braven Deutschen wollten den selbst erschaffenen rechten Popanz mit dem islamistischen Beelzebub austreiben, sprich: einen virtuellen Feind mit einem realen Gegner bekämpfen. Kein guter Plan. Auch der Rassismus ist unter den neu Eingewanderten stärker als bei den meisten Deutschen ausgeprägt.[3]

Im Herbst 2015 und zum Teil bis heute werden all jene, die auf diese offen daliegenden Tatsachen und Fehlentwicklungen hinweisen, als rechte Hetzer verfolgt und marginalisiert. Dabei hatten sie von Anfang an die besseren Argumente. Das interessierte die Bewohner der politisch korrekten Blase wenig. Wir leben schließlich im postfaktischen Zeitalter, wo Gefühle und Moral über politischer Vernunft stehen. Und wer öffentlich kundtat, dass Mutti und ihr Gefolge nackt war, wurde heftig attackiert und aus der Gesellschaft der Braven ausgeschlossen. Fast alle wollten bei der großen Welcome-Refugee-Party dabei sein, keiner zu den Schmuddelkindern gehören, den Abgehängten, den Modernisierungsverlierern, dem Pack, dem Pöbel, den Fremdenfeinden, den Kanalratten, den Ossis, den Nazis und den Xenophoben. Die Gruppe, die damals von den Deutschen am schärfsten angegriffen, angefeindet und diskriminiert wurde, waren nicht die Flüchtlinge, sondern die Kritiker der Open-Border-Politik. Und das nicht nur verbal.[4]

Dezente Kritik in wohlgesetzten Worten reichte aus, um als Nazi-Untermensch vom öffentlichen Parkett verbannt und aus der Gesellschaft ausgestoßen zu werden. Die Liste der Gedankenverbrecher, dieser „Nazis", wurde 2015 und 2016 immer länger, zumal der Faschismusbegriff immer weiter ausdehnt wurde. Selbst der harmlose Einwand, dass unter den Hunderttausenden unkontrolliert einwandernden jungen Männern eventuell der eine oder andere Extremist, Islamist, IS-Kämpfer oder Terrorist sein könnte, genügte, um als Nazi-Arschloch medial hingerichtet zu werden.

Der Gruppendruck war enorm. Die von oben verordnete Willkommenskultur fiel auf fruchtbaren Boden, den Linken aller Parteien in Deutschland und Österreich über Jahrzehnte lang gedüngt und beackert hatten. Die politische Korrektheit und das linke Gutmenschentum erreichten im Herbst 2015 ihren Zenit, man feierte einen fulminanten Pyrrhussieg, berauschte sich an seiner Menschlichkeit, seiner Empathie und sah sich wie dereinst als neuer Übermensch, als Weltmeister der Moral, der Humanität und Nächstenliebe, der allen Unterdrückten und Verfolgten dieser Welt ohne jede Obergrenze zu helfen hat.

Dieses Hochgefühl und die Aussicht, sich endlich von der Last der nationalsozialistischen Erbschuld befreien zu können, waren der Motor dieser neuen deutschen Massenbewegung. Der Flüchtling wurde im säkularisierten Deutschland zur Erlöserfigur, der die Europäer im Allgemeinen und die Deutschen und Österreicher im Speziellen von ihrer großen Schuld befreien sollte. Die Zukunft versprach, bunt und friedlich wie ein Multikulti-Straßenfest zu werden. Das führende deutsche Nachrichtenmagazin, Der Spiegel, präsentierte ein solches im Herbst 2015 auf seiner Titelseite. Mit vielen bunten Luftballons und der Überschrift „Helles Deutschland". So begeistert waren so viele Deutsche von einer Sache schon seit rund 80 Jahren nicht mehr.

Es kam anders. Es kam die Silvesternacht 2015/16, und vielen Menschen wurde bewusst, dass die unkontrollierte Massenzuwanderung aus dem islamischen und afrikanischen Raum einen gewaltigen Rattenschwanz an Problemen und Belastungen mit sich bringt. Veränderungen, die das Leben jedes Einzelnen massiv beeinflussen, sprich: beeinträchtigen, würden. Die blumigen Versprechen der Politiker, Medienleute, Kirchenfürsten, Künstler und NGO-Vertreter waren plötzlich nichts mehr wert. Viele, die noch vor Kurzem den einströmenden Massen zugejubelt hatten, realisierten nun, dass man sie nicht erst seit den Ereignissen in der Silvesternacht in Köln belogen hatte, dass man ihnen von Anfang an wichtige Informationen vorenthalten hatte und auf unangenehme Entwicklungen, die sich nicht mehr vertuschen ließen, mit zynischen Ratschlägen à la „eine Armlänge Abstand zu halten“ verarscht hatte.

All die Versprechen und verheißungsvollen Prognosen waren nichts anderes als die Utopien und Träume der linken Multikulturalisten. Sie basierten nicht auf Fakten, validen Zahlen, ernst zu nehmenden, wissenschaftlichen Studien, Erkenntnissen oder Erfahrungen. Nichts von alledem. Es waren immer nur linke Hirngespinste.

Den großen Medien gelang es kaum noch, die immer offener zutage tretenden Kollateralschäden und Fehlentwicklungen zu ignorieren, relativieren, beschönigen und umzudeuten. Nur wer an das Multikulti-Märchen glauben wollte oder musste, nahm die Willkommensprediger und die Mainstreammedien noch ernst. Mit dem Finger auf die Rechtspopulisten zu zeigen und „Haltet den Dieb!“ zu rufen funktionierte nur noch in bestimmten, zumeist privilegierten gesellschaftlichen Gruppen. Die Hegemonie der Multikulturalisten fing an, zu erodieren. Damals begann der Aufstieg der „alternativen Medien“ im Internet, der Ausdruck „Lügenpresse“ wurde populär, was heftige und gereizte Reaktionen der sich angegriffen fühlenden linken Meinungselite nach sich zog. Dass ihre moralische und politische Autorität infrage gestellt wurde, konnten die Linken, die seit ihrem Marsch durch die Institutionen an den Hebeln und Knotenpunkten der Macht sitzen, nur schwer verkraften. Zumal sie dank ihrer staatlich finanzierten und gut abgesicherten Blasenexistenz von ihrer moralischen und intellektuellen Überlegenheit zutiefst überzeugt sind. Zum ersten Mal seit Jahrzehnten mussten sie sich mit ernsthaftem politischen Widerstand auseinandersetzen.

Dass nach Jahrzehnten der linken Dominanz in Deutschland und Österreich plötzlich konservative Strömungen und Kräfte erstarkten und es schafften, sich vorbei an den politisch korrekten Gatekeepern, vorbei an den von den Linken beherrschten Medien Gehör zu verschaffen, löste unter jenen, die sich moralisch und politisch als sakrosankt betrachten, Angst, Wut und Aggression aus.

Anfang 2016 war die Flüchtlings-Fête vorbei. Katerstimmung in Deutschland und Österreich. Aber noch funktionierte das Zusammenspiel der treibenden Kräfte hinter der Willkommenseuphorie, noch hielt Kapitän Merkel ihr Land auf Willkommenskurs. Doch die See wurde rauer und immer mehr Bürger murrten. Wenn auch nur leise, offene Kritik wagte kaum jemand.

Merkels „Wir schaffen das", zu Beginn ein optimistischer Motivationsspruch, mutierte zur Durchhalteparole, um als Mahnung und Symbol für die moralische Selbstüberschätzung und den neuerlichen Größenwahn der Deutschen in die Geschichte einzugehen. Wieder einmal war man beim Versuch, die Welt mit seinen Utopien zu beglücken, grandios gescheitert. Und dabei wurde die Rechnung noch nicht einmal ausgestellt.

Deutschland und Europa haben sich verändert. In vielerlei Hinsicht. Dieser Wandel, dieses Wechselspiel der verschiedenen gesellschaftlichen und politischen Kräfte und Gruppen, die anschwellende Welcome-Refugee-Euphorie und die dadurch ausgelösten Verwerfungen, Fehlentwicklungen und Kollateralschäden sowie die sich verändernde Stimmung in weiten Teilen der Bevölkerung werden in diesem Buch dokumentiert. Zu Wort kommen die Akteure, die Profiteure, die Claqueure, die Helfershelfer und die Mitläufer. Von Mama Merkel, dem politischen Spitzenpersonal in Deutschland und Österreich, den Vertretern der Asylindustrie, den Promis aus der Unterhaltungsindustrie bis hinunter zu den Lokalpolitikern, den freiwilligen Helfern und den politisch korrekten Mitläufern. Sie alle kommen zu Wort, ihre Aussagen werden in diesem Buch dokumentiert.

Berauschte man sich im Sommer und Herbst 2015 an seiner Moral, an seiner Menschlichkeit und Großartigkeit, sprangen im Laufe der Zeit immer mehr von diesem Zug ab. Die Statements jener, die „Say it loud, say it clear, refugees are welcome here" oder „Kein Mensch ist illegal" geschrien hatten, wurden zurückhaltender, die Promis leiser, der Ton änderte sich. Wie fließend dieser Stimmungswechsel vor sich ging, wie zäh die Willkommens-Fundamentalisten um Merkel ihren Kampf fortsetzten und ihre Macht und Überzeugung verteidigten, dokumentiert und beschreibt dieses Buch.

Der tiefe Graben, aufgerissen in dieser Zeit, ist geblieben, angesichts der Folgewirkungen der Masseneinwanderung sogar größer geworden, wie die Ereignisse von Chemnitz Ende des Sommers 2018 gezeigt haben. Es waren vor allem jene, die die offenen Grenzen und die Flüchtlingsströme beklatscht, die alle anderen, die nicht in ihren Jubelchor miteinstimmten, zu schlechten Menschen, zu Untermenschen degradierten hatten. Es gab nur zwei Meinungen, keine Zwischentöne und Schattierungen, und nur eine davon wurde akzeptiert und gestattet. Diejenigen, die für offene Grenzen eintraten, warfen ihren Kritikern vor, sie wollten sich vollkommen abschotten, was zwar eine Unterstellung war, aber für erstere Gruppe die Debatte erleichterte bzw. sie gar nicht erst zustande kommen ließ. Schließlich war man von seiner alternativlosen Willkommenspolitik überzeugt, warum sich also mit Kritik und Sachargumenten auseinandersetzen?

Man stand auf der richtigen Seite, dessen versicherten sich alle, die eben dort standen, unablässig: Politiker, Medienleute, Kirchenfürsten, Künstler, Geisteswissenschaftler und das Fußvolk, das dazugehören und nicht anecken wollte. Wer den Fernseher einschaltete, ein Buch las, eine Zeitung aufschlug oder ins Kabarett oder Kino ging, überall wurde einem gesagt, was gut und böse, richtig und falsch, moralisch und verwerflich, gewollt und verpönt ist. Lieber mit der Mehrheit irren als alleine recht haben. Wer sich an diesen simplen Wertekatalog hielt, wurde geachtet, wer nicht, geächtet.

Da die Linke bis heute die Deutungshoheit und die Meinungsführerschaft innehat, konnte und kann sie weitgehend darüber bestimmen, wer sich wie und über welche medialen Kanäle mit welchem Vokabular am öffentlichen Meinungsbildungsprozess beteiligt und einbringt. Dissidenten wurden in die Katakomben der Medienwelt, in alternative Medien im Internet und Social-Media-Kanäle verbannt. In den quasi-offiziellen Medien kamen sie nur noch vor, um vorgeführt zu werden.

Damals sprachen die offiziösen Großmedien mit dem politisch korrekten Gütesiegel fast ausschließlich von „Flüchtlingen", obwohl es sich zum Großteil um unqualifizierte Armutsmigranten handelte. Flüchtlinge ließen sich besser vermarkten, mit ihnen konnte man besser an Menschlichkeit und Großzügigkeit appellieren. Der Bürger sollte glauben, dass jene, die da in großer Zahl aus der Dritten Welt zu uns strömten, vor Krieg, Folter und Verfolgung auf der Flucht waren. Auf die Mehrheit der sogenannten Flüchtlinge traf das nicht zu, sie kamen, weil Europa ein besseres und angenehmeres Leben versprach, weil Mutti sie gerufen hatte.

Man vermischte die Begriffe „Migrant", „Flüchtling", „Flüchtender", „Schutzsuchender", „Asylwerber" und „subsidiär Schutzberechtigter", um eine sachliche Debatte und eine differenzierte und tiefergehende Betrachtungsweise zu verunmöglichen. Diejenigen, die so gerne vor Verallgemeinerungen warnen und betonen, dieses oder jenes müsse man differenzierter betrachten, haben aus politischem Kalkül alle in einen Topf geworfen: Wer es aus der Dritten Welt nach Deutschland oder Österreich schaffte, galt für Politik, Kirchen, NGOs und Medien als Flüchtling. Punkt. Um sich nicht mit lähmenden Diskussionen über die Genfer Flüchtlingskonvention belasten zu müssen, wurden im Laufe der Zeit immer öfter Begriffe wie „Flüchtender" oder „Schutzsuchender" verwendet.

Über die Steuerung der Sprache, etwa mit solchen Wortkreationen, Begriffsumdeutungen, Sprachregelungen und -verboten, gelang es der politmedialen Elite, die Debatte in ihrem Sinn zu beeinflussen. Wer sich nicht an die aktuellen Sprachregeln hielt, nicht die von oben verordneten Vokabel richtig benutzte oder de facto verbotene Wörter verwendete, um die Dinge beim Namen nennen zu können, wurde aus der öffentlichen Debatte ausgeschlossen.

Es gab in der politischen und öffentlichen Auseinandersetzung über die Einwanderung nur zwei Positionen: eine gute und eine schlechte, eine richtige und eine falsche – Willkommenskultur versus Hass, Willkommenskultur versus Angst, Willkommenspolitik versus Egoismus, Willkommenspolitik versus Faschismus, offene Grenzen versus Abschottung.[5]

Man inszenierte und steuerte die öffentliche Debatte, die immer nur eine Scheindebatte war, weil man nur über Banalitäten und Nebensächlichkeiten diskutierte und das Wesentliche, das Grundsätzliche tabu war. Wer diesen engen politisch korrekten Meinungskorridor verließ, war sofort raus aus dem Spiel.

Man warf alle, die aus dem islamisch-afrikanischen Raum kamen, in den Flüchtlingstopf, selbst jene, die aus friedlichen und sicheren Urlaubsländern wie Marokko einreisten, und unterstellte den Kritikern dieser unverantwortlichen Politik, sie hätten Angst vor dem Fremden im Allgemeinen, sie hätten Angst, man würde ihnen etwas wegnehmen, sie seien nur dumme Fremdenfeinde und mit der komplexen Realität überfordert. Politik und Medien unterteilten die Bevölkerung in Wut- und Weltbürger. Die einen, ängstlich, überfordert und anfällig für böse Rechtspopulisten, jene, „deren Sorgen und Ängste man zwar ernstnehmen müsse, aber…", und die anderen, weltoffen, engagiert und smart. Schmuddelkinder und Musterschüler.

Man entwertete seine politischen Gegner, in vielen Fällen wurde er von den „Toleranten" sogar entmenschlicht und zu Ungeziefer degradiert, wie mehrere Zitate in diesem Buch belegen. Eine perfide Strategie oder, wie Autor Martin Lichtmesz schreibt, psychologische Kriegsführung. Man baute einen rechten, unterkomplexen Strohmann, einen, wie man in Wien sagt, Watschenmann auf, gegen dessen fiktive und dumme Argumente selbst linke, intellektuelle Leichtgewichte bestehen konnten. Man inszenierte eine öffentliche Diskussion mit linken Sparringpartnern, die echten Herausforderer durften nicht einmal in die Nähe des medialen Ringes, sie wurden schon vorher mit der Faschismuskeule außer Gefecht gesetzt.

Dieses Buch ist eine Sammlung von Zitaten, die diese Vorgangsweisen, diese Strategien, diese gesellschaftlichen Prozesse, die damalige Verfasstheit der Gesellschaft dokumentieren und beschreiben. Die Zitate sind chronologisch geordnet.[6] So werden die Entwicklung und die Dynamik dieser Welcome-Refugee-Euphorie, die sich zu einer regelrechten Massenhysterie mit wahnhaften Zügen steigerte, nachvollziehbar und begreifbar. Die ausgewählten Zitate stammen aus dem Zeitraum vom 1. Januar 2015 bis zum 31. Dezember 2016 und sind in vier zeitlich-inhaltliche Abschnitte gegliedert. Zu Wort kommen die Vertreter der Willkommenskultur aus Deutschland und Österreich. Es hätte den Rahmen dieses Buches gesprengt, einen größeren Zeitraum zu wählen und Persönlichkeiten auch aus anderen Teilen Europas und der Welt zu Wort kommen zu lassen. Das ist auch gar nicht notwendig, das Epizentrum dieses Phänomens lag und liegt in Deutschland.

In diesem Buch kommen die Protagonisten, Verwalter, Befürworter, Unterstützer, Profiteure und Mitläufer dieser Bewegung zu Wort. Die Kritiker, Mahner und Zweifler nur indirekt, als Zielscheibe von Unterstellungen, Hass, Hetze und in seltenen Fällen auch von sachlicher Kritik. Sie werden in diesem Buch keine Statements von sogenannten Rechtspopulisten finden, keine von kritischen Journalisten und Autoren. Die gab es zwar in kleiner Zahl, trotz der massiven Anfeindungen, der sie ausgesetzt waren und sind, aber um sie geht es in diesem Buch nicht. Im Mittelpunkt stehen jene, die die Grenzen für Millionen von Menschen aus Afrika und dem islamischen Raum geöffnet bzw. diese Politik unterstützt haben, egal, in welcher Position, ob als Entscheider, als Stimmungsmacher in den Medien oder auf der Bühne, als Wissenschaftler, der liefert, was das Establishment zur Unterfütterung seiner Ideologie und Politik benötigt, als kleiner Mitläufer, der im Internet denunziert und die von oben verordnete Meinung verbreitet. Nur so können dieser komplexe Prozess und das Zusammenspiel aller beteiligten Kräfte in ihrer Gesamtheit verstanden werden. Der nach Aufmerksamkeit gierende C-Promi, der medienwirksam gegen Einwanderungskritiker hetzte, war für diese politische Bewegung und diese gesellschaftlichen Prozesse so wichtig wie ein Minister, ein Bischof, ein Anchorman im öffentlich-rechtlichen Fernsehen und ein freiwilliger Helfer am Bahnhof.

Wenn Deutschland endlich eine „transformatorische Siedlungsregion in der Mitte Europas“[7] wird, wie von der SPD ersehnt, und die Multikulti-Utopie sich in einen blutigen Alptraum verwandelt, werden jene, die damals begeistert und fleißig mitgemacht haben, ihre Verantwortung und Mitschuld auf eine einzige Person, auf Angela Merkel, abwälzen. Das kennt und kann man in Deutschland und Österreich. In diesem Buch finden sie Aussagen jener Menschen, die diese Euphorie mitgetragen, unterstützt, befeuert und goutiert haben. Sie alle sind für die Folgen der unkontrollierten Massenzuwanderung aus Afrika und dem islamischen Raum verantwortlich, gerade weil viele „nur ihre Pflicht getan haben“.

Sie finden hier nicht nur jene Sager und Statements, die weite Verbreitung gefunden haben, sondern auch Meinungen und Aussagen von den kleinen Rädchen. Alle Zitate sind authentisch und durch seriöse und nachprüfbare Quellen belegt. Das Buch entspricht wissenschaftlichen Standards. Frei erfundene, verzerrte oder sinnenstellte Zitate, wie sie im Internet, auf Facebook oder Twitter zu Hunderten kursieren, werden nicht berücksichtigt. Die Auswahl dieser Zitate ist subjektiv und erhebt keinerlei Anspruch auf Vollständigkeit, was bei der Flut an Zitaten ohnehin ein sinnloses Unterfangen gewesen wäre. Doch die rund 500 hier versammelten genügen, um die zentralen Argumentationslinien, die wichtigsten Entscheidungen, die wichtigsten Ereignisse und die damalige Stimmung abzubilden.

Die Zitate sind mit Erklärungen versehen, die beschreiben, in welchem Zusammenhang diese Aussage gemacht, auf welche Frage geantwortet wurde, worauf der Sprecher mit seiner Aussage reagiert und was sie ausgelöst hat. Zudem werden die meisten Zitate kommentiert und die ideologischen, politischen oder wirtschaftlichen Hintergründe ausgeleuchtet.

Von den zitierten Personen werden die Funktion bzw. der Beruf angegeben, die sie zum Zeitpunkt ihrer Aussage innegehabt bzw. ausgeübt haben, so wird Heiko Maas als Bundesjustizminister geführt, obwohl er nun Außenminister ist. Da die Mehrzahl der Zitierten ohnehin Deutsche sind, wird dies aus Gründen der Einfachheit und Lesbarkeit nicht erwähnt, etwa dass Angela Merkel „deutsche“ Bundeskanzlerin ist, Zitate von Österreichern werden, wenn nicht anderweitig ersichtlich, mit (A) gekennzeichnet.

Alle Zitate in diesem Buch beziehen sich direkt oder indirekt auf die Themenfelder Flüchtlinge, Migration, Integration, Zuwanderung und Islamisierung. Das schließt auch Aussagen ein, die auf die Kritiker der Willkommenskultur abzielen, also Bewegungen wie Pegida, Parteien wie die FPÖ oder die AfD, Demonstranten und Dissidenten. Natürlich sind all diese Themen eng miteinander verknüpft, auch wenn die Protagonisten der Willkommensbewegung das aus verschiedenen Gründen bestreiten.

Es liegt im Interesse der Multikulturalisten, dass keine Zusammenhänge zwischen den seit 2015 akut werdenden Problemen, wie islamistischer Terror, Bandenkriminalität, Ausbreitung von No-go-Areas oder steigende Vergewaltigungszahlen, und der unkontrollierten Massenzuwanderung aus dem islamisch-afrikanischen Raum hergestellt werden. Gebetsmühlenartig wird wiederholt, das eine hätte mit dem anderen nichts zu tun, so wie der Islam nichts mit dem Islamismus. Es sind die Schutzbehauptungen jener, die für diese Entwicklungen die Verantwortung tragen.

Es geht in diesem Buch darum, zu zeigen, wie diese Migrationswelle nach Deutschland und Österreich entstanden ist, es geht um die Motivation und Beweggründe jener, die sie ausgelöst, gefördert und geduldet haben. Rund um diese Ereignisse sind unzählige Verschwörungstheorien entstanden, viele vermuten geheime Masterpläne, ausgeheckt von finsteren Gestalten. Die Realität ist weniger spektakulär, weniger mysteriös, eher banal und gerade deshalb umso erschreckender. Es gibt unterschiedliche Gruppen, Kräfte, Machtzentren, die ihre Ziele und Interessen verfolgen, es gibt unterschiedliche politische Strömungen, Institutionen, Unternehmen und Organisationen, mit all ihren Abhängigkeiten, Verbindungen, Einflusssphären und Interessen, es gibt Machtstrukturen, Sachzwänge und Netzwerke quer durch alle gesellschaftlichen Bereiche. Es ist ein komplexes Wechselspiel, das auch von persönlichen Befindlichkeiten, Stimmungen oder Zufällen beeinflusst wird. Robin Alexander hat das in seinem Buch „Die Getriebenen" gut dokumentiert und analysiert.

Es waren oftmals politische Bauchentscheidungen, beeinflusst durch den Zeitgeist, und andere Faktoren, die Europa in diesen Strudel gerissen haben. Die Staats- und Autoritätsgläubigkeit sind in Deutschland und Österreich stärker ausgeprägt als in anderen europäischen Ländern. Eigenverantwortung und Freiheit spielen bei uns nur eine untergeordnete Rolle. Hier ist die Bereitschaft, einem politischen Führer unkritisch zu folgen, größer als etwa in der Schweiz oder Großbritannien. Was Medienlandschaft, Wissenschaft, Kirchen und Kultur miteinschließt.

Merkel stieß mit ihrer irrationalen Wir-schaffen-das-Politik außerhalb Deutschlands und Österreichs, wo Bundeskanzler Werner Faymann anfänglich auf Merkels Linie lag, auf großen Widerstand. Vor allem in Osteuropa, aber auch in Ländern wie Dänemark oder Großbritannien. Im Laufe des Jahres 2016 drehte sich auch in Österreich die Stimmung. Der junge Sebastian Kurz, mit seiner konservativen Politik und seiner klaren Haltung in der Einwanderungspolitik, und die rechte FPÖ gewannen 2017 die Nationalratswahl, die SPÖ musste in die Opposition, die Grünen, die radikalsten und aktivsten Open-Border-Aktivisten, schafften nicht einmal mehr den Einzug in den Nationalrat.

Geschlagen geben sich die linken Multikulti-Apologeten nicht, zumal sie noch immer über intakte Netzwerke in Medien, Justiz, Kultur, Wissenschaft und der öffentlichen Verwaltung verfügen. Und viele Menschen glauben noch immer ihren Versprechungen, ihrer Vision vom bunt-friedlich-fröhlichen Multikulti-Europa, weil sie sich belügen lassen wollen. All das, woran sie seit Jahren und Jahrzehnten glauben, worauf sie so stolz sind, was ihr Leben und ihre Stellung in der Gesellschaft ausmacht, was man ihnen in den staatlichen Schulen und Universitäten beigebracht hat, all das können und wollen sie nicht einfach ablegen. Deshalb ignoriert man die Gewitterwolken am Himmel, sieht alles durch seine ideologische Brille, ignoriert offen daliegende Entwicklungen und spricht von bedauerlichen Einzelfällen, die es schon immer gegeben hat. Man belügt sich selbst und die anderen und hofft wider besseres Wissen, so wie Haarwasserfabrikant Gottlieb Biedermann im Drama „Biedermann und die Brandstifter", das Unvermeidliche, das Offensichtliche werde nicht eintreten und sich alles in Wohlgefallen auflösen. Die Biedermänner und die Überzeugungstäter, die Leitwölfe und die Schafe, die Profiteure und die Opportunisten, sie alle sind in diesem Buch verewigt.

Werner Reichel
Grado, 2018

DEZEMBER

31

2014

„Deshalb sage ich allen, die auf solche Demonstrationen gehen: Folgen Sie denen nicht, die dazu aufrufen! Denn zu oft sind Vorurteile, ist Kälte, ja, sogar Hass in deren Herzen!"[8]

ANGELA MERKEL

Erstes Halbjahr 2015:

Der Boden wird bereitet

Am 12. Januar 2015 protestieren laut Angaben der Polizei 25.000 Menschen in Dresden gegen Angela Merkel, gegen ihre Einwanderungspolitik und die Islamisierung Deutschlands.[9] Laut Veranstalter sind es sogar 40.000. Es ist die erste Demo der Pegida-Bewegung[10] nach den blutigen Terrorattacken auf die linke Satirezeitschrift Charlie Hebdo und einen jüdischen Supermarkt in Paris.

In der virtuellen Welt – und nur dort – wollen viele Menschen „Charlie"[11] sein, so mutig und kritisch wie die getöteten Redakteure dieser Zeitschrift. Im Internet darf jeder Held, kann jeder verwegen sein. Widerstands-Posing in der Online-Welt. Schnell verschwindet der islamistische Terror wieder aus den Schlagzeilen, Pegida bleibt hingegen bestimmendes Thema. Die Tausenden Menschen, die demonstrieren und in den Sozialen Netzwerken die Regierung Merkel und die linken Medien heftig kritisieren, beunruhigen die politisch korrekte Herrschaftsklasse und ihre Helfershelfer in Medien, Kultur und Wissenschaft offensichtlich mehr als islamistischer Terror und die Ausbreitung des politischen Islam in Europa.

Mit einem derart breiten und heftigen Widerstand aus der eigenen Bevölkerung ist die neosozialistische Elite bisher nicht konfrontiert worden, sie fürchtet um ihre Macht und Deutungshoheit. Wie groß diese Angst ist, kann man an den Reaktionen der Politiker, der Meinungshüter in den Medien und des staatlich alimentierten akademischen Prekariats erkennen. Wer nicht auf Linie ist, wer nicht der „alternativlosen" Politik Merkels folgt, wer die bisher allgemeingültigen und unumstößlichen Glaubenssätze der neosozialistischen Multikulti-Ideologie infrage stellt und deren Hohepriester kritisiert, wird als Unmensch, als Kloake und als Nazi, was im politisch korrekten Deutschland der schlimmste aller Vorwürfe ist und einem sozialen Todesurteil gleichkommt, diffamiert.

Gleichzeitig schwellen die Migrationsströme nach Europa an. Immer mehr Menschen aus dem islamischen und afrikanischen Raum machen sich mit seeuntüchtigen Schiffen und Booten auf den Weg nach Europa. Viele kommen dabei ums Leben.

Obwohl die Menschen, die nach Europa strömen, von Politikern, Medien, Kirchen und Sozialindustrie aus ideologischen und pragmatischen Gründen verallgemeinernd und undifferenziert als „Flüchtlinge“ bezeichnet werden, flieht der Großteil von ihnen nicht vor Krieg und Verfolgung, die meisten erhoffen sich ein besseres Leben in den europäischen Sozialstaaten. Dementsprechend sind Deutschland, Schweden und Österreich die beliebtesten Destinationen. Ins genauso sichere Osteuropa will praktisch niemand.

Die EU ist mit dieser Einwanderungswelle völlig überfordert, lässt Italien im Stich. Die Medien sind voll mit Bildern von überfüllten Booten. Sie erzeugen den erwünschten Effekt: eine Welle des Mitgefühls. Die Sozial- und Asylindustrie wird zur Boom-Branche, weil Hundertausende Kunden nach Europa strömen. Sie alle müssen beraten, unterrichtet, integriert, ernährt, verwaltet, gepflegt, geheilt, angeleitet, beschäftigt, ausgebildet und unterstützt werden. Dafür braucht es viele „Helfer“, viele Menschen, die gerne „etwas mit Menschen“ machen. Ideal für ein Land, in dem sich immer weniger eine fordernde technische Ausbildung oder ein naturwissenschaftliches Studium zumuten möchten, zumal im linksgrünen Deutschland Fortschritt und Technik ohnehin einen zweifelhaften Ruf genießen.

Wer Flüchtlingen hilft, und sei es auch nur gegen gute Bezahlung, der genießt mehr gesellschaftliches Ansehen als ein Entwicklungsingenieur, der mit seiner Arbeit das Geld erwirtschaftet, von dem so viele Flüchtlinge und Flüchtlingshelfer leben können.

Die linken Politiker in allen Parteien, die Medien, die NGOs und die Kirchen, sie alle fordern von den Europäern Solidarität. Obwohl jedem von Anfang an klar sein muss, dass mit der Massenmigration aus Afrika und dem islamischen Raum kein zukunftsrelevantes Problem gelöst werden kann. Egal, ob Europa jedes Jahr zwei, 20 oder 50 Millionen Menschen aufnimmt. Es ändert nichts an der Situation in den Herkunftsländern, an der Bevölkerungsexplosion, dem Hunger, den Bürgerkriegen, der Korruption, den Christenverfolgungen und der wirtschaftlichen und technologischen Rückständigkeit. Ganz im Gegenteil: Europa importiert sich all diese Probleme.

Doch kaum einer kann sich dieser Stimmungsmache und dieser moralischen Erpressung durch die herrschende Klasse und ihrer Helfershelfer entziehen. Der Boden für den Willkommensherbst ist bereitet.

JANUAR

5

2015

„Das ist kein europäischer Patriotismus, das ist diskriminierende Hetze. (…) Machen Sie sich nicht zu Mitläufern und zum Handwerkszeug von rechtsradikalen Neonazis.“

12

FRITZ KUHN

Oberbürgermeister von Stuttgart (Die Grünen)

Bürgermeister Kuhn bei einer Demonstration gegen Pegida in Stuttgart vor rund 8.000 Teilnehmern. Anfang des Jahres beherrscht die islam- und einwanderungskritische Pegida-Bewegung mit ihren Großdemos in Dresden die Schlagzeilen und die Politik Deutschlands. Deshalb wird auch in Stuttgart demonstriert, obwohl es dort keine nennenswerte Pegida-Bewegung gibt.

Es wird ein tiefer Graben durch die Gesellschaft gezogen: Auf der einen Seite die wertvollen, weltoffenen und engagierten Menschen, wie Bürgermeister Kuhn, auf der anderen die „rechtsradikalen Neonazis“ (gibt es auch linksradikale?). Wer die Glaubenssätze der in Deutschland dominanten Multikulti-Ideologie infrage stellt, wer nicht uneingeschränkt für offene Grenzen eintritt, läuft Gefahr, als Nazi, als Unmensch abgestempelt und entsprechend behandelt zu werden. „Die deutsche Antifa gedeiht dort am besten, wo es keinen Faschismus gibt“[13], schreibt Autor Henryk M. Broder.

JANUAR

6

2015

„Es gibt viele Entwicklungen in unserem Land, über die wir uns Sorgen machen sollten. Die ‚Islamisierung' Deutschlands gehört nicht dazu."

14

THOMAS GOTTSCHALK

TV-Star, Moderator

Wie viele andere Promis aus der Medien- und Unterhaltungsbranche gibt Gottschalk in der Bild-Zeitung eine Wortspende zu Pegida ab. Wie Gottschalk zeigt, sind viele Argumente gegen Pegida aber nicht besonders fundiert.

Dass die Islamisierung eines Landes oder einer Region kein Problem oder zumindest kein vordringliches sei bzw. im rezenten Europa gar nicht stattfinde, kann nur behaupten, wer sich mit diesem Thema noch nie befasst hat.

Dass Islam und Demokratie, Islam und Menschenrechte, Islam und Religionsfreiheit, Islam und Pressefreiheit nicht nur nicht kompatibel, sondern Gegensätze sind, zeigt, dass kein Staat mit muslimischer Mehrheitsbevölkerung eine entwickelte Demokratie ist.[15] In allen 56 Mitgliedsstaaten der Organisation für Islamische Zusammenarbeit[16] werden Menschenrechte missachtet, (religiöse) Minderheiten diskriminiert, schikaniert oder verfolgt.

JANUAR

6

2015

„Leider fehlt diesen Menschen nicht nur der Minimal-IQ, sondern auch das Vermögen, sich vorzustellen, wie funktionsuntauglich, unerträglich spießig und langweilig Deutschland ohne seine Einwanderer wäre."

17

HANNES JAENICKE

Schauspieler

Jaenicke macht, was er den Pegida-Anhängern und anderen Kritikern der unkontrollierten Masseneinwanderung unterstellt: Er degradiert Andersdenkende zu Untermenschen („Minimal-IQ"). Das erspart ihm eine ernsthafte Auseinandersetzung mit deren Argumenten und Kritikpunkten. Mit einem hat Jaenicke allerdings recht behalten: Langweilig ist es dank der offenen Grenzen in Deutschland nicht mehr.

JANUAR

6

2015

„Pegida spielt mit der Angst vor einer angeblichen Überfremdung und Islamisierung unserer Gesellschaft. Das verurteile ich.“

18

MALU DREYER

Ministerpräsidentin von Rheinland-Pfalz (SPD)

Islamisierung findet nur in den Köpfen ängstlicher Deutscher statt, so das ebenso gängige wie falsche Argument. Es ist eine für die meisten Bürger wahrnehmbare Entwicklung, die alle gesellschaftlichen Bereiche durchdringt und Politik sowie Medien immer häufiger und länger beschäftigt. Die Zeitungen sind täglich voll mit den Auswirkungen und Begleiterscheinungen der Islamisierung. Sie wird zum zentralen Problem, zum alles überlagernden Thema in Deutschland und anderen europäischen Ländern.

Wenn im ganzen Land Hunderte Moscheen gebaut werden, in immer mehr Schulkantinen kein Schweinefleisch mehr angeboten wird, wenn über Islamunterricht an Schulen und über Kopftuchverbote in Kindergärten diskutiert wird, wenn in Zeitungen über Kinder- und Vielehen berichtet wird, wenn kopftuchtragende Frauen zunehmend das Straßenbild prägen, wenn Staatsschützer vor Islamisten warnen und bereits Kleinkinder in islamischen Kindergärten religiös indoktriniert werden[19], wenn kippatragende Juden aus Sicherheitsgründen gewisse Stadtteile meiden müssen[20], kann man nicht nur, man muss von der Islamisierung eines Landes sprechen. Alles andere ist unverantwortliche Vogel-Strauß-Politik.

„Pegida vergisst: Ohne den jahrhundertelangen Kulturaustausch zwischen Islam und Christentum gäbe es das heutige Europa nicht. Übrigens: Die Heiligen Drei Könige kamen aus dem Morgenland. Dumm gelaufen, oder?"

21

DIETER HALLERVORDEN

TV-Star, Komiker

Geschichte gehört wohl nicht zu den Stärken des TV-Komikers. Mohammed wurde um 570 nach Christus geboren. Das Morgenland hatte damals also nichts mit dem Islam zu tun, den gab es noch nicht. Als die Heiligen Drei Könige den kleinen Jesus in Bethlehem besuchten, herrschten dort die (europäischen) Römer. Frauen hatten im Römischen Reich übrigens mehr Rechte und Freiheiten als in vielen islamischen Staaten der Gegenwart. Dumm gelaufen, oder?

JANUAR

6

2015

„Pegida schürt Ängste, für die es keinen realen Grund gibt. Die Integrationsfähigkeit unserer Gesellschaft ist nicht überfordert.“

22

JOCHEN BOHL

Bischof der Evangelisch-Lutherischen Landeskirche Sachsens

Woher weiß Bischof Bohl, dass die deutsche Gesellschaft nicht mit der Integration der vielen Zuwanderer aus dem islamischen und afrikanischen Raum überfordert ist? Er weiß es nicht. Solche Aussagen beruhen nicht auf historischen oder wissenschaftlichen Erkenntnissen, sie stützen sich nicht auf Erfahrungen, seriöse Studien, valide Daten, Zahlen und Fakten, sie basieren auf linken Dogmen, Utopien, Wunschvorstellungen und einer seltsam verdrehten Moral.

JANUAR

7

2015

„Wir dürfen nicht zulassen, dass unsere Gesellschaft aufgrund terroristischer Anschläge auch nur einen Fußbreit von ihren demokratischen Grundrechten aufgibt."

23

ANNEGRET KRAMP-KARRENBAUER

Ministerpräsidentin des Saarlandes (CDU)

Kramp-Karrenbauer reagiert auf den islamistischen Anschlag auf die Redaktion der französischen Satirezeitschrift Charlie Hebdo in Paris[24], bei dem elf Menschen getötet werden. Nach islamistischem Terror schlägt die Stunde der politisch korrekten Sonntagsredner und Schattenboxer.

Es ist ein gut einstudiertes Medienritual, bei dem jeder Akteur weiß, was er wie und wann zu sagen hat. Es sind stets dieselben Phrasen, Worthülsen und Gesten. Man moderiert, bedauert, kommentiert, trauert, mahnt und setzt „Zeichen".

Konkrete politische Handlungen und Konsequenzen ziehen solche islamistischen Attacken in Deutschland und Österreich nicht nach sich, sieht man vom dadurch befeuerten „Kampf gegen rechts" ab. Kramp-Karrenbauer will keinen Fußbreit von den demokratischen Grundrechten abweichen und tut es in der Sekunde: Sie ist nicht einmal konsequent und mutig genug, die Urheber, Ursachen und Hintergründe des Terroranschlages konkret anzusprechen und zu benennen.

JANUAR

7

2015

„Der extremistische Islamismus, der islamistische Terrorismus ist etwas ganz anderes als der Islam."

25

THOMAS DE MAIZIÈRE

Bundesinnenminister (CDU)

Fixer Bestandteil des politischen Rituals nach einem islamistischen Massaker: Führende Vertreter des Justemilieu betonen, dass diese Bluttaten nichts mit dem Islam zu tun hätten, obwohl oder gerade weil sich die Attentäter auf Allah, auf den Islam berufen und nach guter alter Tradition „Allahu Akbar" schreien, während sie ihr blutiges Handwerk verrichten.

Dass Islamismus nichts mit dem Islam und islamistischer Terror nichts mit Religion zu tun haben, ist so logisch und glaubhaft wie die Behauptung, Alkoholismus habe nichts mit Alkohol zu tun.

JANUAR
7
2015

„Das was da getan wurde, hat nichts mit Islam, sondern etwas mit – würd' sagen – Mordlüsternheit und Terrorismus zu tun."

26

SIGMAR GABRIEL

Vizekanzler und Parteichef (SPD)

Gabriel analysiert das Massaker in Paris: Die Motive der Terroristen sind demnach auf Mordlust und Terrorismus zurückzuführen. Der Nutzen einer Politik, die auf solchen Analysen und Erkenntnissen aufbaut, tendiert nicht nur gegen Null, sie ist hochgradig gefährlich.

JANUAR

8

2015

„Und auch hier, im Abendland, ist Hass anzutreffen, der in Gewaltphantasien mündet, auch in Bezug auf die ‚Lügenmedien', gegen die auf den Demonstrationen der Pegida gehetzt wird."

27

BERTHOLD KOHLER

Journalist (Frankfurter Allgemeine Zeitung)

Nachdem Islamisten die Redaktion der Satirezeitschrift Charlie Hebdo, auch bekannt für Isalmkritik, angegriffen haben, versucht Kohler Islamisten und Pegida-Anhänger auf eine Stufe zu stellen: Beide Bewegungen wären für die westliche Gesellschaft und Demokratie gleichermaßen gefährlich. Diese Gleichsetzung entbehrt zwar jeder Grundlage, zumal die Gefährlichkeit jener, die die Berichterstattung der linken Presse kritisieren, vor allem auf den verzerrten und oftmals falschen Darstellungen ebendieser Medien und der politisch korrekten Politiker beruht.

Mit der Dämonisierung des politisch unkorrekten Teils der deutschen Bevölkerung versucht das politisch korrekte Spießbürgertum vor der Gefahr, die vom politischen Islam ausgeht, abzulenken, sie zu relativeren und die Mahner und Kritiker einzuschüchtern. Zudem ist es für Journalisten bequemer und vor allem ungefährlicher, einen selbst geschaffenen Popanz zu attackieren, als einen realen, gewaltbereiten Gegner zu kritisieren (siehe Charlie Hebdo, Salman Rushdie[28], die dänischen Mohammed-Karikaturen[29] oder Theo van Gogh[30]). Wären Pegida-Anhänger auch nur halb so gefährlich wie Islamisten und radikale Muslime, die Kritik in den Mainstreammedien wäre bestenfalls dezent.

Zudem hinkt der Vergleich, weil man solche kritischen Bürgerbewegungen von ihren Zielsetzungen und ihrer Intention her nicht mit den Islamisten, sondern mit den Redakteuren von Charlie Hebdo vergleichen müsste. Wer die „Lügenpresse" kritisiert, fordert nicht die Einschränkung, sondern den Ausbau der Meinungsfreiheit, fordert mehr Pluralität, mehr Meinungsvielfalt. Dass die Medienlandschaft im deutschsprachigen Raum extrem linkslastig ist, ist zudem keine Erfindung der Pegida-Bewegung, sondern durch mehrere seriöse und unabhängige Befragungen und Studien belegt.[31/32/33]

JANUAR

9

2015

„Wir müssen mehr miteinander reden. Wenn man sich kennenlernt und miteinander redet, dann ist das der beste Beitrag dafür, Ängste und Sorgen abzubauen."[34]

HEIKO MAAS

Bundesjustizminister (SPD)

Einen Tag nach den islamistischen Terrorattacken in Paris – zuerst auf Charlie Hebdo und tags darauf auf einen jüdischen Supermarkt – besucht Maas die Sehitlik-Moschee in Neukölln, dort gibt er seine politisch korrekten Stammbuchweisheiten zum Besten.

JANUAR
9
2015

„Keine Religion, kein Gott kann so etwas rechtfertigen. Darüber besteht Einigkeit zwischen den Religionen. Und das ist der Beweis dafür, dass diejenigen, die die Taten von Paris als Bestätigung sehen für ihre Proteste, nichts anderes tun, als Hass säen."

35

HEIKO MAAS

Bundesjustizminister (SPD)

Maas mit einem „stichhaltigen" Beweis. Wie nach solchen islamistischen Bluttaten üblich, sind sich die Multikulturalisten und die islamischen Religionsvertreter einig, dass die wahre Gefahr nicht von mordenden Islamisten und islamistischen Hasspredigern, sondern von den „Rechtspopulisten", die vor solchen Entwicklungen warnen, ausgeht.

Für beide Seiten ist es wichtig, dass die wahren Ursachen, Motive und Hintergründe solcher Anschläge nicht in der breiten Öffentlichkeit thematisiert werden, weshalb man nach jeder islamistischen Attacke mit dem Finger auf „die Rechten" zeigt, die Hass säen würden und damit für den islamistischen Terror indirekt verantwortlich gemacht werden.

Dass Maas und Co. mit einer solch verdrehten Logik und hanebüchenen Argumentation bei weiten Teilen der Bevölkerung durchkommen, liegt nicht nur an der breiten Unterstützung und Schützenhilfe durch die Medien, sondern auch daran, dass viele Bürger es glauben wollen, weil die Realität unbequem ist. Man lebt lieber in der von Politik und Medien konstruierten heilen Multikulti-Welt, wo die einzigen Bösewichte die in Wahrheit spärlich vorhanden Rechten sind.

JANUAR

11

2015

„Mir tun die Menschen so leid. Und ich finde schlimm, dass jetzt wieder alle Muslime dafür verantwortlich gemacht werden." [36]

MARGOT KÄSSMANN

Evangelisch-lutherische Theologin und ehemalige Bischöfin

Auch die ehemalige Bischöfin meldet sich nach den Paris-Anschlägen zu Wort. Und wie nach einem islamistischen Massaker üblich, betont sie, dass die eigentlichen Opfer die Muslime sind, die nun von „Rechtspopulisten" unter Generalverdacht gestellt werden würden.

JANUAR

12

2015

„Was Pegida und auch die AfD da betreiben, das ist grenzwertig, weil man doch den Eindruck gewinnt, dass das, was da in Frankreich Schlimmes passiert ist, instrumentalisiert wird für eigene Zwecke."

37

PETER TAUBER

Generalsekretär (CDU)

Auch das gehört zum Ritual nach einem islamistischen Anschlag: Man warnt davor, dass jene, die vor genau solchen Entwicklungen seit Langem warnen, den Anschlag nun für ihre Zwecke „instrumentalisieren" würden. „Rechtspopulisten" handeln quasi niemals im Sinne der Allgemeinheit oder des Staates, alles, was sie tun, tun sie in böser Absicht und dient nur der Verfolgung ihrer dunklen Ziele. Wenn sie vor Gefahren und Entwicklungen im Zusammenhang mit der unkontrollierten Masseneinwanderung oder vor dem sich ausbreitenden politischen Islam warnen, machen sie das nicht, um die Gesellschaft zu schützen, sondern um sie zu spalten, Hass zu verbreiten, gegen Minderheiten zu hetzen etc. Das ist das für linke Medien und Politiker einzig erlaubte Narrativ in der Auseinandersetzung mit der AfD. Wer davon abweicht, gilt sofort als AfD-Sympathisant und damit als politisch Aussätziger.

Im konkreten Fall echauffiert sich Tauber darüber, dass Pegida nach dem blutigen Terror in Paris ihre regelmäßig stattfindende Montagsdemo nicht abgesagt hat. Warum auch? Außerdem warnt Tauber die Pegida-Organisatoren davor, „sich durch den Anschlag bestätigt zu fühlen"[38].

JANUAR

12

2015

„Wenn die gleichen Leute, die vor einer Woche über die ‚Lügenpresse' schimpfen, jetzt mit Trauerflor zur Verteidigung der Pressefreiheit demonstrieren, ist das an Heuchelei nicht zu überbieten."

[39]

HEIKO MAAS

Bundesjustizminister (SPD)

Maas reagiert auf eine Pegida-Demonstration nach dem Anschlag auf Charlie Hebdo. Nur die Vertreter der politmedialen Herrschaftsklasse wie Heiko Maas können diese Demos als Heuchelei bzw. als Widerspruch empfinden. Dass Maas ein problematisches Verhältnis zu Meinungs- und Pressefreiheit hat, stellt er später unter anderem durch das durch ihn auf den Weg gebrachte Netzwerkdurchsetzungsgesetz unter Beweis. Das sogenannte Facebook-Gesetz wird selbst von linken Medien als massiver Eingriff in die Meinungsfreiheit gewertet.[40]

JANUAR

13

2015

„Das geschockte Paris weist den Weg. Es sind Terroristen, ja Verhetzte, die Allah missbrauchen. Der Feind ist nicht die Religion, es gilt zu unterscheiden. Wer unterscheiden kann, wird sich nicht von Pegida und Sympathisanten instrumentalisieren lassen."

41

MICHAEL KERBLER

Initiator der Initiative „Gegen Unmenschlichkeit" (A)

Herr Kerbler demonstriert hier, wie man mit simpler Rhetorik islamistischen Terror für seine eigenen Zwecke instrumentalisieren und Ängste schüren kann. Das primäre Problem, mit dem sich Politik und Gesellschaft auseinandersetzen müssen, ist laut Kerbler nicht die Bekämpfung von Islamismus, sondern sind patriotische und islamkritische Bürger bzw. Bewegungen.

JANUAR

15

2015

„Appell: Wir treten ein! Für die freie Wahl des Aufnahmelandes. Für faire Asylverfahren, gegen Dublin-Abschiebungen. Für die Freizügigkeit von Flüchtlingen.“[42]

FÖRDERVEREIN PRO ASYL E.V.

Kampagne einer der vielen Asyl-NGOs. Solche Forderungen und Geisteshaltungen sind der Nährboden für die Aushöhlung und den Missbrauch des Asylrechts. Wer die freie Wahl des Aufnahmelandes fordert – „Asyl á la carte“ –, beweist, dass es ihm nicht um den Schutz der Menschen vor Verfolgung, Krieg und Folter, sondern um ungeregelte Zuwanderung geht. Um Migration in jene Länder, die die besten Rahmenbedingungen bieten, sprich: über die großzügigsten Sozialsysteme verfügen, was 2015 auf Deutschland, Schweden und Österreich zutrifft.

JANUAR
15
2015

„Jeder hat das Recht, in Frieden und Freiheit zu leben, da wo er möchte, die Welt gehört allen."

43

SANDRA BEHR

Unterstützerin der Pro Asyl-Kampagne „Wir treten ein"

Solche infantilen Phantasien sind einerseits das Produkt einer Gesellschaft, die ihr politisches Koordinatensystem weit nach links verschoben hat und die Menschen via Medien, Kultur, Bildung etc. entsprechend beeinflusst. Andererseits sind sie der Boden, auf dem die Welcome-Refugee-Euphorie gedeiht.

JANUAR

15

2015

„Wir brauchen motivierte junge Menschen, wie albanische Kinder, die gute Schüler sind und unseren Wohlstand noch schätzen können!"

44

SUSANNE FILDEBRANDT

Unterstützerin der Pro Asyl-Kampagne „Wir treten ein"

Viele Menschen die 2015 nach Deutschland oder Österreich einwandern, schätzen tatsächlich den Wohlstand der beiden Länder. Genau deshalb sind sie gekommen. Sie wollen von diesem Wohlstand, den andere geschaffen haben, profitieren. Ein Großteil von ihnen wandert in die Sozialsysteme ein. Es hat gute Gründe, warum ihre Zielländer Deutschland, Österreich und Schweden und nicht Ungarn, Slowakei oder Polen sind, wo sie vor Verfolgung und Flucht ebenso sicher wären.

Hochqualifizierte Arbeitskräfte, Leistungsträger und Menschen, die aus eigener Kraft etwas erreichen wollen, machen einen Bogen um Hochsteuerländer wie Deutschland, sie ziehen Staaten vor, die Leistung belohnen und nicht bestrafen.

JANUAR
15
2015

„Ich trete für eine menschenwürdige Asylpolitik ein, weil ich die tödliche Abschottungspolitik der EU und die Abschiebungen ins Elend absolut unerträglich finde."
45

CAMPINO (ANDREAS FREGE)

Musiker (Die Toten Hosen)

Der populäre „Punkrocker" propagiert von Anfang an eine Politik der offenen Grenzen und zählt zu den treuesten und prominentesten Unterstützern von Merkels Willkommenspolitik. Noch im Jahr 2017 stellt er sich hinter die in Bedrängnis geratene Merkel und warnt eindringlich vor Neuwahlen: „Diese Person (Merkel, A.d.V.) auszutauschen, das wäre für mich das Zeichen, dass die Bundesrepublik Deutschland sich selber zerlegen möchte."[46]

2018 sind die die „Toten Hosen" die Headliner bei einem Konzert in Chemnitz gegen „rechts", nachdem ein Deutscher von einem „Schutzsuchenden" mit zahlreichen Messertischen abgeschlachtet worden ist. Die Menschenjagden, die daraufhin stattgefunden haben sollen, entpuppen sich als Erfindung linker Medien und Politiker.[47]

JANUAR

15

2015

„Kein Mensch flieht aus seiner Heimat, weil er grade nichts besseres zu tun hat. Bitte bedenken Sie dass bei ihren Überlegungen."
[48]

CLAUDIA FREY

Unterstützerin der Pro Asyl-Kampagne „Wir treten ein"

Einer der Hauptgründe, warum sich Hunderttausende Menschen aus Afrika und dem islamischen Raum nach Europa aufmachen, sind die üppigen Sozialsysteme in Deutschland, Österreich oder Schweden. Großzügige Sozialsysteme und offene Grenzen sind eine gefährliche Kombination. Bereits 1977 warnte Wirtschaftsnobelpreisträger Milton Friedman: „Because it is one thing to have free immigration to jobs. It is another thing to have free immigration to welfare. And you cannot have both. If you have a welfare state, if you have a state in which every resident is promised a certain minimal level of income, or a minimum level of subsistence, regardless of whether he works or not, produces it or not. Then it really is an impossible thing." [49]

Ein Ding der Unmöglichkeit... Ein Sozialstaat mit offenen Grenzen wirkt wie ein Magnet auf Menschen aus unterentwickelten und armen Regionen und führt zwangsläufig zu seiner Überdehnung bis hin zum Kollaps. Diese leicht nachvollziehbare Tatsache wird, unter anderem aufgrund fehlender ökonomischer Grundkenntnisse, von sehr vielen Menschen ignoriert. Man sei schließlich ein „reiches" Land, man habe genügend Geld zu verteilen. Das sagen vor allem jene, die ebenfalls von Steuergeldern, von Transferleistungen abhängig sind.

JANUAR

15

2015

„Die unmenschliche Asylpolitik erinnert immer mehr an die NS-Zeit. Das Gerede der Politiker von christlichen europäischen Werten ist zynisch."

50

RENATA VON POSER

Unterstützerin der Pro Asyl-Kampagne „Wir treten ein"

Wer die europäische bzw. deutsche Asyl-Politik mit den Gräueln der nationalsozialistischen Vergangenheit vergleicht, verharmlost und instrumentalisiert diese Verbrechen in einer unverantwortlichen Weise. Solche wahnwitzigen Vergleiche werden von der politisch korrekten Elite nicht nur goutiert, sondern selbst gemacht und gefördert.

JANUAR

15

2015

„So wie jetzt mit Flüchtlingen umgegangen wird, erinnert an Judentransporte, eine Schande ist das, ein Akt gegen d. Menschlichkeit."

51

ELISABETH WEISSKE-KNAUF

Unterstützerin der Pro Asyl-Kampagne „Wir treten ein"

In der Flüchtlingsdebatte wird äußerst leichtfertig mit dem Begriff „Nazi" umgegangen. Kritiker der aktuellen Einwanderungspolitik werden vor allem deshalb mit dem Label „Nationalsozialist" versehen, um jegliche inhaltliche Diskussion zu unterbinden und zu verunmöglichen.

Auch wenn die Vergleiche, wie dieser hier, völlig überzogen sind, ist der Nazi-Vorwurf nach wie vor das beliebteste Totschlagargument der Linken, um Kritiker mundtot zu machen und weitere einzuschüchtern, ganz nach dem Motto: Bestrafe einen, erziehe hundert. Das wirft die Frage auf, wer hier der Faschist ist.

JANUAR
15
2015

„Ich bin strikt gegen eine Verschärfung des Asylrechts und wünsche mir endlich eine menschenwürdige Asylpolitik. Arbeitsverbote, Einreisesperren und Abschiebehaft müssen abgeschafft werden."

52

DIRK VON LOWTZOW

Musiker (Tocotronic)

Asyl ist für Multikulturalisten von Anfang an nur ein Hebel, ein Vorwand für die ungesteuerte und unkontrollierte Masseneinwanderung aus der Dritten Welt nach Europa bzw. nach Deutschland. Die Ängste des Herrn Lowtzow sind völlig unbegründet, weil der politische Trend in Deutschland und international in die entgegengesetzte Richtung geht: Niederlassungsfreiheit als Menschenrecht, wie der UN-Migrationspakt es vorsieht: „Wirtschaftsmigranten werden praktisch den Flüchtlingen gleichgestellt, und mit dem Hinweis, die Welt in eine Migrationsgesellschaft zu verwandeln, wird die Niederlassungsfreiheit zum Menschenrecht erklärt. Zudem dürfe es keine Unterschiede mehr geben zwischen Migranten und der einheimischen Bevölkerung. Der Pakt regelt unter anderem auch den uneingeschränkten Familiennachzug, die Legalisierung von illegalen Aufenthalten, die Ausschaffungshaft sowie eine hindernisfreie Geldüberweisung in die Ursprungsländer der Migranten, wobei für die Kontroll- und Überwachungsfunktion nichtstaatliche Organisationen vorgesehen sind. Zudem müsse Migration als etwas Positives bewertet werden, und negative Gefühle gegen Migranten wären zu verurteilen. Schließlich wird vorgeschrieben, Medien (auch soziale) zu überwachen, damit diese ausgewogen über Migranten berichten, verbunden mit Sanktionen gegen jene, welche angeblich xenophobe Aussagen verbreiten."[53]

JANUAR

15

2015

„Migrationsrecht ist Menschenrecht!“

54

ANDREAS FLIESSGARTEN

Unterstützer der Pro Asyl-Kampagne „Wir treten ein“

Dieser „Aktivist“ sagt unverblümt, worum es ihm und seinen Mitkämpfern geht: Nicht um Asyl, nicht um Schutz vor Verfolgung, sondern um ungeregelte Migration und um offene Grenzen.

Dass die uneingeschränkte Migration ein Menschenrecht sei, wird auch im Jahr 2018 im UNO-Migrationspakt[55] festgeschrieben. Asyl ist für die Multikulturalisten von Anfang an nur der Hebel, um die Bürger Europas auf die Massenmigration aus der Dritten Welt vorzubereiten.

JANUAR

15

2015

„Wer es nach Deutschland geschafft hat, soll bleiben dürfen!"

56

ELKE BUBEL

Unterstützerin der Pro Asyl-Kampagne „Wir treten ein"

Frau Bubel ist offenbar eine Freundin des Faustrechts. Nicht wer die rechtlichen Voraussetzungen erfüllt, nicht wer verfolgt wird oder Hunger leidet, sondern wer es – egal, mit welchen Methoden – hierher schafft, hat den Jackpot geknackt und darf, zumeist auf Kosten der autochthonen Steuerzahler, bleiben.

JANUAR

15

2015

„Das Ziehen von Grenzen zwischen Ländern, dem Selbst und dem Anderen ist ein kulturelles Erbe geschaffen von Europa und seiner Kolonialmacht."

57

CLARISSE DESTAILLEUR

Unterstützerin der Pro Asyl-Kampagne „Wir treten ein"

In der öffentlichen Debatte über die Migrationspolitik wird oftmals auf Fakten verzichtet, sie ist zudem weitgehend ahistorisch bzw. wird die Geschichte so gedeutet, wie man es für seine Argumentationslinie braucht. Bei dieser Interpretation sind der Westen und Europa für alles Übel auf der Welt verantwortlich und stehen auf ewig in der Schuld ihrer angeblichen Opfer.

Warum Afrika – im Gegensatz zu vielen ehemaligen Kolonialstaaten in Asien – den Anschluss an den Rest der Welt nicht findet, hat viele Gründe, aber die interessieren in dieser Diskussion nicht. Europa trägt als ehemalige Kolonialmacht und als „kapitalistischer Ausbeuter" die Schuld am Elend Afrikas, mehr braucht der gemeine Welcome-Refugee-Aktivist nicht zu wissen. Es geht nicht um eine unvoreingenommene Analyse und Bestandsaufnahme, nicht darum, Afrika zu unterstützen, sondern darum, Schuldgefühle zu erzeugen und diese politisch zu instrumentalisieren. Bundeskanzlerin Merkel spricht deshalb von einer „tiefen Schuld gegenüber dem afrikanischen Kontinent".[58]

Es geht nicht darum, die richtigen Schlüsse und Lehren aus der Vergangenheit zu ziehen, sondern um moralische Erpressung, um die Instrumentalisierung der Armut in Afrika zur Durchsetzung der politischen Ziele. Die Afrikaner sind nur die Figuren am politischen Schachbrett.

JANUAR
15
2015

„Demonstration in Gedenken an Khaled Idris Bahray - Opfer eines rassistisch motivierten Mordes in Dresden!“
[59]

ANTIFA-BERLIN.INFO

Schlagzeile auf dem „Portal Antifaschistischer Initiativen“. Am 15. Januar wird der 20-jährige Asylwerber Khaled Idris Bahray aus Eritrea in Dresden ermordet. Linke Gruppierungen vermuten und erhoffen nach Bekanntwerden der Tat einen rassistischen Hintergrund.

JANUAR

15

2015

„Es ist unerträglich, dass die Freund/innen des Ermordeten laut und deutlich sagen, dass sie einen rassistischen Hintergrund vermuten und Polizei und Medien dies einfach ignorieren.“

60

ANTIFA-BERLIN.INFO

Viele Linke wollen den Mord an dem Afrikaner für ihre politischen Ziele, also für den „Kampf gegen rechts“ nutzen. Dazu gehört, dass man der Polizei unterstellt, sie würde einen rassistischen Tathintergrund ausschließen. Volker Beck, umstrittener grüner Bundestagsabgeordneter, zeigt die Polizei wegen des Verdachts auf Strafvereitelung im Amt[61] an. Auch er glaubt, dass die Behörde nicht korrekt ermitteln würde. Man vermutet ein große „Nazi“-Verschwörung.

JANUAR
16
2015

„Die Muslime und ihre Religion, der Islam, sind Teil unseres Landes. Eine Islamisierung sehe ich nicht."
62

ANGELA MERKEL
Bundeskanzlerin (CDU)

Den Widerspruch in diesen beiden Aussagen sieht sie wohl auch nicht.

JANUAR

16

2015

„Im Gedenken an Khaled – das Problem heißt Rassismus“ [63]

Motto einer Demonstration in Dresden, zu der nach dem Mord an dem 20-jährigen Asylwerber, Khaled Idris Bahray, unter anderem der Sächsische Flüchtlingsrat, die Opferberatung RAA, das Netzwerk Asyl-Migration-Flucht und der Zentralrat der afrikanischen Gemeinde in Deutschland aufrufen.

Nach dem Mord an dem Eritreer gibt es nicht nur in Dresden Großdemos. Mehrere Tausend Menschen marschieren in ganz Deutschland im Gedenken an den ermordeten Khaled[64] und gegen Rassismus. Die sogenannte Zivilgesellschaft formiert sich, weil man indirekt die Pegida-Bewegung für den Mord verantwortlich macht und ein rassistisches Motiv und einen rechten Täter vermutet und erhofft.

JANUAR
17
2015

„Auch die Bundeswehr ist für den Tod unschuldiger Menschen in Afghanistan verantwortlich.“

65

SAHRA WAGENKNECHT

Stellvertretende Fraktionsvorsitzende (Die Linke)

Nach den islamistischen Attacken in Paris wird von den Linken die Tat mit dem für solche Fälle üblichen Whataboutism relativiert. Wagenknecht geht dabei besonders weit und stellt deutsche Bundeswehrsoldaten auf eine Stufe mit islamistischen Mördern und Schlächtern.

JANUAR

19

2015

„Der ‚IS' ist kein Kind des Islam, sondern des Irak-Krieges. Unsere Kriege sind Terror-Zucht-Programme."

66

JÜRGEN TODENHÖFER

Publizist

Todenhöfer suhlt sich wie viele andere linke Meinungsmacher im europäischen Schuldstolz, der meist in Kombination mit dem deutschen, dem europäischen Größenwahn und einer antiamerikanistischen/kapitalistischen Haltung auftritt: „Wir", also der Westen, und im Besonderen „die" Amerikaner sind die Wurzel allen Übels.

Islamismus ist nur eine Reaktion auf Kapitalismus, westlichen Imperialismus und Neokolonialismus. Ohne „uns" würde es keine Kriege, keinen Terror und kein Leid geben. Den Dschihad, islamischen Imperialismus und Terrorismus gibt es allerdings seit Mohammeds Zeiten, als Amerika noch ausschließlich von Indianern bewohnt und Europa noch weit weg von einer Kolonialmacht war.

JANUAR

19

2015

„Diese Pegida-Demonstration ist widerlich."[67]

ANTON HOFREITER

Fraktionschef (Die Grünen)

Hofreiter kritisiert eine Pegida-Demonstration, die gar nicht stattgefunden hat, weil sie von der Polizei verboten wurde, nachdem es gegen den Organisator Morddrohungen gegeben hatte. Die heimliche Freude über die Absage können die wenigsten Linken hinter ihren hohlen Phrasen vom Demonstrationsrecht verbergen.

Linke Politiker und Medien empören sich Anfang des Jahres über die Pegida-Bewegung, während der blutige Islamismus dieselben Leute kaum aufregt, hier begnügt man sich mit den üblichen Stehsätzen und der politisch korrekten Weisheit, dass man ihn hinnehmen müsse, schließlich gebe es keine „hundertprozentige Sicherheit", zudem würden im Straßenverkehr viel mehr Menschen ums Leben kommen.[68]

JANUAR

24

2015

„Wir möchten betonen, dass selbst wenn der Mörder Eritreer ist, er nicht die Community repräsentiert. Außerdem würde es nicht bedeuten, dass es keinen Rassismus in Sachsen und vor allem in Dresden gibt. Angesichts der Atmosphäre in der Stadt, die zumindest teilweise durch PEGIDA Proteste geschaffen wird, war ein rassistischer Tathintergrund nicht unwahrscheinlich."

69

REMEMBERING KHALED INITIATIVE

Am 22. Jänner gesteht ein 26-jähriger eritreischer Mitbewohner, Khaled Bahray erstochen zu haben. Grund war ein Streit über die „Haushaltsführung".[70] Die „Remembering Khaled Initiative" reagiert mit einer Pressemeldung auf diese neue Entwicklung. Wie man diesem Text entnehmen und vor allem zwischen den Zeilen herauslesen kann, bedauert die Initiative, wie viele andere aus dem linksgrünen Milieu, dass es der „falsche", also kein rechter Täter war („nicht unwahrscheinlich"). Damit erlahmt auch das öffentliche Gedenken und das Interesse an Khaled augenblicklich.

FEBRUAR

11

2015

„Nicht zuletzt tragen Chancengleichheit und Arbeitsplätze dazu bei, Radikalisierung den Boden zu entziehen.“

MICHEL REIMON

Europaabgeordneter (Die Grünen/A)

Nach den blutigen, islamistischen Terrorattacken in Paris gibt Reimon, wie viele andere Gutmenschen, wertvolle Tipps, wie man islamistischen Terror künftig verhindern könne. Für Reimon und seine Gesinnungsgenossen haben gesellschaftliche Fehlentwicklungen und Konflikte primär bzw. fast ausschließlich soziale Ursachen, andere Faktoren wie Religion oder Kultur sind demgemäß bedeutungslos.

Reimon beklagt eine Benachteiligung von Zuwanderern bzw. Muslimen, die in Europa nicht stattfindet. Ganz im Gegenteil, europäische Sozialstaaten wie Deutschland, Österreich oder Schweden wenden gigantische Summen an Steuergeldern für die Versorgung, Unterbringung, Betreuung und Integration dieser Menschen auf.

FEBRUAR
11
2015

„Wer nicht will, dass die Menschen nach Deutschland flüchten, müsste im Kosovo mehr tun. Dort herrscht eine extreme Armut und Perspektivlosigkeit." [72]

FELIX WOLFF

Balkankoordinator der Hilfsorganisation Care

Deutschland ist aus der Perspektive vieler Wohlmeinenden – aufgrund seiner Schuld aus der Vergangenheit – für das Wohl der ganzen Welt verantwortlich. Unter anderem für die Zustände im Kosovo, von wo Anfang des Jahres 2015 besonders viele „Flüchtlinge" nach Deutschland kommen.

FEBRUAR
12
2015

„Es ist nicht nachvollziehbar, weshalb es einer ministeriumsnahen Einrichtung bedarf, um der größeren Zahl an Anträgen Rechnung zu tragen, und nicht jene Organisationen, die aktuell Rechtsberatung leisten, (…).“

73

HEINZ PATZELT, MICHAEL LANDAU, GERALD SCHÖPFER

Österreichchefs von Amnesty International, Caritas und Rotes Kreuz

Vertreter der österreichischen Asylindustrie befürchten angesichts einer geplanten Gesetzesänderung Umsatzeinbußen und Einnahmenverluste. In einem offenen Brief laufen sie Sturm gegen die Regierungspläne.

FEBRUAR

15

2015

„Die Menschen werden dort (im Kosovo, A.d.V.) das vielleicht als erbarmungslos empfinden. Denn sie wissen, wie miserabel die wirtschaftliche Lage im Land ist und dass wenig Hoffnung ist. Nun sagt Deutschland, bei uns gibt es auch keine."

74

CLAUS KLEBER

Journalist (heute-journal, ZDF)

Der Anchorman des ZDF ist darüber besorgt, was sich Kosovaren denken könnten, wenn man sie nicht nach Deutschland „flüchten", also einwandern lässt. Kleber zeigt damit, dass es ihm nicht um Asyl und Schutz vor Verfolgung geht: Deutschland soll – warum auch immer – Menschen aufnehmen, die sich hier ein besseres Leben erhoffen. Anders als in den klassischen Einwanderungsländern wie Australien oder den USA soll dabei die berufliche Qualifikation der Einwanderer keine Rolle spielen. Nicht Menschen, die Deutschland braucht, sollen aufgenommen werden, sondern jene, die kommen, um vom gut ausgebauten Sozialsystem zu profitieren.

Deutlicher als Kleber drückte es die grüne Fraktionschefin Katrin Göring-Eckardt 2013 aus: „Es geht einerseits darum, sind wir ein Land, was für Migrantinnen und Migranten offen ist, was Leute anzieht. Die wir übrigens dringend brauchen. Nicht nur die Fachkräfte, sondern weil wir auch Menschen hier brauchen, die in unseren Sozialsystemen zu Hause sind und sich auch zu Hause fühlen können."[75]

FEBRUAR
16
2015

„Aber sie war alternativlos."[76]

ULRICH MARKURTH

Oberbürgermeister von Braunschweig (SPD)

Im Jahr 2015 werden viele Entscheidungen als „alternativlos" hingestellt. In diesem Fall geht es um die Absage eines der größten Karnevalsumzüge Deutschlands wegen islamistischer Terrorgefahr. Wenige Tage nach den Terroranschlägen in Paris verkünden viele Politiker in ihren Sonntagsreden vollmundig, den Terroristen würde es nicht gelingen, unser Leben und unsere Freiheit einzuschränken. Doch genau das passiert. Henryk M. Broder: „Schließlich will man – entgegen anderslautender Proklamation – doch lieber nicht ‚Charlie' sein, wenn es mehr kosten könnte als ein Lippenbekenntnis (…)."[77]

FEBRUAR

19

2015

„Ich nenne die Redaktion eine vom publizistischen Untergang bedrohte Gruppe von latent suizidalen Pseudohelden." [78]

TILMAN MOSER

Psychoanalytiker und Körperpsychotherapeut

Ein deutscher Psychoanalytiker über die Ursachen des islamistischen Terroranschlags auf Charlie Hebdo. Die Redakteure haben demnach indirekten Selbstmord begangen, haben es darauf angelegt. Die Botschaft des Psychoanalytikers: Selbst schuld! Mit dieser Meinung steht Moser nicht allein da. Diese Anschuldigung kommt – wenn auch nicht immer so offen ausgesprochen – in vielen Statements zum Ausdruck, nach dem Motto: Meinungsfreiheit ja, aber nicht, wenn es um Kritik am (politischen) Islam geht.

FEBRUAR
23
2015

Ich glaube, dass das Data Mining, Big Data, im Zusammenhang mit der digitalen Revolution für jeden einzelnen von uns ein größerer Anschlag auf die Freiheit ist, als es der Angriff auf das World Trade Center war oder die Ermordung der Journalisten von Charlie Hebdo. Denn weder der Anschlag auf das World Trade Center war ein echter Anschlag auf die Freiheit, sondern ein Anschlag auf die Hegemonie Amerikas, und der Anschlag auf die Journalisten war ein Anschlag auf wenige Leute, die es gewagt hatten Mohammed zu karikieren. Beides ist natürlich zu verurteilen, aber ein richtiger Anschlag auf die Freiheit ist, wenn jeder Mensch, der in Deutschland oder Europa oder Amerika lebt, seine Daten nicht mehr für sich behalten kann, und jeder erdenkliche Mensch und jede erdenkliche Maschine damit machen kann, was sie will. Das ist ein Anschlag auf die Freiheit (…).“

79

RICHARD DAVID PRECHT

Philosoph

Der langen Rede kurzer Sinn: Facebook und Google sind für die Bürger westlicher Staaten die größere Bedrohung als der politische Islam, zu dessen Auswüchsen Anschläge wie jene auf das World Trade Center gehören. Massenmorde durch radikale Muslime wie am 11.9.2001 in New York oder 2014 in Paris sind zu verurteilen, ABER…

In linken, intellektuellen Kreisen wird islamistischer Terror systematisch verharmlost, weil Linke und Islamisten weltanschaulich viele Gemeinsamkeiten haben, vor allem was die Feindbilder betrifft: Man ist antikapitalistisch, antiamerikanisch, antisemitisch (bei Linken als Israelkritik getarnt), antidemokratisch etc.

FEBRUAR

27

2015

„Dennoch liegt vielleicht in Ihrer Warnung eine mögliche Gefahr. Wenn Sie jetzt Juden davor warnen, Viertel mit hohem muslimischen Anteil mit Kippa zu betreten, also zugespitzt, Juden vor Muslimen warnen, sorgen Sie damit nicht dafür, dass Muslime sich von Ihnen angegriffen und stigmatisiert fühlen?“

80

CAREN MIOSGA

Journalistin (Tagesthemen, ARD)

Wie macht man aus Opfern Täter? Ein wunderbares Anschauungsbeispiel aus dem öffentlich-rechtlichen Rundfunk:

Mit der Masseneinwanderung aus dem islamischen Raum kommt auch der muslimische Antisemitismus nach Europa, weshalb es für Juden in ganz Europa zunehmend gefährlicher wird.[81] Der Präsident des Zentralrats der Juden in Deutschland, Josef Schuster, warnt deshalb, in bestimmten Stadtvierteln die Kippa offen zu tragen. Miosga kritisiert diese Warnung, sie könne als „Angriff“ auf die Muslime verstanden werden. Juden sollen sich – so die dahinterstehende Überlegung der Journalistin – attackieren und verprügeln lassen, damit sich Muslime nicht beleidigt fühlen.

MÄRZ

1

2015

„Ich bin dankbar für jede sich bietende Möglichkeit, um im Einzelfall eine Abschiebung zu verhindern, wenn dadurch Gefahr für Leib und Leben oder Menschenrechtsverletzungen drohen. Dabei ist es unwichtig, ob es sich bei dem Zielland um das Herkunftsland oder um ein sogenanntes sicheres Drittland handelt.“

82

BERNHARD FRICKE

Protestantischer Flüchtlingspfarrer in Potsdam

Gefühle, Emotionen und Multikulti-Ideologie stehen 2015 über dem Gesetz. Und sichere Drittstaaten heißen so, weil sie für Flüchtlinge bzw. für Menschen, die sich als solche ausgeben, sicher sind.

MÄRZ

18

2015

„Hetze vergiftet die Gesellschaft. Wer hetzt und Rassismus betreibt, gehört raus aus der Politik. Null Toleranz für Menschenhass in der Politik.“

83

ALEV KORUN

Nationalratsabgeordnete (Die Grünen/A)

Es hetzt immer nur der politische Gegner: Linke kritisieren, „Rechte“ wettern; Linke treffen sich, „Rechte“ rotten sich zusammen; Linke skandieren, „Rechte“ grölen, Linke gehen, „Rechte“ marschieren; linke Gewalttäter sind Aktivisten, rechte Gewalttäter Terroristen etc.

Wer den politisch korrekten Meinungskorridor verlässt, eine restriktivere Einwanderungspolitik einmahnt, wie die FPÖ, auf die Korun hier abzielt, „gehört raus aus der Politik“. Ach ja, Brücken bauen sie auch gerne, Linke wie Frau Korun.

„Auch ich sitze in diesem Boot, das angeblich voll ist. Was schützen wir denn? Die abendländischen Werte, auf die sich diese Drecks-Pegida beruft? Das ist doch armselig.“

84

MICHAEL THALHEIMER

Regisseur

Die armseligen abendländische Werte Europas! Der Hass auf die eigene Kultur und die eigene Gesellschaft sind die Voraussetzung für die unkritische Verehrung des Fremden, des Exotischen, des Archaischen, die 2015 in der Forderung nach Abschaffung der Grenzen gipfelt. Die wiederum nichts anderes bedeutet als eine unkontrollierte, obergrenzenlose Massenzuwanderung von Menschen aus der Dritten Welt. Und in der Selbstauflösung Deutschlands oder Österreichs gipfelt. Wer das für übertrieben, für Schwarzmalerei hält, den belehrt die SPD-nahe Friedrich-Ebert-Stiftung eines Besseren. Das Deutschland der Zukunft solle eine „transformatorische Siedlungsregion in der Mitte Europas“[85] werden.

Zivilisationskritik und die Verehrung des Exotischen, des Menschen im „Naturzustand“, hat eine lange Tradition in Europa. Es war der Philosoph Jean-Jacques Rousseau (1712–1778), der den Mythos des „edlen Wilden“, unverdorben von der (westlichen) Zivilisation, populär machte. In der 68er- und später in der Grün-Bewegung wurde dieser infantile Mythos erneut populär.

MÄRZ
21
2015

„Wir bekennen uns uneingeschränkt zur freiheitlich demokratischen Grundordnung! Wir positionieren uns deutlich gegen die Instrumentalisierung und den Missbrauch einer friedliebenden Religion für terroristische Akte!"

86

POLIZEI DORTMUND

In Dortmund unterschreiben im Rahmen des „Dialoges zwischen Muslimen und der Polizei" muslimische Organisationen und die Polizei, dass sie sich zu demokratischen Grundordnung bekennen. Bekennt sich die Polizei außerhalb Dortmunds demnach nicht zur demokratischen Grundordnung? Und warum müssen die Vertreter einer friedliebenden und toleranten Religion betonen, was in einem demokratischen Rechtsstaat ohnehin eine Selbstverständlichkeit sein sollte?

APRIL
13
2015

„Wenn die Leute die Möglichkeit hätten, ganz normal ein Fährticket zu kaufen und damit auf sicherem Weg übers Mittelmeer zu kommen, hätten wir das Problem nicht mehr.“
87

RUBEN NEUGEBAUER
Mitglied der „Sea-Watch“-Besatzung

Damit hat Herr Neugebauer recht, dann hätte Europa allerdings andere und noch viel größere Probleme, was ihn und seine Brüder im Geiste nicht sonderlich zu stören scheint.

APRIL
19
2015

„Die EU-Staaten müssen endlich mehr Mittel zur Verfügung stellen - aber nicht für mehr Grenzzäune, sondern für mehr Rettungsboote.“
88

MICHAEL LANDAU

Präsident Caritas (A)

Die Caritas ist Teil der Asylindustrie und einer der größten Profiteure der Politik der offenen Grenzen. Je mehr „Flüchtlinge“ ins Land kommen, desto höher die Umsätze. Es ist ein Multimillionengeschäft. Die österreichische Rechercheplattform addendum: „Um 69 Prozent hingegen stieg der Umsatz der Caritas im Tätigkeitsbereich Asyl, Migration und Integration. Dabei war das Ausgangsniveau des Vergleichs- und Krisenjahrs 2015 schon ziemlich hoch. 192,7 Millionen Euro Umsatz standen im Berichtszeitraum 2016 in den Büchern. Damit ist das ‚Geschäftsfeld Asyl‘ hinter dem Pflegebereich (276,7 Millionen Euro) das zweitgrößte.“[89]

Die Caritas Österreich beschäftigt über 15.000 Menschen und ist nur eine von unzähligen NGOs, die mit „Flüchtlingen“ ihr Geld verdienen. Nach Schätzungen der Wirtschaftsuniversität Wien dürfte sich die Zahl der österreichischen Sozialunternehmen bis 2020 von derzeit rund 2.000 auf 8.000 vervierfachen.[90] Während der Industrie und mittelständischen Unternehmen die Fachkräfte ausgehen.

APRIL

20

2015

„Die EU registriert, was an ihren Rändern vor sich geht. Sie sieht, anders als oft behauptet wird, nicht weg, wenn Flüchtlinge sterben. Sie sieht sehr genau hin. Hier wird nicht nachlässig gehandelt. Hier wird vorsätzlich getötet.“ [91]

MAXIMILIAN POPP

Journalist (Der Spiegel)

Politisch korrekte Moralapostel wie Redakteur Popp haben den Vorwurf der Tötung im Zusammenhang mit Sozialmigration äußerst schnell zur Hand. In diesem Fall trifft er nicht die üblichen Bösewichter und Feindbilder der Linken, wie etwa Viktor Orbán, sondern die ohnehin äußerst einwanderungsfreundliche EU. Von den hohen Rössern der Moral, die am liebsten in Redaktionsstuben gehalten werden, lässt es sich leicht (ver)urteilen.

APRIL

20

2015

„Wir brauchen sichere Korridore für den Weg nach Europa, um Menschenleben zu retten und den Schlepperbanden das Handwerk zu legen. Europa muss auch ein Ende setzen beim Herumschicken von AsylwerberInnen. Es braucht eine Quotenregelung für die Verteilung in Europa."

92

ERICH FENNINGER

Bundesgeschäftsführer der Volkshilfe (A)

NGO-Vertreter steigen dank der Unterstützung durch Politik und Medien während der Flüchtlingsdebatte zu Experten, moralischen Instanzen und Meinungsführern auf, obwohl sie keine gewählte und demokratisch legitimierte Funktion im Staat haben, von den Flüchtlingsströmen profitieren und keinerlei Nachweise für ihr „Expertentum" benötigen. Einzige Voraussetzung sind die richtige Geisteshaltung, die richtigen Forderungen und ein Eintrag im Vereinsregister.

Trotzdem werden NGO-Vertreter zu einem bestimmenden Faktor in der Einwanderungspolitik. Ihr Geschäftsmodell, die moralische Erpressung, funktioniert nicht nur bei vielen Bürgern, sie treiben damit auch Politik und Medien vor sich her – und das aus nicht gerade hehren, sondern aus monetären Gründen.

APRIL
22
2015

„An der Küste Libyens warten rund 1 Million Menschen auf eine Gelegenheit, nach Europa zu kommen. Wir dürfen nicht zulassen, dass unser europäisches Meer zum Massengrab für diese Menschen wird. Deswegen: (…) Alle verfügbaren Schiffe in das Seegebiet vor Libyen schicken. (…) Ich will illegale Wege nach Europa bekämpfen. Und stattdessen legale Wege nach Europa schaffen. Nur dann haben wir das moralische Recht, illegale eingewanderte Menschen auch zurückzuschicken."

93

THOMAS OPPERMANN

Parlamentarischer Geschäftsführer im Bundestag (SPD)

Wenn das „moralische Recht", also die Moral, über das Recht gestellt wird. Wenn die Multikulturalisten ihre hohe Moral über die Interessen des Staates und des Volkes stellen. Wobei ihre Moralität nur eine abstrakte ist, weil sie nicht auf Eigenverantwortlichkeit basiert. Für die Kosten und Folgen dieser hohen Moral müssen immer die anderen, also die Steuerzahler, aufkommen.

APRIL

22

2015

„Die Festung Europa muss ihre Tore öffnen." [94]

KATINA SCHUBERT

Vorstandsmitglied (Die Linke)

Vertreter linker Parteien und Asyl-NGOs sprechen gerne und oft von der mythischen „Festung Europa". Eine Festung, die nicht existiert, nie existiert hat und für die es auch nie konkrete Pläne gegeben hat. Die EU ist bisher weder in der Lage noch willens, ihre Außengrenzen zu schützen. Einzelne Staaten, wie etwa Italien, sind mit dem Schutz ihrer Küsten überfordert und werden von Brüssel im Stich gelassen. Solidarität kennen die europäischen Multikulturalisten nur beim Verteilen jener Armutsmigranten, die vor allem Deutschland anlockt.

APRIL
23
2015

„Wir schützen unsere Grenzen besser als die Menschen. Das ist nicht mein Europa, mein Europa bedeutet Leben." [95]

LARS CASTELLUCCI

Bundestagsabgeordneter (SPD)

Grenzen zu schützen bedeutet, Menschen zu schützen, sowohl diejenigen, die in Europa leben, als auch diejenigen, die für ein besseres Leben in Europa jedes Risiko in Kauf nehmen. Der Schutz der eigenen Bürger sollte für gewählte Politiker aber ohnehin oberste Priorität haben.

APRIL

23

2015

„Die Stabilisierung der Herkunfts- und Nachbarländer wird Aufwand, Mühe und Zeit kosten."

96

FRANK-WALTER STEINMEIER

Bundesaußenminister (SPD)

Ohnmacht und Größenwahn: Europa ist nicht in der Lage, seine eigenen Krisen zu bewältigen, will aber Afrika und den Nahen Osten befrieden und stabilisieren.

Dass man mit der Stabilisierung der Herkunftsländer der Sozialmigranten die deutsche und europäische Flüchtlingskrise lösen könne, ist nur ein durchsichtiges Ablenkungsmanöver, eine Hinhaltetaktik, zumal dieses Vorhaben für Deutschland und die EU um mehrere Nummern zu groß ist. Selbst der militärischen und wirtschaftlichen Großmacht USA ist es trotz größter Anstrengungen nicht gelungen, Länder wie etwa den Irak zu demokratisieren und zu stabilisieren.

Während Steinmeier, Merkel und Co. von der Rettung Afrikas phantasieren, sagt der chinesische Staatschef Xi Jinping: „Wir begrüßen Afrika im Expresszug der chinesischen Entwicklung."[97] China investiert Milliarden in Megaprojekte in Afrika, Europa hat längst den Anschluss – wie in vielen anderen Zukunftsfragen – verpasst. Umso absurder sind Aussagen wie jene von Steinmeier, Europa steht geopolitisch längst am Abstellgleis.

APRIL
24
2015

„Ich habe jegliche Geduld mit diesen Arschgeigen verloren; wenn ich erleben muss, dass hierzulande hilfesuchenden Menschen der notdürftige Wohnraum angezündet wird, weil ‚die uns ja etwas wegnehmen wollen', dann schäme ich mich dafür, Deutscher zu sein."
[98]

FARIN URLAUB (JAN VETTER)

Musiker (Die Ärzte)

Sich zu schämen, gehört zu den neuen deutschen Grundtugenden. Wer ein guter Deutscher sein möchte, der schämt sich mehrmals pro Woche ein Deutscher zu sein. Und wenn es keinen Anlass dafür gibt, weil man ohnehin versucht, der Weltmeister im Gutsein zu sein, muss man etwas nachhelfen.

Immer wieder wird 2015 von brennenden Flüchtlingsheimen gesprochen. Doch dafür sind nur in einigen Fällen Neonazis verantwortlich. Viele Heime, die 2015/16 brennen, werden von deren Bewohnern selbst angezündet – unter anderem weil es nicht genügend Schoko-Pudding gibt[99] oder weil ein Somalier seine Mitbewohner töten will[100] – bzw. werden die Täter nie ausgeforscht. Die „mutigen" Kämpfer gegen rechts sehnen solche rassistischen Anschläge in großer Zahl herbei, damit sie sich für ihre rassistischen und widerlichen Landsleute schämen können. Nicht das Anzünden von Flüchtlingsheimen, sondern das Herbeisehnen solcher Verbrechen, um sich als moralisch besserer Deutscher fühlen zu dürfen, der ohne jede Gefahr und Anstrengung den Widerstand nachholt, den seine Großeltern nicht geleistet haben, ist typisch für das postmoderne deutsche Spießertum.

APRIL

27

2015

„Wir öffnen die Tür für Ausländer und Flüchtlinge. Weil es gut für uns ist, weil wir das wollen, weil wir es richtig finden, dass Flüchtlinge hierher kommen können.“

101

KATRIN GÖRING-ECKARDT

Fraktionsvorsitzende (Die Grünen)

Weil „wir“ es wollen. Mehr Gründe oder gar demokratische Volksentscheide braucht es für Göring-Eckardt nicht. Wozu auch, sie ist fest davon überzeugt, zu wissen, was für „uns“, für die Bevölkerung und ein Land, am besten ist, auch wenn die Menschen anderer Meinung sind. „Weil wir es richtig finden.“ Damit meint Göring-Eckardt sich und ihre linksgrüne Clique, die zugegebenermaßen recht groß ist.

Hier gilt die Faustregel, je weniger Menschen mit Sozialmigranten zu tun haben, je weniger sie von den Folgen der massenhaften Armutsmigration betroffen sind, und sie ihre Informationen darüber primär über rotgrün-affine Medien beziehen, desto eher sind sie bereit, die Grünen zu wählen. Beispiel Bayern-Wahl 2018. Im wohlhabenden Stimmkreis München-Mitte stimmen über 42 Prozent für die Grünen.[102]

APRIL
27
2015

„Zweitens müssen wir uns auch darauf einstellen, noch mehr Flüchtlinge aufzunehmen. Das können wir auch. Gerade wir in Deutschland können das, wir in Europa können das. Man kann nicht mehr zulassen, dass Leute im Mittelmeer ertrinken. Das muss sich ganz schnell ändern.“

103

KATRIN GÖRING-ECKARDT

Fraktionsvorsitzende (Die Grünen)

Welche Signale eine Politik der offenen Grenzen an die Dritte Welt aussendet und welche weitreichenden und irreversiblen Folgen das für Europa hat, darüber wird damals – sieht man von alternativen und geächteten Medien ab – nicht ernsthaft debattiert. Im Taumel der Menschlichkeit und Nächstenliebe, deren Kosten zumeist nicht jene tragen, die sie predigen, werden die negativen Auswirkungen in Erwartung eines Multikulti-Paradieses auf europäischem Boden einfach ignoriert.

Selbst wenn Europa 100 Millionen Afrikaner aufnehmen würde, es würde Afrika nicht helfen, seine strukturellen Probleme zu lösen. Im Gegenteil: Afrika nützt ein wirtschaftlich starkes und reiches Europa, das seine Ressourcen in Forschung und Entwicklung und nicht in die Versorgung von Millionen von Armutsmigranten investieren kann, mehr als ein afrikanisierter Kontinent.

APRIL
27
2015

„Aber die Forderungen, die von der AfD aufgestellt werden, zum Beispiel die ‚Drei-Kind-Politik', warnen nicht nur vor dem Islam, sondern vor der sogenannten ‚Islamisierung'. Darin steckt so viel Absurdität, dass wir manchmal ganz hilflos sind in der Argumentation."

104

KATRIN GÖRING-ECKARDT

Fraktionsvorsitzende (Die Grünen)

Und weil man beim Argumentieren hilflos ist, diskutieren Menschen wie Göring-Eckardt mit ihren Gegnern und Kritikern, wenn überhaupt, auf einer persönlichen und nicht auf einer sachlichen Ebene. Unter anderem deshalb, weil im postfaktischen Zeitalter Gefühle, abstrakte Moral und Emotionen mehr zählen als Fakten und Sachargumente. Auf dem Feld der Moral und der Emotionen sind gefühlige Menschen wie Göring-Eckardt unschlagbar.

MAI

8

2015

„Asylbewerberzahlen steigen. Politiker nutzen sie, um Angst vor Flüchtlingen zu schüren. Die Statistik belegt, wie unbegründet das ist." [105]

LENA KLIMKEIT/SASCHA VENOHR

Journalisten (Die Zeit)

Wer die mittel- und langfristigen Folgen von politischen Weichenstellungen abschätzt und berücksichtigt, wer politisches Augenmaß und Umsicht beweist, wird von linken Journalisten bezichtigt, Ängste zu schüren und mit ihnen zu spielen. „Ängste zu schüren", zählt bis heute zu den beliebtesten hohlen Phrasen all jener Linken, die sich nicht mit unangenehmen Fakten[106] herumschlagen möchten. Wobei die Linken selbst gerne und exzessiv Ängste schüren. Sie warnen täglich vor der „Gefahr von rechts", vor der Klimaapokalypse, vor Feinstaub, vor Großkonzernen etc.

Wer jedoch, wie die linken Open-Border-Aktivisten, Entscheidungen von enormer Tragweite aus dem Bauch heraus und aufgrund des herrschenden Zeitgeistes trifft, ohne die möglichen Folgen und Auswirkungen auf Gesellschaft, Staat und Wirtschaft in seine Überlegungen miteinzubeziehen, gilt als weitsichtiger und vor allem menschlicher Politiker. Das erinnert an ein Zitat, das Heiner Geißler zugeschrieben wird: „Für manche ist einer schon rechts, wenn er morgens pünktlich zur Arbeit kommt."

MAI

8

2015

„Wir wohnen in einem der reichsten Länder der Welt und haben auf lange Sicht weder das Recht noch die Chance, unser Land durch strenge Asylgesetze und zum Teil unmenschliche Abschiebepraktiken vor der Not von Flüchtlingen ‚sicher' zu machen."

107

MANFRED SCHEUER

Bischof der Diözese Innsbruck (A)

Es sind vor allem jene, die nichts zum Reichtum eines Landes beitragen, die am großzügigsten mit dem Reichtum anderer umgehen und am lautesten nach dessen „gerechter" Verteilung rufen. Nicht die Schaffung von Wohlstand, sondern dessen Verteilung, bei der immer auch ein großes Stück für die Verteilenden abfällt – deutsche Bischöfe verdienen um die 10.000 Euro Grundgehalt im Monat[108] –, gelten in linken und christlichen Kreisen als vorbildlich und moralisch.

MAI

17

2015

„Man kann nur vor etwas Angst haben, das man nicht kennt."

109

JULIA STEMBERGER

Schauspielerin (A)

Weisheiten aus dem politisch korrekten Stammbuch für einfache Gemüter. Wenn man Löwen, Giftschlangen, Nationalsozialisten, Islamisten oder Massenmörder kennt, hat man keine Angst mehr vor ihnen? Eine eher steile These. Oftmals bekommt man erst vor etwas Angst, wenn man sich damit genauer auseinandersetzt. Mit solchen dümmlichen Aussagen versuchen sich Menschen wie Julia Stemberger als moralische, intellektuelle Lichtgestalten zu positionieren, die nichts mit dem „braunen Bodensatz" unserer Gesellschaft zu tun haben.

MAI
17
2015

„Was mich viel mehr schreckt als die Kanalratten, die jetzt immer lauter werden, ist die große Menge der Menschen, die schweigt."

110

JULIA STEMBERGER

Schauspielerin (A)

„Kanalratten" ist widerlicher Nazi-Sprech. Die Entmenschlichung des politischen Gegners gehört zu den Standardmethoden linker und rechter Faschisten. Kanalratte ist ein besonders drastischer Ausdruck. Die ohnehin negativ konnotierte Ratte wird durch den Zusatz Kanal noch einmal verstärkt.

Einwanderungskritiker werden zu schmutzigen, widerwärtigen und gefährlichen, weil Seuchen übertragenden Ungeziefern degradiert. Eine solche Abwertung hat, wie wir aus der Geschichte wissen, eine ganz bestimmte Intention: Die Entmenschlichung des Gegners dient dazu, die Hemmschwelle für dessen Verfolgung und letztendlich Tötung herabzusetzen.

Interessant ist auch das Schweigen, das Ausbleiben der Reaktionen der ansonsten so oft empörten Politiker, Medien- und Kulturmenschen. Man stelle sich vor, jemand würde nicht „Rechtspopulisten" oder Zuwanderungskritiker, sondern „Flüchtlinge" oder Schauspieler als „Kanalratten" bezeichnen.

Der Hass und die Menschenverachtung jener Menschen, die vorgeben, moralisch überlegen und tolerant zu sein, ist immer wieder erschreckend und verdeutlicht, wie dünn die Decke unserer Zivilisation ist.

MAI

25

2015

„Fähren statt Frontex“

111

MIRIAM EDDING

Hamburger Mitinitiatorin von Watch the Med

In der Realität sind Frontex-Schiffe ohnehin nichts anderes als Fährschiffe für Armutsmigranten. An einem einzigen Tag im Mai 2015, am 29., bringen Frontex-Schiffe über 4.000 Migranten nach Europa.[112]

MAI
29
2015

„Diese Europäische Union tötet. Sie tötet durch Unterlassen, durch unterlassene Hilfeleistung."
113

HERIBERT PRANTL

Mitglied der Chefredaktion (Süddeutsche Zeitung)

Moralische Erpressung gehört zum Handwerkszeug der „guten" Menschen. Prantl wird während der Flüchtlingskrise von seinem Schreibtisch aus zu einem der wichtigsten publizistischen Bannerträger der Welcome-Refugee-Bewegung.

MAI

29

2015

„Ob uns die Flucht nach Europa, die Migration hierher überhaupt, passt, ist nicht mehr die Frage. Sie ist eine Tatsache (...).“

114

HERIBERT PRANTL

Mitglied der Chefredaktion (Süddeutsche Zeitung)

Migration als Vulkanausbruch, als Wirbelsturm, als eine Naturgewalt, die ein Land nicht steuern, regulieren, eindämmern oder verhindern kann. Eine beliebte Behauptung all jener, die Migration nicht eindämmen, regulieren oder verhindern wollen. Masseneinwanderung wird als „alternativlos“ dargestellt, obwohl Länder wie Australien oder Japan beweisen, dass es sehr wohl möglich ist, illegale Zuwanderung zu unterbinden, ja sogar gegen Null zu senken.

MAI

29

2015

„Das sogenannte Dublin-System wird ersatzlos abgeschafft. Stattdessen gilt in Europa das Prinzip der einmaligen freien Wahl. Jeder Flüchtling, der nach Europa flieht, kann selbst entscheiden, in welchem Land er Asyl beantragen und Schutz suchen will."

115

HERIBERT PRANTL

Mitglied der Chefredaktion (Süddeutsche Zeitung)

Prantl propagiert hier den sogenannten Asyltourismus. Sozialmigranten aus aller Welt sollen sich die Länder aussuchen dürfen, in denen sie die großzügigste Unterstützung erhalten, also Deutschland, Schweden und Österreich. Dass das nicht funktionieren kann und diese grenzenlosen Sozialstaaten ob des Andrangs kollabieren müssen, kümmert den Gesinnungsethiker Prantl nicht.

MAI

29

2015

„Es gibt viele Landschaften in Europa, die weitgehend entvölkert sind (…) auch in Mecklenburg-Vorpommern. Dort könnten Flüchtlinge angesiedelt werden. (…) Die Einwanderer können sich mit den Erfahrungen ihrer uralten Subsistenzwirtschaft, also der Selbstversorgung, eine bescheidene Existenz aufbauen."

116

HERIBERT PRANTL

Mitglied der Chefredaktion (Süddeutsche Zeitung)

Das ist keine Satire. Mecklenburg-Vorpommern als neuer Lebensraum im Osten, wo afrikanische und arabische Kleinbauern Maniok und Yams anbauen. Europa auf dem Weg zurück in die Subsistenzwirtschaft.

Prantl zeigt hier, wie weit sich die Blase der linksintellektuellen Gutmenschen, das postmoderne linke Spießertum, von der Realität entfernt hat. Außerdem scheint Prantl nicht zu begreifen, warum Hunderttausende junge Männer ihre Heimat verlassen. Unter anderem deshalb, weil sie ihr Dasein eben nicht als hart arbeitende Kleinbauern fristen wollen. Egal, ob in Afrika oder Mecklenburg-Vorpommern.

JUNI

15

2015

„Wir sind das zweitbeliebteste Einwanderungsland. Die CDU spricht darüber nicht so gern. Aber das lernen wir auch noch." [117]

ANGELA MERKEL

Bundeskanzlerin (CDU)

Zum 70. Jahrestag der Gründung der CDU stimmt Merkel ihre Parteikollegen auf die Willkommenskultur ein. Die Mutti will das ihren noch immer widerspenstigen Parteikindern – „das lernen wir auch noch" – endlich beibringen. Merkel setzt das konsequent, unerbittlich um, sie hat die einst konservative Partei politisch weit nach links geführt und zwischen SPD und Grünen positioniert. Selbst die SPD-Multikulti-Fundamentalistin Saswan Chebli bezeichnet Merkel als „Sozialdemokratin"[118], vor der sie tiefsten Respekt habe.

JUNI

17

2015

„Flüchtende sind Entrechtete des Kapitalismus“

119

SOZIALISTISCHE JUGEND ÖSTERREICH

Weil sich die Arbeiterschaft nicht von den Sozialisten – und schon gar nicht von der sozialistischen Jugend – retten und beschützen lassen will, muss nun der Flüchtling – ob er will oder nicht – als Ersatzobjekt, als zu Beschützender, als Mündel der Sozialistischen Jugend herhalten.

JUNI

17

2015

„Mit jedem Tag ist die Festung Europa bereits zu lange gestanden – nur gemeinsam können wir sie niederreißen.“

120

SOZIALISTISCHE JUGEND ÖSTERREICH

Was genau wollen die österreichischen Jungsozialisten einreißen? Wo stehen die Mauern der „Festung Europa“? Wer ist der Burgherr, wer sind die Bogenschützen an der imaginären Brüstung? Die Festung Europa ist wie die Gefahr von rechts nur eine Schimäre der Linken, die unter anderem dazu dient, einen mutigen Scheinkampf zu führen, den politischen Gegner zu dämonisieren und von den wahren Problemen, den eigenen Fehlern und Unzulänglichkeiten ablenken zu können.

JUNI

19

2015

„Wir möchten eine 180-Grad-Wendung in der Flüchtlingspolitik Europas, eine Willkommenspolitik. Ein Einwanderungskontinent muss Europa sein. Das ist die einzige Zukunft Europas. Und diese Menschen als letzte Chance sehen, denn das sind sie.“

121

JUSTUS LENZ

Aktionskünstler „Zentrum für Politische Schönheit“

Der „edle Wilde“ wird, wie von linken Sozialromantikern seit Jahrhunderten, als letzte Rettung, als letzter Ausweg für das dekadente Abendland, für Europa präsentiert. Back to the roots mit den Migranten aus der Dritten Welt. Warum Europa ohne Hundertausende Analphabeten aus Afrika, warum Europa ohne Hunderttausende Menschen, sozialisiert in vormodernen, tribalistischen Gesellschaften, verloren ist, kann Herr Lenz wohl nur mit schwammiger linker Polit-Esoterik begründen. Mehr als solche Parolen, Apelle und Stehsätze hat er nicht zu bieten.

JUNI

20

2015

„Bleibt ruhig! Täglich nimmt Hamburg rund 200 Flüchtlinge auf. Aber keine Panik: Die Stadt kann das schaffen."

122

FRANK DRIESCHNER

Journalist (Die Zeit)

Im Juni 2015 regt sich noch relativ wenig Widerstand gegen die anschwellenden Migrantenströme. Die linken Medien stimmen die Menschen bereits auf die bevorstehende Welcome-Refugee-Party ein.

JUNI

20

2015

„Es handelt sich um eine Psychose mit Ausgang im Familienleben“

123

JOSEF KLAMMINGER

Landessicherheitsdirektor der Steiermark (A)

An diesem Samstag rast in der Grazer Innenstadt ein 26-jähriger Bosnier mit einem SUV durch Fußgängerzonen, über Gehsteige und attackiert Passanten mit dem Messer. Er tötet drei Menschen (darunter ein vierjähriges Kind) und verletzt 36 weitere schwer. Bereits kurz nach den blutigen Vorfällen, bevor die Ermittlungen richtig beginnen können, wird diese Tat von den Behörden und Politikern als Amokfahrt eines Psychopathen dargestellt. Alle bleiben bei dieser Linie, ein islamistischer Terrorakt wird von Anfang an ausgeschlossen. Es gebe „keinen Zusammenhang zu Fanatismen“[124], sagt Klamminger sofort nach der Tat.

Der bekannte österreichische Publizist Andreas Unterberger: „Absolut unerträglich, wie rund um den Grazer Amokfahrer geschwiegen, manipuliert, gelogen wird. Der Bosnier hatte (…) mit dem Auto absichtlich drei Menschen getötet und 40 verletzt. Ihm wird nun – endlich – der Prozess gemacht. Man tut aber dabei alles, um das Blutbad nicht als islamistische Tat erscheinen zu lassen.“[125]

JUNI

20

2015

„Ich bin bestürzt über die unfassbare Amokfahrt.“

126

WERNER FAYMANN

Österreichischer Bundeskanzler (SPÖ/A)

Nach dem Massaker in Graz übernehmen Politiker und Medien, ohne weitere Fragen zu stellen, die Polizeiversion vom Amoklauf eines psychisch Gestörten. Man erwägt nicht einmal die Möglichkeit eines islamistischen Attentats. Das Bild vom friedlich-harmlosen Österreich, das keine Probleme mit Islamisten und islamistischem Terror habe, soll offenbar keinen Kratzer bekommen. Österreich will weiterhin eine „Insel der Seligen“ bleiben.

JUNI

22

2015

„Flüchtlinge sind eine Bereicherung. (...) Ich denke aber, wenn das im Theater klappt, warum sollte das nicht auf breiterer gesellschaftlicher Ebene auch möglich sein?"

127

NICOLAS STEMANN

Theaterregisseur

Die staatlich subventionierte Scheinwelt der Bühne ist ein denkbar schlechtes Modell und Vorbild für die reale Welt.

JUNI

24

2015

„Die drei Leichen aus der Grazer Innenstadt waren noch warm, der Täter nicht einmal einvernommen: Strache fand kein Wort des Beileids, sondern versuchte, die Tat eines Psychopathen in das Attentat eines bosnischen Islamisten umzudeuten.“

128

FLORIAN KLENK

Journalist (Falter/A)

Die drei Leichen sind noch warm, da meldet die Polizei, ohne mit den Ermittlungen so recht begonnen zu haben, dass diese „Amokfahrt“ keinen religiösen oder extremistischen Hintergrund habe. Wer dieser voreilig verbreiteten Version misstraut, wie etwa FPÖ-Chef Strache, wird von linken Medien wie dem Falter, der ansonsten jede Polizeimeldung anzweifelt und sie auf Herz und Nieren prüft, attackiert.

Ein islamistisches Massaker können die österreichischen Linken nicht gebrauchen. Dass Strache kein Wort des Beileids findet, ist zudem gelogen: „Mein tiefes und aufrichtiges Mitgefühl gehört all den Opfern und ihren Familien. Den vielen Verletzten wünsche ich eine baldige Genesung“[129], so Strache in einer Presseausendung kurz nach dem Attentat.

Zweites Halbjahr 2015:

Willkommenseuphorie

Immer mehr Menschen strömen nach Europa. Ihr Ziel ist Deutschland. Die Journalisten erfinden sich und ihren Berufsstand in diesem Herbst neu: Aus Berichterstattern werden Stimmungsmacher und Willkommenspropagandisten.

Angela Merkel schwenkt nach einer ungeplanten und tränenreichen öffentlichen Begegnung mit einem behinderten palästinensischen Mädchen auf den Welcome-Refugee-Kurs ein, danach gibt es kein Halten mehr. Politik, Medien und NGOs entfachen einen gewaltigen Flüchtlings-Hype.

Eine von Politik, Medien, Kultur, Kirchen, NGOs und linken Echokammern getriebene deutsche Bewegung entsteht. Die wichtigsten Akteure des Staates und die Vertreter der linken „Zivilgesellschaft" jazzen sich gegenseitig hoch. Obergrenzen, Grenzkontrollen, Identitätsfeststellungen? Brauchen wir nicht! Deutschland verfällt in eine Massenhysterie. Keiner darf im Refugee-Herbst 2015 abseitsstehen. Selbst die Bild-Zeitung erklärt den Deutschen, warum jetzt alle helfen müssen. Ja, müssen.

Wer daran zweifelt, dass die unkontrollierte Masseneinwanderung aus Afrika und dem islamischen Raum nicht nur positive Auswirkungen auf Deutschland und seine Zukunft hat, wer so ungeheuerliche Dinge wie Grenzkontrollen oder Identitätsfeststellungen fordert, wer sich Sorgen um die Sicherheit, die Finanzen, den Sozialstaat und das friedliche Zusammenleben macht, wird entweder als dummer, ängstlicher Modernisierungsverlierer oder als von Hass zerfressener Nazi an den medialen Pranger gestellt. Im besten Fall wird Andersdenkenden im paternalistischen Tonfall erklärt, dass man ihre Sorgen und Ängste zwar ernst nehmen würde, dass sie aber völlig unberechtigt seien und alles gut werden würde, man müsse nur Merkel und ihrer linken politmedialen Klasse vertrauen, da sie einzig und alleine den Über- und Durchblick in dieser komplexen Angelegenheit haben. Die Medien liefern zu allen einschlägigen Berichten gleich die richtige Meinung und Deutung mit. In dieser Phase nehmen die Bürger diese vorgekauten Meinungen gerne an, schließlich will man zu den Guten gehören. Eigenständiges und kritisches Denken ist nicht erwünscht.

Die ausgelassenen Welcome-Refugee-Party-People versichern sich gegenseitig und allen anderen, wie toll das neue bunte, weltoffene, multikulturelle Deutschland mit seinen afghanischen Maschinenbauingenieuren, somalischen Biochemikern und pakistanischen Atomphysikern werden würde. Niemand von den Willkommensfreunden zweifelt diese Heilsversprechungen an, keiner überprüft damals ernsthaft diese gewagten Prognosen auf ihren Wahrheitsgehalt, auf ihre Wahrscheinlichkeit. Alles, was der Welcome-Stimmung abträglich ist, wird ignoriert oder bekämpft.

Man freut sich, dass das alte grau-braune, hässliche Deutschland endlich seine Vergangenheit ablegen kann und die Deutschen wieder besser als alle anderen sein können. Diesmal aber wirklich! Deutschland sei ein Land der Hoffnung, das sei nicht immer so gewesen, verkündet Merkel stolz.

Endlich kann Deutschland die ganze Welt retten. Jene Staaten und Staatsmänner, die darin einen neuerlichen gefährlichen deutschen Größenwahn erkennen, der ganz Europa in den Abgrund ziehen würde, wie zum Beispiel Ungarns Premier Viktor Orbán, werden von den deutschen Gutmenschen in Politik, Medien und Kultur heftig kritisiert, belehrt und geschulmeistert. Sie wissen es einfach besser als die dummen Osteuropäer, die Ungarn, Polen oder Tschechen. Orbán spricht vom „moralischen Imperialismus“[130] der Deutschen. Was Merkel und Co. nicht kratzt, schließlich fühlen sie sich im Recht, den Osteuropäern moralisch und intellektuell überlegen. Deutschland hat wieder eine Mission von historischer Tragweite.

Alle Zweifel und Warnungen werden in den Wind geschlagen, und in der Nacht vom 4. auf den 5. September öffnet Deutschland seine Grenzen für die Einwanderer. Jeder darf kommen, keiner wird überprüft, egal, ob Terrorist, Islamist oder Folterknecht. Alle sind willkommen. In einem Land, in dem alles und jeder kontrolliert, überprüft und statistisch erfasst wird, bis zum letzten Bienenstock, werden alle Kontrollmechanismen außer Kraft gesetzt, alle Sicherheitsbedenken beiseitegeschoben.

Die Sozialmigranten können ihr Alter, ihre Nationalität und ihren Fluchtgrund nach Bedarf, Lust und Laune wählen. Vollbärtige Männer geben sich als Kinder aus, weil ihnen das eine bevorzugte Behandlung garantiert. Es kümmert niemanden.[131] Wer will, kann gleich mehrere Identitäten annehmen, um mehr Geld einstreifen zu können.[132] Und man muss nicht einmal das syrische Arabisch beherrschen, um als verfolgter Syrer durchzugehen. Politik, Behörden und die boomende Asylindustrie drücken beide Augen zu. Das spricht sich via Internet herum. Bis ins hinterste pakistanische Bergtal.

Die Bundeskanzlerin, „Mama Merkel", verkündet zudem die neue deutsche Frohbotschaft. Mit ihren Flüchtlings-Selfies, die sich innerhalb von Stunden in der ganzen Welt verbreiten, heizt sie die Stimmung an. Hunderttausende kommen. Mama Merkels „Germoney" entwickelt eine gewaltige Anziehungskraft.

In der Bevölkerung verbreitet sich angesichts dieser unkontrolliert hereinströmenden Massen langsam ein mulmiges Gefühl. Trotz der penetranten Dauerpropaganda in den Medien. Ein Ende des Zustroms ist nicht in Sicht, zumal in Afrika und Asien Millionen weitere Sozialmigranten auf ein besseres Leben im gelobten Deutschland hoffen. Während in den Ministerien und Redaktionen noch immer Hochstimmung herrscht, und so mancher Open-Border-Freund darauf hofft, in die Geschichtsbücher einzugehen, erkennen immer mehr Bürger, so kann und darf es nicht weitergehen, das kann nicht gut gehen. Politik und Medien ignorieren das, noch kann man die Kritiker ohne großen Aufwand mundtot machen und marginalisieren, noch sind in den linken Echokammern die Störgeräusche von außen nur sehr leise zu hören. Ein Ereignis, unmittelbar vor und während des Jahreswechsels, lässt die Stimmung kippen, bringt die Welcome-Refugee-Aktivisten kurzzeitig außer Tritt und bestätigt jene, die vor genau solchen negativen Entwicklungen warnen.

JULI

15

2015

„Wenn wir jetzt sagen ‚Ihr könnt alle kommen und ihr könnt alle aus Afrika kommen und ihr könnt alle kommen', das, das können wir auch nicht schaffen. (…) Aber es werden auch manche wieder zurückgehen müssen."

133

ANGELA MERKEL

Bundeskanzlerin (CDU)

Die Begegnung Merkels mit dem 14-jährigen behinderten palästinensischen Mädchen Reem Sahwil in der Paul-Friedrich-Scheel-Förderschule, bei der dieser Satz fällt und viele Tränen bei dem Mädchen fließen, verändert die Merkel'sche Einwanderungspolitik, Deutschland, ja ganz Europa. Bis zu diesem Tag gilt für Merkel: Das können wir nicht schaffen.

Die linken Meinungsmacher in den Medien werfen Merkel nach der Begegnung mit dem Mädchen „Gefühlskälte" vor. In den Sozialen Medien bricht ein Sturm der Empörung, ein Shitstorm, los: Merkel sei emotionslos, kalt und unmenschlich. Merkel ist bekannt dafür, dass sie ihre Politik und ihre Entscheidungen an der veröffentlichten Meinung – nicht zu verwechseln mit der öffentlichen Meinung – ausrichtet. Aus „Wir können das nicht schaffen" streicht sie einfach das „nicht".

Fortan ist die Politik der offenen Grenzen für Merkel „alternativlos". Es ist ein wechselseitiger Prozess, ein gegenseitiges Aufschaukeln: Die linke Twitter-Blase und die klassischen Medien, die politisch zum überwiegenden Teil links stehen[134], drängen Merkel in die von ihnen gewünschte Richtung, sehen sich wiederrum durch Merkels Kurswechsel in ihrer Haltung bestätigt und legen wiederum die Latte höher. Ein Teufelskreis mit katastrophalen Folgen.

JULI

15

2015

„Integration heißt Mitbestimmung: Wahlrecht für alle WienerInnen öffnen!“ [135]

SPÖ WIEN

Twitter-Posting der Wiener SPÖ. Sie fordert einmal mehr das Ausländerwahlrecht. Der Grund: Armutsmigranten, Einwanderer in die Sozialsysteme, von denen es in Wien besonderes viele gibt[136], weil es die rote Stadt mit den Kontrollen bei der großzügigen Auszahlung der Mindestsicherung nicht so genau nimmt[137], wählen überwiegend linke Parteien. Mit dem „Wahlrecht für alle“ will die SPÖ, der die Arbeiterschaft in Richtung FPÖ abhandenkommt, ihr Wählerreservoir neu befüllen.

Die österreichische NGO SOS Mitmensch veranstaltet regelmäßig die „Pass-egal-Wahl“. Dabei dürfen Menschen, die in Österreich leben, aber keine österreichische Staatsbürgschaft besitzen, ihre Stimme abgeben. 2017 stimmen dabei über 37 Prozent für die SPÖ, über 32 Prozent für die Grünen und über 12 Prozent für die Kommunisten (KPÖ).[138]

JULI
18
2015

„Als reiches Land sind wir da im Vergleich überhaupt nicht überfordert, wohl aber herausgefordert."

139

THOMAS DE MAIZIÈRE

Bundesinnenminister (CDU)

Im Sommer gibt die Regierung die Devise aus, wie viele „Flüchtlinge" auch immer kommen mögen, Deutschland kann das bewältigen, Deutschland hat die Lage im Griff.

JULI

20

2015

***„Oh Mann - ich habs befuerchtet!!
Ihr seid zum Kotzen! Wirklich! Verpisst Euch
von meiner Seite, empathieloses Pack!
Mir wird schlecht!!"***

140

TIL SCHWEIGER

Schauspieler

Weil sein gut vermarktetes Engagement für „Refugees" auf Facebook nicht genügend gewürdigt, sein „Gutsein" nicht bejubelt wird und er zum Teil robuste Kritik einstecken muss, verliert der TV-Darsteller auch auf Facebook die Fassung.

JULI

22

2015

„Dieser Terror (des IS, A.d.V.) hat mit dem Islam genauso viel zu tun, wie Pferdefleisch mit Rindfleisch-Lasagne.“

141

KHOLA MARYAM HÜBSCH

Publizistin

Seltsamer Vergleich einer deutschen Vorzeigemuslima. Es hängt allerdings vom Standpunkt des Betrachters ab: Aus Sicht eines Veganers haben Pferde- und Rindfleisch sehr viel gemeinsam, so wie für nicht linksindoktrinierte Kuffar[142] IS-Terror und Islam.

JULI
31
2015

„Ihr (die Flüchtlinge, A.d.V.) habt euch aufgemacht und wollt es mit einer neuen Kultur und einer neuen Sprache, mit neuen Menschen und einem euch unbekannten Lebensstil, aufnehmen. Chapeau! Davon können wir als Gesellschaft lernen (…). So funktioniert Fortschritt.“

143

BEA BESTE

Bildungsunternehmerin

In der Huffington Post geben Prominente und das Fußvolk der Willkommenskultur ihre Statements ab. Es ist ein Wettbewerb der Moralisten und der Eitelkeiten: Wer ist der bessere, weltoffenere, moralischere, emphatischere, tolerantere, großherzigere und aufgeklärtere Mensch. Das gipfelt zwangsläufig in unrealistischen bzw. selbstzerstörerischen Maximalforderungen wie nach offenen Grenzen (sprich: deren Abschaffung), Bleiberecht für alle, Steuergeld für alle etc.

Bei diesen Forderungen für Sozialmigranten gibt es keine Obergrenze. Der Verstand wird zugunsten einer überhöhten und abstrakten Moral entsorgt, linke Gesinnungsethiker triumphieren über die Verantwortungsethiker und damit über die Vernunft. Inwiefern der massenhafte Zuzug von Menschen aus vormodernen Gesellschaften einen Fortschritt für eine moderne, demokratische Industriegesellschaft darstellen soll, wissen wohl nur technik- und (natur)wissenschafts- und letztendlich demokratiefeindliche Menschen wie Frau Beste.

JULI
31
2015

„Willkommen, liebe Flüchtlinge, gut, dass ihr hier seid, weil Europa so stolz ist auf Aufklärung und Zivilisation. Jetzt kann es mal beweisen, ob es seinen Sachverstand nicht nur in todbringende Technik und Kriege verwenden kann, sondern auch für Zeichen der Solidarität und Empathie.“
[144]

SABINE HESS
Professorin an der Uni Göttingen

Die Arbeitsschwerpunkte dieser Professorin, die die künftige geistige Elite Deutschlands ausbildet, sind: Migrations- und Grenzregimeforschung, Transnationalisierungs- und Europäisierungsforschung, Transformationsforschung und Osteuropa, Anthropology of Policy, Arbeits- und Careforschung, Gender- und Gouvernementalitäts-Studien.

Wer sich, wie Frau Professorin Hess, auf die Aufklärung beruft, dem sollte auch das Toleranz-Paradoxon von Karl Popper geläufig sein: „Uneingeschränkte Toleranz führt mit Notwendigkeit zum Verschwinden der Toleranz. Denn wenn wir die uneingeschränkte Toleranz sogar auf die Intoleranten ausdehnen, wenn wir nicht bereit sind, eine tolerante Gesellschaftsordnung gegen die Angriffe der Intoleranz zu verteidigen, dann werden die Toleranten vernichtet werden und die Toleranz mit ihnen.“[145]

In genau diesem Prozess, der schon weit fortgeschritten ist, befinden sich die neuen Multikulti-Nationen Deutschland, Schweden und Österreich.

Wer Millionen von Menschen ins Land lässt, die dem demokratischen, aufgeklärten, westlichen Gesellschaftssystem ablehnend bis feindlich gegenüberstehen, wie das Muslime mehrheitlich tun[146], der beweist damit nicht seine Empathie und Solidarität, der vernichtet die freie aufgeklärte Gesellschaft und ist damit der Todfeind von Demokratie und Aufklärung.

JULI

31

2015

„Liebe Flüchtlinge, es ist gut, dass ihr hier seid, weil ihr mein Leben, meinen Alltag und meine Welt bereichert. Und mich herausfordert, mich wieder wohler in meiner Haut und meinem Land zu fühlen, weil ich aufstehen will gegen die schwachsinnigen Krawalldeutschen, die sich wieder formieren."

147

MARIE VON DEN BENKEN

Model, Bloggerin

Zu Beginn der Migrationswelle fühlen sich von Multikulti und Weltoffenheit beseelte Frauen bereichert, weil so viele junge Männer aus Afrika und dem Orient nach Deutschland strömen. Keine zwei Jahre später sieht die Sache anders aus: Die neuen Männer haben das Leben der deutschen Frauen tatsächlich verändert, wenn auch nicht unbedingt bereichert.

Immer mehr deutsche Frauen haben Angst, allein unterwegs zu sein. Das Wochenblatt Die Zeit im Februar 2017: „So vermeiden 62 Prozent aller Frauen abends grundsätzlich bestimmte Straßen, Parks oder Plätze – ein reichliches Drittel gibt an, dies seit zwei Jahren häufiger zu tun. Öffentliche Verkehrsmittel am Abend vermeidet fast jede dritte befragte Frau. Annähernd die Hälfte von ihnen tut dies häufiger als vor zwei Jahren. Ein gesteigertes Bedrohungsgefühl zeigt sich vor allem daran, dass 13 Prozent aller befragten Frauen Reizgas bei sich tragen."[148]

JULI

31

2015

„Willkommen, liebe Flüchtlinge, gut, dass ihr hier seid, weil ihr einerseits alle zu Deutschland gehört und wichtig für die politische Entwicklung hier seid, und andererseits all die rechten Arschlöcher aus ihren Löchern holt. Denn diese Leute gehören nicht zu Deutschland und sollten lieber schnell als langsam lokalisiert und dann aus D vertrieben werden! So gibt es mehr Platz, um Menschen wie euch aufzunehmen!"

149

PAUL RIPKE

Fotograf

Wer ein guter Mensch sein möchte, der ruft 2015 dazu auf, Andersdenkende zu lokalisieren und zu vertreiben. Das kennt man auch aus anderen Epochen und Ländern, etwa aus dem nationalsozialistischen Deutschland, der UdSSR oder dem maoistischen China. Menschen, die dazu aufrufen, Andersdenkende zu lokalisieren, zu vertreiben oder zu töten, sind stets dieselben Charaktere, egal, ob im multikulturellen Merkel-Deutschland, in der stalinistischen Sowjetunion oder im Kambodscha unter Pol Pot.

JULI

31

2015

„Willkommen, liebe Flüchtlinge, gut, dass ihr hier seid, weil ihr eine große Bereicherung für unser Leben und unsere Kultur seid und wir nun gemeinsam für eine offene, gleichberechtigte und multikulturelle Gesellschaft eintreten können."

150

ANGELA SCHÜRZINGER

Kunsthistorikerin

Die Verehrung des Fremden geht immer mit der Abwertung des Eigenen einher. Die westliche Kultur braucht dieser Geisteshaltung zufolge eine orientalische Auffrischung, eine afrikanische Bereicherung. Tribalistische, vormoderne, islamische Gesellschaften sollen Europa voranbringen und nicht etwa jene asiatischen Hochkulturen und Staaten, wie China oder Südkorea, die wirtschaftlich, technisch und wissenschaftlich gerade dabei sind, Europa abzuhängen. Ähnlich wie in der deutschen Romantik sind die neudeutschen Multikulti-Romantiker rückwärtsgerichtet. Sie wollen keinen technischen, wissenschaftlichen und gesellschaftlichen Fortschritt, sondern träumen von einem idealisierten, ursprünglicheren, authentischeren Leben, zu dem ihnen die importierten Orientalen in ihrer „Ursprünglichkeit" und „Unverdorbenheit" verhelfen sollen.

JULI

31

2015

„Liebe Flüchtlinge, wir sind es euch schuldig, euch aufzunehmen, weil unsere Politik für euer Leid letztlich mitverantwortlich ist." [151]

SIGRID JELINEK

Rentnerin

Der ökonomische Analphabetismus – reich wird nur, wer anderen etwas wegnimmt, Europa ist also nur reich, weil es Afrika bzw. die Dritte Welt ausbeutet – ist eine der Voraussetzungen, um einfachen Gemütern einen Schuldkomplex einreden zu können.

Dieses wirtschaftliche Unverständnis ist politisch gewollt. In den Pflichtschulen hat die Vermittlung von wirtschaftlichem Basiswissen keinen Stellenwert, und das Wenige, das man den Schülern über Ökonomie und wirtschaftliche Zusammenhänge beibringt, hat eine schwere linke Schlagseite. Das belegt unter anderem eine großangelegte Studie über österreichische Schulbücher.[152] In Deutschland ist es ähnlich.

JULI

31

2015

„Eure wirtschaftlichen Probleme sind größtenteils durch unser eigenes Billigkonsumverhalten generiert. Ihr erinnert uns daran, dass Einkommen von zwei Dollar am Tag in Afrika und Luxus-Schokoladentafeln für zwei Euro beim Discounter als Wirtschaftsmodell endlich ausgedient haben sollten."

153

LAD GEORGESCU

Journalist

Auch hier zeigt sich: Ökonomischer Analphabetismus bzw. das linke Verständnis von Wirtschaft, dass nur jemand reich sein kann, wer anderen etwas wegnimmt, ist eine der Ursachen für den europäischen Selbsthass, der wiederum für die Forderungen nach offenen Grenzen und unbegrenzter Sozialmigration mitverantwortlich ist.

Die Europäer sind nach dieser Auffassung den Afrikanern etwas schuldig. Die Chinesen, die einen völlig anderen, unverkrampfteren Zugang zu diesem Thema haben, ganz ohne Schuldkomplexe, sehen Afrika als Wirtschaftspartner und investieren Milliarden. Das chinesische Engagement ist, obwohl oder gerade weil es alles andere als selbstlos ist, für Afrika wesentlich sinnvoller als die europäische Entwicklungshilfe, die zumeist ohne jeden Effekt und Nachhaltigkeit in dunklen Kanälen versickert und deren Hauptzweck darin besteht, linken Europäern ein gutes Gewissen zu verschaffen.

JULI

31

2015

„Ich glaube, dass eine ethnische Vielfalt eine Bereicherung für jeden Einzelnen und für unsere Gesellschaft ist.“

154

THURE RIEFENSTEIN

Schauspieler

Ein Statement aus dem Multikulti-Satzbaukasten. Bereicherung, Vielfalt oder Buntheit sind 2015 mächtige Zauberwörter ohne jeden tieferen Sinn und Bedeutung, so wie Hokuspokus oder Abrakadabra. So können sich die Freunde der Willkommenskultur ihre Argumente und Beschwörungsformeln für die unkontrollierte Massenzuwanderung völlig losgelöst von rationalen Argumenten, Fakten und Empirie zusammenbasteln.

JULI
31
2015

„Willkommen, liebe Flüchtlinge, gut, dass ihr hier seid, denn wir brauchen Leute, die Risiken eingehen. Es ist beschämend, dass es politisch nicht gelang zu vermeiden, dass ihr überhaupt fliehen musstet."

155

KARL-JOSEF PAZZINI

Psychoanalytiker

„Wir" – wer auch immer damit gemeint sein mag – wollen primär nicht Menschen in Not helfen, „wir" brauchen Menschen, die Risiken eingehen. Warum auch immer. Es gehört zum Wesen eines Neosozialisten, eines Gutmenschen, dass er seine Sicht der Dinge gerne verallgemeinert und auf Basis seines Wahrheitsanspruches und seiner moralischen Selbsterhöhung aus dem Ich gerne ein Wir macht: Ich allein weiß, was für uns das Beste ist.

JULI
31
2015

„Liebe Flüchtlinge, es ist gut, dass ihr hier seid. Denn ihr macht unser Land noch bunter. Migration hat es immer gegeben in der Geschichte. Sie hat eine meist produktive Unruhe erzeugt und zur kulturellen Weiterentwicklung beigetragen. Wer sich abschottet, bleibt zurück.“

156

CHRISTIAN JANSEN

Professor an der Uni Trier

„Wer sich abschottet, bleibt zurück“ ist ein ebenso beliebter wie falscher Multikulti-Glaubenssatz. Beispiel Südkorea: Dieses Land ist definitiv kein Einwanderungsland und ethnisch und kulturell weitgehend homogen. Im Gegensatz zu dem sich gerade multikulturalisierenden Europa ist Südkorea wirtschaftlich, technologisch und wissenschaftlich auf der Überholspur. Auch Japan und China brauchen für ihren wirtschaftlichen Aufstieg keine Massenzuwanderung aus asiatischen oder gar afrikanischen Dritte-Welt-Staaten.

JULI

31

2015

„Willkommen, liebe Flüchtlinge, gut, dass ihr hier seid, weil ihr eine kulturelle Bereicherung für unsere Gesellschaft darstellt und wir durch diese Aufgabe, die sich uns stellt, die Möglichkeit haben, zu wachsen."

157

GISELA NAXERA

Rentnerin

Die Europäer können durch die Aufnahme Hunderttausender Migranten aus der Dritten Welt wachsen, sprich: sich an ihnen moralisch emporranken. Das Gutmenschen-Spießertum braucht den „Flüchtling" zu seiner Inszenierung, er ist der Statist auf ihrer Bühne, wo sie ihre Moral, Güte, Aufgeschlossenheit und Weltoffenheit zur Schau stellen können, er eignet sich dafür wesentlich besser als der schmuddelige, bedürftige Einheimische, auf den man leicht angewidert herabschaut.

JULI

31

2015

„Wenn man in diesen Zeiten aufmerksam die Nachrichten verfolgt, kann man sich des Eindrucks nicht erwehren, dass Deutschland ziemlich hässlich im eigenen Saft schmort und ein wenig geistige wie kulturelle Auffrischung ganz gut gebrauchen kann."

158

DETLEF UNTERMANN

Journalist

Wer eine geistige und kulturelle Auffrischung aus vormodernen, undemokratischen und tribalistischen Gesellschaften für eine gute Sache hält, ist vom Hass auf die eigene Kultur, die eigene Geschichte, die nicht nur aus zwei Jahrzehnten im vergangenen Jahrhundert besteht, zerfressen und strebt deshalb, ob bewusst oder unbewusst, die Zerstörung derselben an. Der massenhafte Zuzug von Menschen, die Demokratie, Laizismus, Meinungsfreiheit und Menschenrechte für kulturelle Degenerationserscheinungen halten, bedeutet in jedem Falle das Ende einer freien und aufgeklärten Gesellschaft.

JULI
31
2015

„Weil ihr hier in Deutschland für eine Zeit oder aber auch für immer ein Zuhause findet, genau wie ihr es uns und unseren Kindern geben würdet, wenn es anders herum der Fall wäre."
159

ISABEL TESCH
Bloggerin

Oftmals sind es nur grenzenlose Naivität kombiniert mit Unwissenheit und blindes Vertrauen in die Obrigkeit und ihre Propaganda, die für das Engagement grenzenloser Zuwanderung verantwortlich sind.

JULI

31

2015

„Liebe Flüchtlinge, es ist gut, dass ihr hier seid, weil wir mitverantwortlich für die Lebenssituation in eurem Herkunftsland und eure persönlichen Schicksale sind. Wenn ihr zu uns kommt, erinnert ihr uns daran, und wir können erste Schritte gehen, euch zu helfen und unsere Schuld zu begleichen."

160

XANTHE HALL

Campaignerin

„Unsere Schuld". Hier zeigt sich einmal mehr, dass des nicht um Hilfe geht, es geht um den Flüchtling als Erlöserfigur, den die Deutschen und die Europäer brauchen, um ihre Erbschuld abtragen zu können. Nein, Europa hat keine Schuld an den Zuständen in Afrika. Die Kolonialzeit ist lange vorbei, die afrikanischen Staaten sind seit Jahrzehnten für sich selbst verantwortlich. Wer Europa für die rezenten Zustände in Afrika verantwortlich macht, hat entweder wenig Ahnung von Afrika und seiner jüngeren Geschichte oder er instrumentalisiert „die" Afrikaner und deren Lebenssituation für seine politischen Zwecke.

Ehemalige Kolonialstaaten sind nicht dazu verdammt, auch Jahrzehnte nach deren Unabhängigkeit als verarmter Dritte-Welt-Staat von Hilfsgeldern aus dem Ausland abhängig zu sein. Beispiel Singapur. Die ehemalige britische Kolonie, erst seit 1965 unabhängig, hat den Aufstieg vom Dritte-Welt-Staat zu einer führenden Industrie- und Handelsnation innerhalb von nur einer Generation geschafft, ganz ohne europäische Entwicklungshilfe und -helfer.

JULI

31

2015

„Mit euch haben wir die Möglichkeit, das Fachkräfteproblem zu lösen.“

161

CHRISTIAN DEITERS

Unternehmer

Das Propagandamärchen von den Fachkräften fällt damals beim unkritischen politisch korrekten Fußvolk auf fruchtbaren Boden. Woher dieses Heer an Fachkräften, die die hohen Anforderungen der deutschen Wirtschaft erfüllen können, hätten kommen sollen, will niemand so genau wissen. Schließlich gibt es in den Herkunftsländern der Sozialmigranten, egal, ob Afghanistan oder Somalia, weder eine entwickelte Industrie noch ein funktionierendes Bildungssystem auf auch nur annähernd europäischem Niveau.

JULI

31

2015

„Eure Flucht ist die Konsequenz aus unserem jahrzehntelangen Politikversagen."

162

SYLVIA CANEL

Bundesvorsitzende (Neue Liberale)

Der Europäer ist nach Ansicht des Justemilieu in Europa für das Wohl des gesamten Planeten verantwortlich. Inwiefern sind „wir" für die Zustände in Afghanistan oder Nigeria verantwortlich? In solchen Aussagen spiegelt sich der europäische Größenwahn wider. Angesichts der tatsächlichen Macht und der Rolle Europas in der Welt sind solche Einschätzungen absurd. Europa steht politisch, wirtschaftlich und militärisch längst am Abstellgleis, die Weltpolitik bestimmen die USA und China. Die Chinesen haben in wenigen Jahren in Afrika mehr bewegt als die jahrzehntelange weitgehend wirkungslos verpuffte europäische „Entwicklungshilfe".

Europa versucht, seine verlorengegangene Vormachtstellung durch moralische Erhöhung und mit einem gewaltigen Schuldkomplex zu kompensieren. Die USA sind eine technologische und militärische Macht, China eine aufstrebende Wirtschaftsmacht und Europa eine moralische. So können sich linke Europäer über alle anderen erheben, auch wenn diese Pose die Selbstaufgabe und Selbstzerstörung der europäischen Kultur bedeutet.

JULI
31
2015

„Mit euch sind wir bunt, lebendig, progressiv."
163

NICOLAS ENTRUP
„Bürger"

Dass die jahrelang betriebenen Indoktrinationen und Multikulti-Propaganda zumindest bei einem Teil der Bevölkerung anschlagen, beweist der „Bürger" Entrup mit seinem Statement in der Huffington Post: Worte ohne jeden konkreten Sinn, ohne jede Bedeutung, infantile Argumente für die unkontrollierte Massenzuwanderung aus der Dritten Welt.

Die infantilen Ansichten solcher geistigen Multikulti-Zombies widersprechen auch dem beliebten linken Klischee, dass geistig einfach strukturierte Menschen eher im rechten politischen Spektrum zu finden sind.

JULI

31

2015

„Liebe Flüchtlinge, es ist gut, dass ihr hier seid, weil wir Deutsche auf dem Lande immer weniger werden und ihr Lücken in Gesellschaft und Wirtschaft schließen könnt, die wir allein nicht mehr zu schließen vermögen.“

164

GÖTZ ULRICH

Landrat Burgenlandkreis, Sachsen-Anhalt (CDU)

Auch hier geht es in erster Linie nicht um Flucht und Asyl, es geht um ganz egoistische Gründe mit neokolonialen Zügen. Dass die meisten der Einwanderer aus der Dritten Welt und ihre Nachkommen weder willens noch in der Lage sind, die Lücken in der deutschen Gesellschaft zu füllen, steht auf einem anderen Blatt.

JULI

31

2015

„Liebe Flüchtlinge, es ist gut, dass ihr hier seid, der kulturelle Austausch zu Menschen aus den Krisengebieten weiter gefördert wird und so die Krise im Nahen Osten näher an uns herantritt.“

165

VANESSA EICHHOLZ

Schauspielerin

Die Welcome-Refugee-Euphorie treibt die seltsamsten Blüten. Hier versucht eine Schauspielerin, das Importieren von religiösen, ethnischen und anderen Konflikten als begrüßenswerten kulturellen Austausch zu verkaufen. Sie freut sich, dass sich die Krisen des Nahen Ostens in Europa ausbreiten. Sobald der Islamische Staat in Europa Fuß fasst, ist Frau Eichholz wohl im siebenten Himmel.

JULI

31

2015

„Liebe Flüchtlinge, es ist gut, dass ihr hier seid, weil ihr Schulen mit euren Erfahrungen und euren Geschichten bereichert.“

166

ROBERT GREVE

Geschäftsführer von SchulePLUS

Die Schulen werden tatsächlich bereichert. Deutsche und österreichische Kinder werden immer öfter wegen ihrer Herkunft, Religion und Hautfarbe gemobbt. Im Berliner Tagesspiegel berichten Eltern über ihre Erfahrungen. Hier eines von unzähligen Beispielen: „Unser Sohn besucht die vierte Klasse einer Schule in Mitte und wird seit dem ersten Schuljahr gemobbt. Er wurde beschimpft, geschlagen und getreten, weil er Deutscher ist. Mitschüler bezeichnen ihn als ‚Schweinedeutscher‘, ‚Schweinechrist‘ und als ‚deutsche Kartoffel‘. Auf seiner Schule sind hauptsächlich Kinder mit Migrationshintergrund. Die meisten sind Muslime.“[167] Auch Antisemitismus[168] gehört mittlerweile zum Schulalltag und das Bildungsniveau nähert sich in rasantem Tempo jenem der Dritten Welt an.[169]

Eine Lehrerin aus Wien traut sich – trotz des Druckes, der von Gewerkschaft und der Stadt Wien ausgeübt wird –, über die dramatischen Zustände an den Wiener Schulen ein Buch zu schreiben: „In meiner Schule hatte sich etwas Grundlegendes verändert, und ich empfand ein wachsendes Unbehagen bei dem Gedanken, dass der Islam für viele Schüler das wichtigste in ihrem Leben geworden war. Religiöse Gebote und Verbote beherrschten ihr Denken. Sie gehorchtem ihren Glauben. Alles andere musste sich unterordnen.“[170]

JULI

31

2015

„Wir wollen, dass ihr zu uns kommt, weil Ihr euch in Eurem Land bedroht fühlt. Und wir wollen dafür sorgen, dass ihr hier von den rechtsradikalen Terroristen und Nazis nicht verfolgt werdet."

171

SONJA LEHNERT

Autorin

Eine der Triebfedern für die deutsche Grenzöffnung ist, es den „Nazis" zu zeigen. Damit soll einerseits die Schuld für die Gräuel der Nazizeit abgetragen werden, anderseits können Linke – völlig gefahrlos – den Widerstand nachholen, der damals nicht geleistet wurde. Es geht also weniger um Hilfe für Verfolgte, sondern um innerdeutsche Befindlichkeiten, Konflikte, Abrechnungen und Vergangenheitsbewältigung.

Dazu ist es notwendig, einerseits die Gefahr von rechts bis ins Groteske aufzublähen, um den eigenen Kampf heroischer darstellen zu können, anderseits müssen die Gefahren und Risiken, die die Masseneinwanderung von Muslimen für eine freie, demokratische Gesellschaft bedeuten, verharmlost werden. Würde es in Deutschland tatsächlich gefährliche Nazis in nennenswerter Zahl geben, wie würde Frau Lehnert für die Sicherheit der Flüchtlinge sorgen? In unserer Social-Media- und Medienwelt geht es vor allem um Inszenierung, um Schein.

JULI

31

2015

„Es ist gut, dass ihr hier seid, weil wir in Zukunft mehr motivierte, kluge und qualifizierte Frauen und Männer für unseren Arbeitsmarkt brauchen.“

172

MALU DREYER

Ministerpräsidentin von Rheinland-Pfalz (SPD)

Im Sommer bzw. Herbst 2015 wird vor allem mit Phrasen, Gemeinplätzen, Halbwahrheiten und Lügen Stimmung und Politik gemacht. Weil die Presse mehr oder weniger geschlossen und unkritisch die Ziele dieser Politik unterstützt, reichen solche substanzlosen und leicht widerlegbaren Statements und Argumente aus. Man hinterfragt sie nicht, weil man sie glauben möchte. Die Realität darf die Utopie nicht zerstören.

JULI
31
2015

„Willkommen, liebe Flüchtlinge, gut, dass ihr hier seid, ohne dass diese Hilfe von ewig Gestrigen und engstirnigen Angstbeißern torpediert wird! (…) Und wir freuen uns darauf, zusammen mit euch hier zu leben.“

173

GISELA GERHARDT
Volkswirtin

Zum gängigen Multikulti-Narrativ gehört, alle Kritiker der Welcome-Refugee-Euphorie einerseits als engstirnig bzw. dumm und andererseits als ängstlich dazustellen. Menschen wie Frau Gerhardt dürfen sich dank dieses simplen Weltbildes als intelligent und mutig fühlen, ohne das je unter Beweis stellen zu müssen.

Es reicht, politisch korrekte Kollektivgewissheiten, die von Politikern, Asyllobbyisten und Medien vorgekaut werden, nachzuplappern, um von diesem so geschaffenen moralischen Podest auf die dummen rechten Untermenschen herabsehen zu können.

JULI

31

2015

„Es ist gut, dass ihr hier seid, weil ihr uns helft, die Frage danach, wer wir sind und wer wir sein wollen, neu zu stellen.“

174

SIGRID BARINGHORST

Politikwissenschaftlerin

Nach dem Scheitern des real existierenden Sozialismus braucht der orientierungslose linke Europäer den „Flüchtling“, sprich: den „edlen Wilden“, um sich orientieren zu können, um zu wissen, wer er ist, was er ist und wohin er will. Der Arbeiter hat sich schon lange von den Linken abgewendet. Um den Kampf für „Gerechtigkeit“ fortführen zu können, um weiterhin „Solidarität“ einfordern zu können, hat man den Proletarier durch den Flüchtling ersetzt. Er dient den Sozialisten, neben dem Kampf gegen die Nazi-Schimäre, als letzte politische Existenzberechtigung, umgekehrt ist der europäische Sozialist nur der nützliche Idiot der Armutsmigranten aus dem islamischen Raum.

JULI

31

2015

„Ihr lehrt uns Empathie und Weltoffenheit, Bereitschaft zu Teilen und Achtsamkeit - Danke dafür!"[175]

ANN-CAROLIN HELMREICH

Gründerin der Initiative „Hilfe für Nepal"

Auch dieses Statement zeigt, wie stark die Welcome-Refugee-Welle religiös aufgeladen ist. Wie sehr die Flüchtlinge in einer orientierungslosen säkularisierten Gesellschaft als quasireligiöse Heilsbringer und Erlöser gesehen werden. Der Flüchtling als Projektionsfläche für Wünsche, Ängste, Hoffnungen und Erwartungen.

JULI

31

2015

„Es ist ein und dieselbe Familie, der wir alle angehören, auch wenn einige verbohrte Vettern das nicht wahrhaben wollen und ihre kleinen Höhlen nur für sich allein beanspruchen, damit die frische Luft draussen und der Horizont eng bleibt. Ihr helft uns, an einen grossen Horizont zu glauben, der die ganze Erde umspannt! Willkommen!"

176

PERCY ADLON

Filmemacher

Viele Menschen, wie Percy Adlon, benutzen die Flüchtlinge bzw. ihre zur Schau gestellte Einstellung, um sich moralisch und ihren gesellschaftlichen Status zu erhöhen, sich von den dummen, engstirnigen „Vettern" abgrenzen zu können. Welche Meinung man in der Einwanderungsfrage vertritt, ist so wie die politische Einstellung Teil des Lebensstiles und ein bestimmender Faktor für die Stellung, die man in der Gesellschaft einnimmt.

Der französische Soziologe Pierre Bourdieu hat die Zusammenhänge von (kulturellem) Geschmack, Lebensstil und sozialem Status in seinem Buch „Die feinen Unterschiede"[177] analysiert und die Bedeutung sowie Wichtigkeit von Geschmack und Haltung zur Abgrenzung der sozialen Schichten voneinander beschrieben.

Wer der unkontrollierten Masseneinwanderung kritisch gegenübersteht, gilt in den Gesellschaften der europäischen Sozialstaaten wie Deutschland oder Österreich als Modernisierungsverlierer, als ungebildet und unkultiviert, jedenfalls nicht als Teil des modernen aufgeschlossenen Bürgertums. Wer zum progressiven, urbanen, weltoffenen, gebildeten Bürgertum gehören möchte, kann es sich nicht leisten, der Masseneinwanderung aus der Dritten Welt kritisch gegenüberzustehen. Er braucht diese Geisteshaltung, um dazugehören zu dürfen, so, wie der Gangsta-Rapper seine Goldketten oder ein Neureicher seinen Ferrari.

JULI
31
2015

„Sie alle haben es trotz des Einsatzes einer umfangreichen Batterie der Flüchtlingsabwehr geschafft, Deutschland zu erreichen. (…) Als Hochschullehrerin trete ich dafür ein, dass viele von ihnen ein Studium bei uns aufnehmen können.“
178

HELMA LUTZ

Professorin an der Uni Frankfurt

Die meisten Menschen überwinden die „Flüchtlingsabwehrbatterien“ – wo immer sie auch stehen mögen – allerdings nicht, um an deutschen Unis zu studieren, sondern um einen Teil vom deutschen Sozialstaatskuchen abzubekommen. Dass die unkontrollierte Masseneinwanderung nach Deutschland eine Einwanderung in die Sozialsysteme ist, war von Anfang an klar erkennbar. Das bestätigt sich laufend.

JULI
31
2015

„Liebe Flüchtlinge, es ist gut, dass ihr hier seid, weil wir verlernt haben, was Demut ist und ein in Kapitalsucht verfallenes Volk sind. Wir haben Euch entmündigt, beraubt, und die Grundlagen genommen, selber ein reiches, vollkommenes und souveränes Leben zu führen, nur um uns zu bereichern."

179

FLORIAN WÜNSCHE

Schauspieler

Unbedarfte Kapitalismuskritik in Kombination mit ökonomischem Analphabetismus und europäischem Schuldkomplex als geistiges Fundament für die linke Open-Border-Ideologie. Ausgerechnet in den beiden Sozialstaaten Deutschland und Österreich, die mit einer Staatsquote von über 45 bzw. über 50 Prozent[180] und unzähligen staatlichen Eingriffen in die Wirtschaft (Quotenregelungen etc.) weit weg von einem kapitalistischen System sind, ist die Kapitalismuskritik besonders ausgeprägt.

JULI
31
2015

„Willkommen, liebe Flüchtlinge, gut, dass ihr hier seid, weil ich grenzenlos neugierig bin! Weil ich gern somalisch koche, eritreisch trommle, afghanischen Drachen nachschaue und überhaupt finde, dass das Unbekannte das Leben liebenswert macht."

181

RUTH RATTER

Landtagsabgeordnete in Rheinland-Pfalz (Die Grünen)

Die Willkommenseuphorie wird besonders von ältlichen linken Damen (zumeist beim Staat beschäftigt oder vom Staat direkt oder indirekt finanziert) befeuert, die „grenzenlos neugierig" auf die jungen Männer aus dem Orient und Afrika sind. Der Flüchtling als Mittel zur Selbstverwirklichung. Zudem spielt die sexuelle Komponente eine nicht unwesentliche Rolle. Auch wenn sie nicht immer so offen ausgelebt wird, wie von den sogenannten Sugar-Mamas.[182] Der Schweizer Blick berichtet über dieses Tabu-Thema in linken Mainstreammedien: „Immer wieder kommt es bei jungen Flüchtlingen zu Übergriffen durch Helferinnen. Der schwedische Staatssender SVT berichtet darüber, wie Betreuerinnen in Asylheimen mit ihren Schützlingen Partys feiern. Dabei sei es auch zu erotischen Kontakten – etwa beim Lapdance – gekommen. Es gibt dazu sogar Videos. Viele Schwedinnen, meistens im reifen Alter, suchen den Kontakt zu jungen Flüchtlingen, um mit ihnen Zärtlichkeiten auszutauschen."[183]

JULI

31

2015

„Liebe Flüchtlinge, es ist gut, dass ihr hier seid, weil ihr mit euren Fähigkeiten, Ideen und großer Motivation uns helft, unseren Wohlstand langfristig zu sichern (…).“

184

MARCEL FRATZSCHER

Präsident des Deutschen Instituts für Wirtschaftsforschung

Fratzscher, umstrittener Wirtschaftsforscher mit Nähe zur SPD[185], propagiert immer wieder die großen Vorteile, die die deutsche Wirtschaft vom Massenzuzug aus der Dritten Welt haben würde (vgl. S. 315-316).

JULI

31

2015

„Liebe Flüchtlinge, es ist gut, dass ihr hier seid, weil Deutschland Zuwanderung braucht, um den demografischen Wandel und die daraus folgende Alterung der Gesellschaft zu bewältigen (...).“

186

HEINER MINSSEN

Professor an der Uni Bochum für Soziologie

Ein hochentwickeltes Land wie Deutschland braucht, um seinen Standard und Wohlstand halten zu können, Menschen mit qualifizierter Ausbildung und Leistungswillen. Nur sie sind in der Lage, im globalen Wettbewerb mit den aufstrebenden fernöstlichen Nationen sich selbst und die steigende Zahl von Rentnern zu versorgen.

Funktionale Analphabeten ohne Ausbildung bringen nicht nur keinerlei volkswirtschaftliche Vorteile für Länder wie Deutschland oder Österreich, sie potenzieren die vorhandenen Probleme.

JULI

31

2015

„Liebe Flüchtlinge, es ist gut, dass ihr hier seid, weil ihr mit euren beruflichen Talenten Deutschlands Zukunft mitgestalten könnt. Denn mehr als die Hälfte von euch ist unter 25 Jahren – für unsere alternde und immobile deutsche Gesellschaft liegt darin eine große Chance!"

187

KLAUS F. ZIMMERMANN

Direktor des Bonner Instituts zur Zukunft der Arbeit

Anhand von Vermutungen und unseriösen Zahlen – die oftmals auf der Befragung von Migranten beruhen – wird von Politik und Medien, gezielt oder aus Schlamperei, jedenfalls völlig unverantwortlich, verbreitet, dass die Zuwanderer hoch qualifiziert seien. Doch die versprochenen Fachkräfte, Ingenieure und Wissenschaftler machen einen großen Bogen um Deutschland. Die europäischen Sozialstaaten mit ihren hohen Steuerquoten verschrecken Leistungsträger und ziehen vor allem Menschen an, die vom gut ausgebauten Sozialsystem profitieren wollen. Leistungsträger wollen für ihre Leistung in der Regel belohnt und nicht wie in den meisten EU-Staaten mit hohen Abgaben bestraft werden. Leistungsfeindliche, kollektivistische Systeme, sprich: sozialistische, sind deshalb immer zum Scheitern verurteilt.

JULI
31
2015

„Liebe Flüchtlinge, es ist gut, dass ihr hier seid, weil ihr Lebensfreude mitbringt.“[188]

BRITTA SCHÄFER

Referentin am Deutschen Jugendinstitut

Wenn man keine auf Fakten und validen Zahlen beruhenden Vorteile für die Massezuwanderung aus der Dritten Welt vorbringen kann, bleiben immer noch Lebensfreude, Buntheit, Vielfalt, kulturelle oder kulinarische Bereicherung als Gründe, die Grenzen und Geldbörsen zu öffnen. Bereits 2008 warb die Integrationsbeauftragte der Bundesregierung, Maria Böhmer (CDU), um Verständnis für die türkische Community in Deutschland, die sich nur schwer integrieren lassen wollte, mit den Worten: „Diese Menschen mit ihrer vielfältigen Kultur, ihrer Herzlichkeit und ihrer Lebensfreude sind eine Bereicherung für uns alle.“[189]

JULI

31

2015

„Liebe Flüchtlinge, es ist gut, dass ihr hier seid, weil der Preis, alles aufgegeben zu haben, sonst zu hoch gewesen wäre. Hinter jedem Einzelnen stehen Schicksal und Biografie mit Hoffnung auf Teilhabe an einer Gesellschaft von Menschen, die ihn um seiner Würde willen annimmt."

190

JOSEF KRIEG

Lehrbeauftragter für politische Wissenschaften
an der Zeppelin-Universität

„Wir" müssen die Einwanderer aufnehmen, damit sie die Schlepper nicht umsonst bezahlt haben. Was für eine seltsame Logik, was für ein verdrehtes Argument. „Wir" sind demnach für die Schicksale aller armen Menschen auf diesem Planeten verantwortlich. Über die Konsequenz solch großzügiger Forderungen für das jeweilige Gastland und seine Bewohner macht sich das staatlich alimentierte geisteswissenschaftliche Milieu kaum Gedanken. Hauptsache, die Schlepperkosten rechnen sich für die Sozialmigranten.

JULI

31

2015

„Weil es euer gutes Recht ist, hier zu sein."

191

SVEN LEHMANN

Parteichef in Nordrhein Westfahlen (Die Grünen)

Auf welches Recht bezieht sich Herr Lehmann? Das deutsche Recht oder die Dublin-Regelungen kann er nicht gemeint haben. Vermutlich meint er seine eigene bzw. eine dem deutschen/internationalen Recht übergeordnete göttliche bzw. marxistische Ordnung oder das moralische Recht der Grünen, das bekanntlich über allem und jedem steht.

JULI
31
2015

„Liebe Flüchtlinge, es ist gut, dass ihr hier seid, weil wir euch endlich persönlich sagen können, wie peinlich uns die Bierzelt-Hooligans der CSU sind und dass wir diejenigen, die Anschläge auf Flüchtlingsheime verüben, nicht besorgte Bürger, sondern Terroristen nennen. Wir können euch die Hand geben und sagen, hört nicht auf die grunzenden Verwirrten in Freiberg, Tröglitz, Halberstadt und anderswo, sondern haltet euch an uns, die euch zeigen wollen, dass die Bundesrepublik ein weltoffenes Land ist."

192

KURT STUKENBERG

Journalist (Greenpeace-Magazin)

Die Entmenschlichung des politischen Gegners – wie in diesem Beispiel als „grunzende" Schweine – gehört wie die ins comichaft aufgeblähte „rechte" Gefahr zur Selbstinszenierung linker Gutmenschen, die sich dadurch als politisch korrekte Übermenschen und als gütige Vaterfigur für die Flüchtlinge positionieren können: „Haltet euch an uns!" Der „Rechte" hat bei dieser Inszenierung die Rolle des Abschaums, des (grunzenden) Degenerierten, mehr oder weniger dieselbe Funktion wie der Jude für die nationalsozialistischen Herrenmenschen. Umso widerlicher, gefährlicher, unmenschlicher und abstoßender der rechte Untermensch, desto mehr kann sein Bezwinger und Gegner, der politisch korrekte Spießer, glänzen und strahlen. Da sich dieser Kampf – zumindest für die meisten Vertreter des Justemilieu – nur auf einer medialen, propagandistischen, verbalen Ebene abspielt, kann sich jeder, selbst der größte Feigling und Opportunist, daran beteiligen.

Der Rechte, oder vielmehr die linke Karikatur eines Rechten, ist deshalb in Politik, Medien, Universitäten, Schulen, Kultur und Unterhaltung omnipräsent. Deutschland und Österreich sind zu Nationen des antifaschistischen Heldentums mutiert, allerdings nur in den feuchten Träumen des linksgrünen Milieus.

JULI

31

2015

„Der New German Mittelstand wird aus Syrern, Kosovaren und Afghanen bestehen.“

193

TOM HILLENBRAND

Autor

Worauf er seine gewagte Prognose gründet, bleibt, nachdem sich die Sache in die diametral entgegengesetzte Richtung entwickelt, wohl ein Geheimnis des Autors.

JULI

31

2015

„Vielfalt ist in meinen Augen immer etwas Positives!"

194

ANNA HEZEL

PR-Referentin

Vielen damaligen Mitläufern reichen Weaselwords wie „Bereicherung" oder „Vielfalt", also Worte ohne konkreten Sinn und Bedeutung, um sich für die Masseneinwanderung zu begeistern.

JULI

31

2015

„Es ist gut, dass ihr da seid, weil eure Kinder unser Land und unsere Wirtschaft maßgeblich nach vorne bringen werden. So wie es die Kinder von Einwanderern mit dem Silicon Valley getan haben.“

195

THOMAS KNÜWER

Blogger

Nicht jeder versteht den Unterschied zwischen unkontrollierter Masseneinwanderung aus der Dritten Welt in die europäischen Sozialsysteme und die nach festgelegten Kriterien und Punktesystemen reglementierte Migration von Fachkräften in traditionelle Einwanderungsländer wie die USA oder Australien.

JULI

31

2015

„Liebe Flüchtlinge, es ist gut, dass ihr hier seid, weil ihr Deutschland bunter und nicht nur langfristig lebenswerter macht – obwohl eine keifende, ignorante, hasserfüllte Minderheit das nicht erkennen will.“ [196]

RICO GEBHARDT

Fraktionschef im sächsischen Landtag (Die Linke)

Flüchtlinge dienen Gutmenschen in erster Linie als Mittel zum Zweck, um es der „keifenden“ und „hasserfüllten“ Minderheit, sprich: dem politischen Feind, zu zeigen, die Linken in ihrem politischen Kampf für mehr „Gerechtigkeit“, sprich: noch mehr Umverteilung, zu unterstützen.

Im politisch korrekten Kasperletheater hat jeder seine Rolle: Der Rechte ist das Krokodil, der Flüchtling die Prinzessin und der Gutmensch der Kasperl, der mit Mut und Witz das Krokodil besiegt und die Prinzessin rettet.

Man möchte die vermeintlich braune deutsche Suppe durch Zuwanderung verdünnen. So wie den „Nazi“ braucht man auch den „Flüchtling“ als Projektionsfläche und Instrument für seine gesellschaftspolitischen Visionen.

JULI

31

2015

„Liebe Flüchtlinge, es ist gut, dass ihr hier seid, weil wir Euch etwas zurückgeben können und müssen. Europa ist reich geworden durch Länder, die wir erst Kolonien nannten, dann Entwicklungsländer und nun Schwellenländer. Das sollten wir nicht vergessen.“

197

ANNE M. SCHÜLLER

Autorin und Keynote-Speaker

Dass der Reichtum und die Vormachtstellung des Westens vor allem auf Innovation, Erfindungen, Wissenschaft und Technologie – alle wesentlichen Errungenschaften kommen von dort – und weniger auf Ausbeutung beruht, wird von der Linken in Politik und Wissenschaft aus weltanschaulichen Gründen negiert. Man braucht den europäischen Schuldkomplex für die Umsetzung der linken politischen Ideen und Ziele.

Mit dieser immerwährenden Schuld lassen sich die Bürger moralisch erpressen und politisch steuern. Das haben die Linken von der katholischen Kirche übernommen. Kreuzzüge, Kolonialismus, Kapitalismus, Nationalsozialismus und Faschismus, nicht jedoch – was bezeichnend ist – Kommunismus, sind so wie die Erbschuld eine Last, die Europäer, wie es die Jahrhunderte zurückliegenden Kreuzzüge belegen, nicht mehr ablegen dürfen. Für diese Erbschuld müssen alle nachfolgenden Generationen büßen. Europa bzw. der Westen ist für das Leid auf diesem Planeten verantwortlich, vom Hunger bis zum Klima, vom Krieg bis zur Armut.

Eine differenzierte und halbwegs ideologiefreie Betrachtung der europäischen Kolonialgeschichte zeigt allerdings, dass etwa Portugal oder Spanien, trotz ihrer Eroberungen und Besitzungen, immer arm und rückständig geblieben sind. Der Aufstieg Großbritanniens zur Weltmacht ist hingegen ohne die industrielle Revolution und die damit verbundenen gesellschaftlichen und wirtschaftlichen Veränderungen nicht denkbar.

Die simple Multikulti-Formel, Europa ist reich und mächtig geworden, weil es andere Länder ausgebeutet hat, ist eindimensional, vereinfachend, ahistorisch, ideologisch motiviert und schlicht falsch. Sie wird auch dadurch nicht wahrer, dass Asylindustrie, Medien, linke Politiker und das akademische Prekariat permanent versuchen, diese vermeintliche immerwährende Schuld als ihren Moral-Joker in den Diskussionen um die Migrationspolitik auszuspielen. Sie tun das ausschließlich in ihrem Interesse, aus monetären und machtpolitischen Gründen.

Auch historische Betrachtungen ohne den politisch korrekten Filter zeichnen von den Kreuzzügen ein gänzlich anderes Bild als jenes, das uns in TV-Dokus und populärwissenschaftlichen Büchern vermittelt wird.

JULI

31

2015

„Liebe Flüchtlinge, es ist gut, dass ihr hier seid, weil ihr hier hoffentlich nicht durch deutsche Waffen ums Leben kommt und uns hoffentlich mit den ‚wir sind keine Nazis aber…' - Dummdeutschen nicht allein lasst."

198

ROBERT BRUNGERT

Journalist (hanf-Magazin)

Eine weitere und besonders einfältige Variante des europäisch-deutschen Schuldkultes, Selbsthasses und der moralischen und intellektuellen Selbsterhöhung.

JULI

31

2015

„Ich hoffe, dass alle Flüchtlinge bei uns herzlich und freundlich aufgenommen werden und ihre Integration in unsere Gesellschaft fröhlich gelingt." *199*

JOHANNES KAHRS

Bundestagsabgeordneter (SPD)

„Fröhlich" ist vielleicht nicht ganz der passende Ausdruck.

AUGUST

2

2015

„Ressentiments, diffuse Ängste, Überheblichkeit - auf diesem Boden wächst Hass. Für Deutschland wird es darauf ankommen, die Aufnahme von Menschen aus anderen Kulturen nicht mehr als generöse Gefälligkeit zu betrachten, sondern als gesellschaftliche Notwendigkeit, die sich gestalten lässt."

200

DOROTHEE KRINGS

Journalistin (Rheinische Post)

„Diffuse Ängste", diese Wendung gehört zu den Lieblingsbegriffen jener, die vorgeben, die Sorgen und Ängste des kleinen und – das ist das Entscheidende – dummen Mannes zu verstehen. Der besorgte Bürger ist geistig überfordert, die wahren Ursachen für seine „diffusen" Ängste zu erkennen und richtig zu benennen, so die verbreitete Meinung im Milieu, in dem sich auch Frau Krings verortet.

Der Bürger gibt zwar vor, zu wissen, wovor wer sich fürchtet, diese Ängste sind aber irrational und werden von Rechtspopulisten geschürt. Nur politisch korrekte Schlaumeier wie Dorothee Krings kennen die wahren Ursachen für die Ängste und Sorgen der Bürger. Der „kleine Mann" ist sozusagen auf die Führung, geistige Betreuung und Anleitungen von Frau Krings und Co. angewiesen.

Warum diese Menschen überzeugt sind, den besseren Durchblick zu haben, dem Durchschnittsbürger intellektuell und moralisch überlegen zu sein? Nicht weil sie gebildeter, belesener, klüger oder gar kritischer wären als der kleine Mann mit seinen „diffusen Ängsten", nein, einfach weil sie auf der richtigen ideologischen Seite stehen, Handlanger der dominanten Ideologie und herrschenden politischen Klasse sind und nachplappern und schreiben, was man ihnen in den ideologischen Erziehungsanstalten der Linken, in den Schulen, auf den Universitäten und den Redaktionen, beibringt. Mit der Gewissheit, die dominante Meinung und Ideologie hinter sich zu haben, können sich auch einfache Gemüter zu Experten für gesellschaftspolitische Fragen aufschwingen.

Die von Gutmenschen identifizierten wahren Ursachen für die diffusen Ängste der Bürger basieren in der Regel auf den immer gleichen ranzigen vulgärmarxistischen, multikulturellen und küchenpsychologischen Theorien und Erklärungsmodellen: Angst vor sozialem Abstieg, Angst vor Verdrängung, Angst vor dem Fremden etc. Der wahre Schuldige ist gemäß dem linken Weltbild der Kapitalismus, der Neoliberalismus, das Patriarchat, die USA, die Israelis (also die Juden) und die anderen wohlbekannten linken Feindbilder und Sündenböcke.

AUGUST
4
2015

„Wenn wir eins nicht brauchen, so sind das ewig Gestrige, die sich mit ihren dumpfen Parolen gegen Flüchtlinge wenden. Ich hätte lieber eine syrische Flüchtlingsfamilie als Nachbarn als einen Nazi."

201

SKY DU MONT
Schauspieler

„Flüchtlinge" und „Nazis" werden von Promis gerne benutzt, um sich in ein möglichst gutes und menschliches Licht zu rücken. Der „Flüchtling" ist ebenso wie der „Nazi" nur Staffage. Der christlich-konservative Journalist Johannes Gross bringt es auf den Punkt: „Je länger das Dritte Reich tot ist, umso stärker wird der Widerstand gegen Hitler und die Seinen."[202]

Solche politischen Statements sind in der Kultur- und Unterhaltungsbranche quasi verpflichtend. Wer sich nicht politisch richtig positioniert, wird de facto mit einem Berufs- und Auftrittsverbot belegt, bekommt keinen Fuß mehr auf den Boden. Wer hingegen die Merkel'sche Einwanderungspolitik und die Multikulti-Ideologie propagiert, wird mit freundlichen und positiven Berichten und Auftritten von den Mainstreammedien belohnt.

Dieses über Jahre und Jahrzehnte gewachsene und sich selbst regulierende und steuernde Zuckerbrot-und-Peitsche-System war bei der Wahl zum

Bundespräsidenten in Österreich besonders gut in Aktion beobachtbar. Während sich der linksgrüne Kandidat, Alexander Van der Bellen, vor prominenten Unterstützern nicht erwehren kann – im Grunde stehen alle österreichischen A- bis D-Promis geschlossen hinter dem ehemaligen Grünen-Chef –, wagt es nur ein einziger Prominenter aus dem nicht politischen Bereich, den FPÖ-Gegenkandidaten Norbert Hofer zu unterstützen, nämlich der Stratosphärenspringer Felix Baumgartner. Die Reaktionen der Medien und der anderen Promis sind entsprechend aggressiv und untergriffig: Baumgartner wird seither von den Medien als Depp, Obskurant, rechter Wirrkopf vorgeführt. Große Auftritte kann er nun vergessen: Bestrafe einen, erziehe hundert.

AUGUST

5

2015

„Mikl-Leitner (...) hat als Managerin ihres Ministeriums versagt, sie schaffte es auch nicht, auf einer symbolischen Ebene für Hilfsbereitschaft zu sorgen.“
[203]

FLORIAN KLENK
Journalist (Falter/A)

Linke Journalisten sehen im Herbst 2015 ihre Hauptaufgabe darin, Stimmung für ihre, die „gute“ Sache zu machen. Politiker, wie die damalige österreichische Innenministerin Mikl-Leitner (ÖVP), die nicht freudig in den Welcome-Refugee-Jubelchor miteinstimmt, sondern mehr oder weniger widerwillig die Open-Border-Politik umsetzt, werden als schlechte Menschen, als moralisch verkommen und als Versager gebrandmarkt.

Um von den Multikulti-Apologeten, zu denen auch weite Teile der ÖVP zählen, akzeptiert oder gar geliebt zu werden, reicht es nicht, ihre Vorgaben zu erfüllen. Man muss es auch mit Begeisterung und Überzeugung tun. Es ist ähnlich wie in George Orwells Dystopie „1984“, wo es dem Regime nicht reicht, dass die Menschen sich selbst und die anderen belügen, sie müssen es glauben, dürfen keine Zweifel haben, dass vier Finger fünf Finger sind, wenn es der Große Bruder sagt.[204]

Die Bürger und Politiker müssen wirklich glauben, dass unkontrollierte Masseneinwanderung aus der Dritten Welt alternativlos ist, ein Glücksfall und eine Bereicherung für Europas Gesellschaften.

AUGUST

5

2015

„Wenn derweil in einem der reichsten Staaten der Welt, Menschen wochenlang auf der Straße schlafen müssen – obwohl sie einen gesetzlichen Anspruch auf Grundversorgung haben -, wenn es nicht einmal wasserfeste Zelte gibt, wenn Notleidende so exemplarisch im Stich gelassen werden, dass sie im Schlamm versinken, oder in sengender Hitze hinter Büschen ausharren müssen, dann wäre es an der Zeit, das eigene Scheitern einzugestehen."

205

FLORIAN KLENK

Journalist (Falter/A)

Wenn linke Journalisten beginnen, ihre eigene Propaganda und die inszenierten Bilder in ihren Medien mit der Realität zu verwechseln, dann sind Journalismus, Meinungsfreiheit und Demokratie in Gefahr.

AUGUST

5

2015

„Wir sind ein reiches Land und könnten den Geflüchteten stärker entgegenkommen."
[206]

JOHANNA UEKERMANN

Chefin der Jungsozialisten in Deutschland

Das sagen vor allem jene, die dieses Entgegenkommen nicht finanzieren müssen, weil sie, so wie die „Geflüchteten", von den Transferleistungen des Staates, sprich: vom Geld, das andere Menschen erwirtschaften, leben.

Dieses Phänomen, dieses Verhalten beschreiben die Amerikaner und Briten als „skin in the game", was so viel bedeutet wie „beteiligt sein" oder „etwas zu verlieren haben". Die These des gleichnamigen Buchs des libanesischen Finanzmathematikers Nassim Nicholas Taleb lautet: Entscheidungen, die unter der Voraussetzung getätigt werden, dass die dafür Verantwortlichen auch für deren Folgen haften müssen, fallen überlegter und besser aus, als wenn das nicht der Fall ist. Die Basis rationalen und verantwortungsvollen Handelns besteht darin, seine Haut riskieren zu müssen.[207]

Genau das tun linksgrüne Politiker, linke Journalisten, Künstler oder NGO-Vertreter praktisch nie. Die Kosten und Folgen ihres Handelns, ihrer Forderungen und ihrer Entscheidungen haben stets andere zu tragen.

Mit dem Geld anderer Leute ist es einfach Gutes zu tun. Integrationsunwillige Migranten sind darüber hinaus für die Hunderttausenden Menschen, die in der Asylindustrie beschäftigt sind, eine Jobgarantie, sie sorgen dafür, dass linke Politiker weiterhin gegen „Ungerechtigkeit" und für mehr Transferleistungen kämpfen können. Sprich: Linke Politiker und die Asylindustrie brauchen die Armutsmigranten genauso, wie die Armutsmigranten linke Politiker und die Asylindustrie brauchen.

AUGUST
5
2015

„Wir sollten neben allen Kriegsflüchtlingen und politisch Verfolgten auch diejenigen willkommen heißen, die hierher kommen, weil sie aus Perspektivlosigkeit und extremer Armut fliehen und hier einen Job suchen. Deutschland kann noch viel mehr Menschen aufnehmen als bislang geschehen."
208

JOHANNA UEKERMANN
Chefin der Jungsozialisten in Deutschland

Wie viele Menschen aus der Dritten Welt Deutschland aufnehmen kann, soll und muss – zwei, zwanzig, fünfzig, hundert oder noch mehr Millionen –, schließlich besteht an Armen in aller Welt kein Mangel, wird von solchen guten Menschen nie erwähnt.

„Ich habe einen Traum: Wir öffnen die Grenzen und lassen alle herein, (...).“

209

KONSTANTIN WECKER

Musiker

Textstelle aus dem Lied „Ich habe einen Traum“ von dem Album „Ohne Warum“, das 2015 erscheint und in Deutschland Platz 14 und in Österreich sogar Platz 8 der Albumcharts erreicht.
Weitere Auszüge aus diesem Lied:
„Ich hab einen Traum,
wir öffnen die Grenzen und lassen alle herein,
alle die fliehen vor Hunger und Mord,
und wir lassen keinen allein.
Wir nehmen sie auf in unserem Haus und sie essen von unserem Brot,
und wir singen und sie erzählen von sich und wir teilen gemeinsam die Not
und den Wein und das wenige was wir haben,
denn die Armen teilen gern,
und die Reichen sehen traurig zu
denn zu geben ist ihnen meist fern
Ja wir teilen, und geben vom Überfluss es geht uns doch viel zu gut,
und was wir bekommen, ist tausendmal mehr:
und es macht uns unendlich Mut. (...)
Ihre Kinder werden unsere sein, keine Hautfarbe und kein Zaun,
keine menschenverachtende Ideologie trennt uns von diesem Traum.
Vielleicht wird es eng. Wir rücken zusammen, versenken die Waffen im Meer,
wir reden und singen und tanzen und lachen, und das Herz ist uns nicht mehr schwer.
Denn wir haben es doch immer geahnt und wollten es nur nicht wissen:
was wir im Überfluss haben, das müssen andere schmerzlich vermissen.“

AUGUST

10

2015

„Von diesen 60 Millionen Schutzsuchenden kamen 2014 etwa 200.000 Menschen nach Deutschland, also 0,3 Prozent. Das sollte dieses Land überfordern?"

210

KARAMBA DIABY

Bundestagsabgeordneter (SPD)

Seltsame Zahlenspiele eines SPD-Politikers. 0,3 Prozent ist kleiner als 1. Das klingt nach wenig. 200.000, die absolute Zahl, schon nach etwas mehr. 2015 kommen nach offiziellen Schätzungen, so genau weiß man es nicht, zwei Millionen Zuwanderer nach Deutschland. Das klingt schon nach mehr. Wesentlich interessanter und aussagkräftiger ist allerdings das Verhältnis Zuwanderer pro Jahr zur deutschen Bevölkerung, also zwei Millionen zu 80 Millionen. Noch aussagekräftiger ist das Verhältnis Zuwanderer pro Jahr zur deutschen Bevölkerung unter 25 Jahren. Hier ist das Verhältnis bereits zwei Millionen zu 20 Millionen innerhalb nur eines Jahres! Das klingt nicht mehr harmlos.

AUGUST

10

2015

„Asylmissbrauch gibt es nicht"

211

KARAMBA DIABY

Bundestagsabgeordneter (SPD)

Massiven Asylmissbrauch gibt es auf vielen Ebenen. Da ist etwa Missbrauch durch Behörden, Beamte und Mitarbeiter des Staates, wie in der Affäre um das Bundesamt für Migration und Flüchtlinge in Bremen.[212] Trotz entsprechenden Hinweisen wird über einen langen Zeitraum bei der Ausstellung von Asylbescheiden manipuliert. Prüfer stellen „bewusst manipulative Einflussnahmen" auf die Entscheidungen fest, da unter anderem „Anhaltspunkte für Identitätstäuschung" ignoriert werden.[213]

Anderseits versuchen viele Armutsmigranten – oftmals erfolgreich –, sich durch falsche Angaben bezüglich Herkunft, Alter, Fluchtgrund, Fluchtroute, persönlichem Hintergrund etc. einen Asylstatus zu erschleichen. Selbst wenn sie kein Asyl bekommen, einmal im Land, ist es – unter anderem dank der Arbeit der NGOs – unmöglich, diese Menschen wieder abzuschieben, selbst wenn sie kriminell werden. Die Tiroler Tageszeitung berichtet über die diesbezügliche Praxis in Österreich: „Eine Vielzahl von Entscheidungen des Bundesverwaltungsgerichts zu angefochtenen Abschiebungen von Nordafrikanern in Innsbruck zeigt die Schwierigkeiten auf. Weil u. a. Menschenrechtsorganisationen wie der Flüchtlingsdienst der Diakonie oder die Flüchtlings- und MigrantInnenbetreuung der Volkshilfe selbst häufig straffällig gewordene Nordafrikaner gegen Abschiebungen unterstützen. (…) So hält sich ein 17- bis 19-jähriger Nordafrikaner, der sich mehrere Identitäten angeeignet hat und sich einmal als Algerier und dann wieder als Marokkaner ausgibt, seit Juni 2014 in Innsbruck auf. Zahlreiche Straftaten gehen auf sein Konto, mehrmals wurde er verhaftet und zu mehr als 15

Monaten Gefängnis verurteilt. Sein Antrag auf Asyl hat das Bundesamt für Asyl und Fremdenwesen (BFA) abgelehnt und die Abschiebung veranlasst. Mit Hilfe der Diakonie hat er dagegen berufen, das Bundesverwaltungsgericht hat die Beschwerde jetzt zurückgewiesen. Doch damit nicht genug: Weil der Beschwerde gegen die Abschiebung im Sinne der öffentlichen Ordnung und Sicherheit die aufschiebende Wirkung aberkannt wurde, legte der Mann, beraten von der Diakonie, erneut Berufung ein. Das war aussichtslos, aber dennoch."[214]

Ganz grundsätzlich wird Asyl von Politkern, Journalisten, der Asylindustrie und anderen linken Meinungsmachern als Hebel für die unkontrollierte Massenzuwanderung missbraucht. Im Jahr 2015 dient Asyl als Hauptargument für die offenen Grenzen und die Einwanderungswelle aus der Dritten Welt. Wie bei Salamitaktiken üblich, wird nach einem gewissen Gewöhnungs- und Abstumpfungsprozess bereits im Jahr 2018 Migration ganz offen als Quasi-Menschenrecht verkauft, das die Europäer zu akzeptieren haben.

AUGUST

12

2015

„Wenn ich das schon höre: ‚Die kommen nur wegen des Geldes, die werden gar nicht richtig verfolgt.' Was soll denn das heissen, wenn man seine Familie nicht mehr durchbringen kann? Wer von uns würde da nicht versuchen, zu fliehen, etwas Lebenswertes zu finden?"

215

CAMPINO (ANDREAS FREGE)

Musiker (Die Toten Hosen)

Wie viele andere auch vermischt Herr Frege aus politischem Kalkül oder aus Unwissenheit Asyl mit Einwanderung. Was will der Entertainment-Millionär damit sagen? Dass alle, die ein angenehmeres Leben suchen, nach Deutschland kommen sollen? Solche nicht durchdachten Forderungen und Apelle von prominenten Vorbildern heizen die Willkommenseuphorie weiter an. Als millionenschwerer Staatspunker braucht man sich über die Folgen und Konsequenzen einer solche Politik keine Gedanken zu machen.

AUGUST
12
2015

„Die Menschen sind nicht vernünftig aufgeklärt. Alle reden bei uns in Deutschland immer davon, dass wir die Dummen sind, die alle aufnehmen müssen. Aber man muss das mal in Relation zu unserem Wohlstand und unserer Größe setzen, dann sieht das alles schon ganz anders aus."

216

CAMPINO (ANDREAS FREGE)

Musiker (Die Toten Hosen)

Wenn Menschen feststellen, andere Menschen, die sich nicht der dominanten Ideologie und dem Meinungsdiktat unterordnen, seien nicht aufgeklärt, wird es, wie die Geschichte mehrfach gezeigt hat, gefährlich für diese „nicht aufgeklärten" Menschen. Sie aufzuklären ist nur ein billiger Euphemismus für politische Umerziehung, die selten freiwillig und ohne Zwang funktioniert.

AUGUST

15

2015

„Wir erleben derzeit die qualifizierteste Einwanderung, die es bei uns je gab.“ [217]

AUGUST GÄCHTER

Soziologe (A)

Im Herbst 2015 wird über alle medialen Kanäle das Märchen von den qualifizierten Zuwanderern, von Technikern, Ärzten und Wissenschaftlern verbreitet, sozusagen als Bonus zum moralischen Imperativ. Es dürfte sich dabei um eine Mischung aus Wunschvorstellung, Selbstbetrug und Lüge handeln, denn diese angeblichen Fachkräfte sind zu keiner Zeit in relevanter Zahl unter den Flüchtlingsströmen.

Es hätte auch keine plausible Erklärung dafür gegeben, woher diese Fachkräfte hätten kommen sollen, zumal es in Afghanistan, dem Irak, Somalia oder Eritrea weder eine nennenswerte Industrie noch ein Bildungssystem auf auch nur annähernd europäischem Niveau gibt.

AUGUST

16

2015

„Ich will nicht sagen, alle Schlepper sind gute Menschen“

218

CHRISTOPH RIEDL

Leiter des Flüchtlingsdienstes der Diakonie (A)

Keine zwei Wochen später wird auf der österreichischen Ostautobahn bei Parndorf im Burgenland ein abgestellter Kühl-LKW entdeckt. Darin befinden sich die Leichen von 71 Menschen aus dem Irak, dem Iran, aus Afghanistan und Syrien. Sie sind in dem LKW qualvoll ums Leben gekommen.[219]

AUGUST

19

2015

„Ich schäme mich. Das Schauspiel, das der österreichische Staat und die EU, also das wir bieten, möchte man nicht mit den Augen kommender Generationen sehen müssen. Sie würden fragen: Habt ihr es nicht gewusst? Habt ihr nichts gesehen? Zehn Millionen auf der Flucht. Das Mittelmeer, mare nostrum, unser Meer, ein nasses Massengrab?"

220

ARMIN THURNHER

Herausgeber und Journalist (Falter/A)

Wie eng der linke „Antifaschismus" der zu spät Geborenen – oder besser gesagt: die Koketterie mit diesem – mit der Willkommenskultur verzahnt ist, zeigt dieses Zitat. Was werden die nachfolgenden Generationen sagen? Thurnher, der für seine politische Einstellung noch nie irgendetwas riskieren musste, schon gar nicht sein Leben, sondern im Gegenteil stets gut davon gelebt hat, sieht sich offenbar in einer Reihe mit den wenigen mutigen Widerstandskämpfern aus der NS-Zeit, als Held nachfolgender Generationen. Was für eine lächerliche Anmaßung, was für eine verzerrte Selbstwahrnehmung für jemanden, der stets im dominanten linken Meinungsstrom mitschwimmt.

AUGUST

19

2015

„Da draußen wütet ein Mob. Brennt sie nieder. Pogrom, wie in der schlimmsten Nazizeit.“

221

UDO LINDENBERG

Musiker

Immer wieder bemühen Prominente die Nazi-Zeit, auch wenn diese Vergleiche an den Haaren herbeigezogen sind und eine unfassbare Verharmlosung der nationalsozialistischen Verbrechen darstellen. Doch für viele Menschen scheint die „Flüchtlingskrise“ eine ideale Gelegenheit zu sein, sich von der „nationalsozialistischen Erbschuld“ zu lösen und den damals weitgehend nicht vorhandenen Widerstand spielerisch nachzuholen.

Der Applaus der Medien, Politik und Zivilgesellschaft und die soziale Anerkennung ist diesen Möchtegern-Widerstandskämpfern sicher, auch wenn ihre Statements wenig durchdacht und wirr sind.

AUGUST

21

2015

„Verfahrensregelung zur Aussetzung des Dublinverfahrens für syrische Staatsangehörige." [222]

ANGELIKA WENZL

Regierungsdirektorin im Bundesamt für Migration und Flüchtlinge (Bamf)

Diesen internen Vermerk versendet Wenzl. Er landet, keiner weiß bis heute wie, bei den Medien. Er bedeutet, dass kein Syrer, der in Deutschland Asyl beantragt, mehr in das Land zurückgeschickt wird, in dem er zuerst europäischen Boden betreten hat. Was wiederum heißt, dass das Dublin-Verfahren[223] außer Kraft gesetzt wird.

AUGUST

21

2015

„Wenn ein aussichtsloser oder abgelehnter Asylbewerber eine Möglichkeit der Arbeitsaufnahme hat, sollte er/sie ohne Rückkehr in das Herkunftsland den Status vom Asylbewerber zur Arbeitsmigration ändern können."

224

KERSTIN GRIESE

Bundestagsabgeordnete (SPD)

Dass es in der sogenannten Flüchtlingskrise nicht um Schutz, sondern um Einwanderung unter dem Deckmantel des Asyls geht, zeigt dieses Statement. Jeder, der es nach Deutschland schafft, soll auch bleiben dürfen. Deutschland soll nicht von der Einwanderung profitieren, sondern die Einwanderer von Deutschland. Das ist eine Rechnung, die langfristig nicht aufgehen kann.

AUGUST

22

2015

„Ich bin sicher: Wir schaffen das." [225]

SIGMAR GABRIEL

Vizekanzler und Parteichef (SPD)

Bereits vor Angela Merkel erklärt Gabriel in einer Videobotschaft: „Wir schaffen das." Später wird er Merkel für denselben Satz kritisieren, er sei eine „Leerformel"[226], so Gabriel.

AUGUST

24

2015

„Bei uns zuhause würde man sagen, das ist Pack, was sich hier rumgetrieben hat.“

227

SIGMAR GABRIEL

Vizekanzler und Parteichef (SPD)

Gabriel nach den Pöbeleien und Ausschreitungen vor einer Asylunterkunft in der sächsischen Stadt Heidenau.[228]

AUGUST

24

2015

„Das sind Leute, die mit Deutschland nichts zu tun haben. Ihr gehört nicht zu uns, wir wollen Euch nicht – und wo wir Euch kriegen, werden wir Euch bestrafen.“

229

SIGMAR GABRIEL

Vizekanzler und Parteichef (SPD)

Alle Menschen, die nicht freudig in den Welcome-Refugee-Jubelchor miteinstimmen, werden von den Multikulturalisten zu Unter- und Unmenschen erklärt. Dieselben Menschen beklagen gleichzeitig die Spaltung der Gesellschaft durch die Rechtspopulisten, denen man sagt: Ihr gehört nicht zu uns.

Wobei die Gemeinschaft der Gutmenschen zunehmend mit dem Problem zu kämpfen hat, dass ihr immer weniger Menschen angehören wollen. Weshalb Bannsprüche wie jener von Gabriel ihre Wirkung verfehlen.

AUGUST

25

2015

„#Dublin-Verfahren syrischer Staatsangehöriger werden zum gegenwärtigen Zeitpunkt von uns weitestgehend faktisch nicht verfolgt."

230

PRESSESTELLE DES BAMF

Nachdem ein interner Vermerk (vgl. S. 189) an die Medien gelangt, muss das Bamf reagieren. Via Twitter wird die De-facto-Außerkraftsetzung des Dublin-Verfahrens bestätigt. Dieser Tweet verbreitet sich auf der Balkanroute wie ein Lauffeuer. Er gilt den sogenannten Flüchtenden als Einladung und Freifahrtschein nach Deutschland. Viele der Einwanderer aus der Dritten Welt geben sich nun als Syrer aus, obwohl sie aus Afghanistan oder sonst woher kommen und des syrischen Arabisch nicht mächtig sind. Überprüft wird es ohnehin nicht.

AUGUST

25

2015

„Deutsche Neonazis und IS-Terroristen aus aller Herren Länder schieben den Pegel der Unmenschlichkeit beständig nach oben."

231

ARMIN THURNHER

Herausgeber und Journalist (Falter/A)

Thurnher liefert hier ein Beispiel, wie die Linke einerseits die „rechte" Gefahr ins Groteske aufbläht und gleichzeitig islamistischen Terror relativiert und verharmlost. Thurner stellt „Neonazis" und IS-Terroristen auf eine Stufe. Die UNO berichtet unter anderem über die Gräueltaten der IS-Kämpfer in Mossul: „Chemiewaffen, Massengräber und Leichen, die auf offener Straße zur Schau gestellt werden."[232] Der Nachrichtensender NTV: „Die Foltermethoden der IS-Kämpfer kennen offenbar keine Grenzen. Neben Enthauptungen, lebendigen Verbrennungen und Stürzen von Hochhäusern berichtet ein Opfer jetzt vom sogenannten Beißer. Er soll Frauen einen Teil ihrer Weiblichkeit rauben."[233]

-

Neonazis, vulgo Bürger, die die Willkommenskultur kritisieren, mit IS-Terroristen auf eine Stufe zu stellen, sie als vergleichbare Bedrohung für Europa darzustellen, ist zwar völlig abstrus, hat aber Methode. Damit gelingt es den Multikulturalisten, die enorme Gefahr, die von der unkontrollierten

Masseneinwanderung aus dem islamischen Raum ausgeht, zu verharmlosen und gleichzeitig jede Kritik daran im Keim zu ersticken, weil der kritische Bürger von den linken Meinungsführern mit IS-Terroristen gleichgesetzt und damit in ein terroristisches, kriminelles Licht gerückt wird.

Das schreckt viele Bürger ab, ihre Meinung offen zu äußern. Mit dieser Strategie kann das Establishment den Zulauf zu den sogenannten rechtspopulistischen Bewegungen eindämmen und offene Kritik weitgehend unterbinden. 2016 stimmt bei einer repräsentativen Umfrage (Allensbach) mehr als die Hälfte der Deutschen der Aussage zu, dass man seine Meinung zur Flüchtlingssituation in Deutschland nicht mehr frei äußern könne.[234]

AUGUST

26

2015

„Und dass es beschämend und abstoßend ist, was wir erleben mussten. Es gibt keine Toleranz gegenüber denen, die die Würde anderer Menschen infrage stellen. Es gibt keine Toleranz gegenüber denen, die nicht bereit sind, zu helfen, wo rechtlich und menschlich Hilfe geboten ist."

235

ANGELA MERKEL

Bundeskanzlerin (CDU)

Zwei Tage nach Sigmar Gabriel kommt Angela Merkel nach Heidenau. Auch sie instrumentalisiert die Ausschreitungen und zum Teil robusten Proteste gegen das Flüchtlingsheim in dieser Kleinstadt, um alle Kritiker der Einwanderungspolitik als Unmenschen zu diffamieren. Für die Verfechter der Masseneinwanderung gibt es nur zwei Arten von Menschen, die Guten, die diese Politik unkritisch unterstützen, und das Pack, das vor den Folgen dieser Politik warnt.

Jene, die auf der Welcome-Refugee-Welle surfen, nutzen dieses Momentum aus, um gegen ihre Kritiker zu hetzen, vermutlich weil sie wissen oder zumindest ahnen, dass ihre Gegner die besseren Augmente haben. Die Kommunikationsstrategie der Merkel-Regierung ist klar. Wer nicht für uns ist, ist Pack, Pöbel und Abschaum.

AUGUST

26

2015

„Es gibt ein helles Deutschland, das sich leuchtend darstellt gegenüber dem Dunkeldeutschland, das wir empfinden, wenn wir von Attacken auf Asylbewerberunterkünfte oder gar fremdenfeindlichen Aktionen gegen Menschen hören."

236

JOACHIM GAUCK

Bundespräsident

Der Bundespräsident baut keine Brücken, sondern spaltet das Land in zwei Lager. Nach ihm gibt es die Lichtgestalten, die der Einwanderungspolitik der Regierung unkritisch gegenüberstehen, und die dunkeldeutschen Untermenschen, die das nicht tun.

Nach dem Ende seiner politischen Karriere, im Jahr 2018, kritisiert er selbst diese Einwanderungspolitik und beweist damit, nichts weiter als ein schmieriger Opportunist zu sein. Sein späterer österreichischer Amtskollege, Alexander Van der Bellen, hat bei dieser Einteilung der Gesellschaft in Gut und Böse noch weniger Hemmungen. Beim Wahlkampf gegen seinen FPÖ-Herausforderer Norbert Hofer stellt er einem hellen, friedlichen Österreich ein „Alpen-Mordor"[237], also ein Land bewohnt von Ork-Kreaturen, sprich: FPÖ-Wählern, gegenüber (vgl. S. 522).

AUGUST

26

2015

„Sehr geehrte Ich-bin-zwar-kein-Nazi-Aber-Idioten, diplomierte Wahrheitskenner, Hobbyprovokateure und Intelligenzflüchtlinge, ihr scheut euch nicht wie all die anderen Waschlappen die Wahrheit auszusprechen. Ihr denkt ihr gehört tatsächlich zu den wenigen, die sich trauen, den Mund aufzumachen. Ihr faselt von Wirtschaftsflüchtlingen, Sozialschmarotzern, Überfremdung und habt ein paar Daten und Spiegel-Artikel auswendig gelernt, die eure Dummheit mit sogenannten Fakten irgendwie untermauern soll. Ihr fühlt auch als Patrioten, als die Stimme des Volkes, die das Kind beim Namen nennt und den Finger in die Wunde legt, political correctness ist euer Feindbild, denn ihr schwimmt gegen den Strom. Ihr lasst euch nichts diktieren, schon gar nicht von der Lügenpresse, selbsternannten Gutmenschen, Til Schweiger oder noch schlimmer von uns. Früher war man Punk, wenn man provozieren wollte, heute ist man Patriot. Aber nennt euch wie ihr wollt, fühlt euch wie William Wallace persönlich. Ihr bleibt erbärmliche Trottel, die sich auf Kosten der Ärmsten profilieren wollen.“

238

JOKO UND KLAAS (JOACHIM WINTERSCHEIDT UND KLAAS HEUFER-UMLAUF)

Fernsehmoderatoren

Ein YouTube-Video als Psychogramm, als intellektueller Offenbarungseid. Die beide würden so gerne provozieren, so gerne echte Revoluzzer sein und nicht nur politisch korrekte Clowns im Trash-TV. Doch genau das sind sie, die medialen Handlanger der herrschenden Klasse, sie kochen, so wie ihre Kollegen, den immer gleichen linken Meinungsschleim humoristisch auf. Ihre angepasste Allerweltsmeinung bleibt eine Allerweltsmeinung, auch wenn sie mit deftiger Sprache und „anarchistischen" Gags aufpeppt wird.

Zumindest haben die zwei TV-Komiker richtig erkannt, dass sie auf einer Linie mit Angela Merkel, Margot Käßmann, Claus Kleber und Anton Hofreiter sind. Das ist nicht cool und trendig, egal, wie kreativ man diese ranzige Meinung verpackt. Die Rebellen sind die konservativen, liberalen und patriotischen Kräfte. Joko und Klaas würden so gerne dazugehören, dann aber wäre ihre Karriere zu Ende, weshalb sie weiterhin die politisch korrekten Vorturner im dahinsiechenden Medium Fernsehen bleiben müssen. Um ihren Frust, der aus diesen Sätzen trieft, abzubauen, beschimpfen sie auf YouTube alle, die mutiger und ehrlicher sind als sie, als Intelligenzflüchtlinge, erbärmliche Trottel etc.

Damit sind sie nicht allein. Sehr viele politisch korrekte Spießer versuchen krampfhaft und mit derber Wortwahl, den politisch unkorrekten Macker zu markieren, ohne zu begreifen, dass es hier nicht um Oberflächlichkeiten, um Begriffe, sondern um eine Geistes- und Werthaltung, um eine Weltanschauung geht. Die Botschaft, die Joko und Klaas via YouTube verbreiten, ist dieselbe, die Kirchen, spendengetriebene NGOs, Angela Merkel oder Renate Künast gebetsmühlenartig über alle medialen Kanäle hinausposaunen. Wer nicht unserer Meinung ist, wer unsere Glaubenssätze infrage stellt, ist ein Trottel.

Der Wissenschaftsphilosoph Malte Dahlgrün analysiert: „Unterstützern der Willkommenspolitik gelang es in der Asylkrise mit erstaunlichem Erfolg, den öffentlichen Diskurs durch falsche Dichotomien zu ihren Gunsten zu prägen. Indem sie willkommenspolitischen Positionen ausschließlich bestimmte Pappkameraden gegenüberstellten, lenkten sie von stichhaltigen Gegenargumenten ab."[239]

AUGUST

27

2015

„Wir sind keine Verfechter von Grenzzäunen. Wir glauben auch nicht, dass Grenzzäune am Ende das Thema Migration lösen werden.“

240

FRANK-WALTER STEINMEIER

Außenminister (SPD)

Mauern und Grenzzäune gelten im politisch korrekten Europa des Jahres 2015 als unmoralisch und vor allem nutzlos, obwohl sie seit Jahrtausenden und auch in der Gegenwart gute Dienste leisten. So kann etwa Israel mit dem Bau einer Mauer die palästinensischen Terrorattacken dramatisch reduzieren, und ohne den Grenzzaun zwischen Mexiko und den USA – übrigens von Präsident Obama kontinuierlich ausgebaut – wäre die illegale Migration in die Staaten längst außer Kontrolle. Und wer seine Außengrenzen nicht schützen will, der muss aus Sicherheitsgründen im Land immer mehr Mauern, Poller, Zäune und Absperrungen – etwa um Weihnachtsmärkte, Großveranstaltungen oder Amtsgebäude – errichten.

AUGUST

29

2015

„Helles Deutschland – Dunkles Deutschland"

241

DER SPIEGEL

Nach den Protesten und Ausschreitungen in Heidenau macht Der Spiegel mit gleich zwei Titelbildern auf: Auf dem ersten sind bunte Luftballons zu sehen, am zweiten ein Haus, das angezündet worden ist, bevor es zu einem Flüchtlingsheim werden konnte. Die Frakturschrift ist eine Anspielung auf den Nationalsozialismus.

Grau- oder Zwischentöne gibt es in dieser aufgeheizten Stimmung nicht mehr, wer die hereinströmenden Menschenmassen nicht bejubelt, ist ein Unmensch, ein Nationalsozialist, ein Faschist, so die Botschaft. Auch oder gerade beim „Sturmgeschütz der Demokratie", beim Spiegel.

AUGUST
29
2015

„Zwei Deutschlands – Wir haben die Wahl“

242

DER SPIEGEL

Der Spiegel appelliert an seine Leser. Differenzierter geht es nicht. Wer nicht für uns und die Einwanderer ist, gehört zum dunklen, sprich: zum nationalsozialistischen, Deutschland. In der Frage der Einwanderungspolitik gibt es nur zwei gegensätzliche Standpunkte. Der Wirtschaftsphilosoph Dahlgün hat insgesamt sieben solcher Dichotomien, solcher falschen Dichotomien in der Flüchtlingsdebatte herausgearbeitet: Willkommenskultur versus Hass; Willkommenskultur versus Angst; Willkommenspolitik versus Egoismus; Kontrollverlust versus totale Abschottung; Lichtgestalt „Flüchtling“ versus „Generalverdacht“; bei potentiellen Migrationsanreizen: Irrelevanz versus alleinige Kausalität und globalegalitärer No-Border-Extremismus versus völkischer Extremismus.[243]

AUGUST

29

2015

„(…) schreibt die Regierung einen Wettbewerb aus. Gemeinden können sich um die Aufnahme und Integration von Flüchtlingen bewerben.“

244

ELKE SCHMITTER

Journalistin (Der Spiegel)

Diese Spiegel-Ausgabe ist eine einzige Werbebroschüre für Merkels Willkommenskultur. Mit Journalismus hat das wenig zu tun. Man malt sich die multikulturelle Zukunft in den schönsten Farben aus. Elke Schmitter träumt sogar davon, dass sich die Gemeinden um die angeblich dringend benötigten Flüchtlinge bewerben müssen. Außerhalb der Redaktionen sieht die Welt ganz anders aus.

AUGUST

29

2015

„Darum muss jeder helfen“

245

BILD-ZEITUNG

Das ist ein Befehl: Jeder muss helfen. Keiner darf sich diesem moralischen Imperativ entziehen. Das deutsche Boulevardblatt startet die Aktion „refugees-welcome – Wir helfen“. Sie wird zum Eigentor für die Bild-Zeitung und beschleunigt die ohnehin schon dramatischen Auflagenverluste.

Bild-Online-Chefredakteur Julian Reichelt: „Nichts hat uns ganz nachweislich wirtschaftlich in der Reichweite so sehr geschadet wie unsere klare, menschliche, empathische Haltung in der Flüchtlingskrise.“[246]

AUGUST

29

2015

„Und natürlich wollen wir über unsere Grenzen ein weiteres wichtiges Zeichen setzen: Dass Menschen, die Hilfe brauchen, die knapp mit dem Leben davongekommen sind, auch auf unsere bedingungslose Hilfe vertrauen können. Die überwältigende Mehrheit der Deutschen hat nichts mit dem Pöbel vor den Flüchtlingsheimen zu tun! Die Mehrheit hilft! Wir helfen!"

247

BILD-ZEITUNG

Bild erklärt, warum alle Deutschen nun zu helfen haben. Der Hebel ist dabei, so wie bei den NGOs, die moralische Erpressung, das Spiel mit dem schlechten Gewissen der Menschen, obwohl die Macher der Bild-Zeitung wissen, dass der Großteil der Menschen, die 2015 nach Deutschland kommen, keine Flüchtlinge sind.

Es geht nicht um Schutz und um Flüchtlinge – durch die undifferenzierte Verwendung dieses Begriffs wird eine Notlage vorgetäuscht, die es in den meisten Fällen gar nicht gibt.

Ob Politik, Medien oder NGOs, sie alle verkaufen der Bevölkerung die Hunderttausenden Armutsmigranten als Menschen, die vor Krieg, Folter, Bomben und Terror flüchten, wobei sich ein Lügner auf den anderen beruft, die Politik auf die Medien, die Medien auf die Politik, die Medien auf die „Experten" usw.

AUGUST

29

2015

„Diese riesige Aufgabe ist nicht von staatlichen Behörden allein zu bewältigen. Hier ist jeder Einzelne gefordert – mit Ideen, mit Engagement, mit Einsatz. Deshalb wollen wir mit der Aktion „Wir helfen – #refugeeswelcome“ ein Zeichen setzen, Solidarität zeigen.“

248

BILD-ZEITUNG

Die Akteure und Mitläufer der Open-Border-Politik bündeln zu dieser Zeit ihre Kräfte und heizen die Stimmung immer weiter an, steigern sich gegenseitig in einen Willkommenswahn. Viele Menschen lassen sich davon anstecken, schieben ihrer berechtigten Bedenken und Zweifel beiseite, stimmen mit ein in den Jubelchor.

Doch im Gegensatz zur medialen Darstellung, zur Jubel-Propaganda ist es keine Massenbewegung, der sich alle „anständigen“ Deutschen anschließen, ein Teil der Bevölkerung bleibt trotz der flächendeckenden und allgegenwärtigen Propaganda skeptisch und kritisch, wobei sich die Ostdeutschen, wohl aus historischer Erfahrung, weitaus resistenter gegenüber dieser Meinungs- und Stimmungsmache erweisen.

Bei einer Infratest-dimap-Umfrage im September 2015 im Auftrag von ARD und Die Welt entscheiden sich bei der äußerst unpräzisen Fragestellung, ob Zuwanderung eher Vor- oder Nachteile nach sich ziehe, 29 Prozent der Westdeutschen und 45 Prozent der Ostdeutschen für die eher nachteiligen Auswirkungen.[249]

AUGUST

30

2015

„Es geht darum, dass derzeit Menschen auf der Flucht und um ihr Leben kämpfend, in einem für sie fremden Land auf der Suche nach Hilfe von Parolen grölenden Vollidioten gewalttätig bedroht werden. Dass Heime, in denen die ärmsten Schweine, die derzeit hier herumlaufen, nur für kurze Zeit durchatmen sollen, angezündet und niedergebrannt werden. Und zwar ganz offensichtlich von den dümmsten Schweinen, die bei uns gerade herumlaufen."

250

OLIVER KALKOFE

Fernsehmoderator

Im Sommer und Herbst 2015 können sich C-Promis wie Oliver Kalkofe mit ihrem Gratismut und ihrer öffentlich zur Schau gestellten Empathie wieder ins Rampenlicht drängen. Dafür reicht es, die rechte autochthone Bevölkerung derb zu beschimpfen und sich selbst als Kämpfer für das Gute zu inszenieren.

AUGUST
31
2015

„Wir schaffen das!“
251

ANGELA MERKEL
Bundeskanzlerin (CDU)

Dieser in die Historie eingegangene Satz ist keine Leerformel, wie Sigmar Gabriel anmerkt. Im Gegenteil. Präziser und pointierter als mit diesen drei Worten lässt sich die deutsche Welcome-Refugee-Hysterie, der deutsche Willkommenswahn nicht beschreiben. In Wir-schaffen-das ist alles enthalten, was diesen prägenden deutschen Geschichtsabschnitt auszeichnet. Dieser Satz hat im Laufe der Flüchtlingskrise seine Bedeutung verändert, stets abhängig von den Entwicklungen der unkontrollierten Massenzuwanderung.

Er soll die Deutschen aufmuntern, motivieren, eine Aufbruchsstimmung erzeugen und der Bevölkerung die vorhandenen Ängste nehmen. Das Scheitern war diesem Satz von Anfang an aber miteingeschrieben. Weil trotz der erzeugten Hysterie im Grunde alle wissen, dass dieses wahnwitzige sozialistische Gesellschaftsexperiment nicht gutgehen kann und das Land, die Gesellschaft und die Wirtschaft überfordern wird, muss man die Zweifel mit dieser Parole übertönen, muss man sich und seinen Mitmenschen einreden, dass es zu schaffen ist, ohne darauf einzugehen, ob die Bevölkerung „das“ überhaupt schaffen möchte.

Wer sich seiner Sache sicher ist, braucht solche Apelle nicht. Weil dem nicht so ist, muss Merkel diese Parole in immer kürzeren Abständen wiederholen. Dabei ändern sich die Bedeutung und Botschaft vom positiven Motivationsspruch zur verzweifelten und unglaubwürdigen Durchhalteparole bis zur Provokation der Bevölkerung.

Das vollständige Zitat lautet: „Deutschland ist ein starkes Land. Das Motiv, mit dem wir an diese Dinge herangehen, muss sein: Wir haben so vieles geschafft, wir schaffen das. Wir schaffen das, und wo uns etwas im Wege steht, muss es überwunden werden.“

AUGUST

31

2015

„Die Welt sieht Deutschland als ein Land der Hoffnung und der Chancen – das war nicht immer so."[252]

ANGELA MERKEL

Bundeskanzlerin (CDU)

Wie sehr die deutsche Vergangenheitsbewältigung die deutsche Flüchtlingspolitik beeinflusst, lässt sich an dieser Aussage Merkels ablesen.

OKTOBER

2

2015

„Wenn so viele Menschen so viel auf sich nehmen, um ihren Traum von einem Leben in Deutschland zu erfüllen, dann stellt uns das ja nun wirklich nicht das schlechteste Zeugnis aus.“

253

ANGELA MERKEL

Bundeskanzlerin (CDU)

Hier spricht Merkel – wohl unbeabsichtigt – aus, was damals von den Freunden der Willkommenskultur vehement abgestritten wird, dass nämlich die Menschen vor allem wegen des guten Lebens nach „Germoney“ kommen. Schutz vor Krieg und Verfolgung würden Flüchtlinge in zahlreichen anderen Ländern ebenso finden. Doch darum geht es nicht: Merkel ist stolz darauf, Menschen aus aller Welt mit dem Steuergeld jener, die schon länger hier leben, zu versorgen.

AUGUST

31

2015

„In jeder Erstaufnahmeeinrichtungen – so wäre es idealerweise sinnvoll – müsste auch gleich die Bundesagentur für Arbeit sitzen. Man müsste die Qualifikationen aufnehmen.“

254

ANGELA MERKEL

Bundeskanzlerin (CDU)

Damals träumen die Kanzlerin und ihre Claqueure noch von den qualifizierten Einwanderern, die sich schnell in den deutschen Arbeitsmarkt integrieren lassen, ja, sogar die deutsche Wirtschaft ankurbeln würden. Es sind nichts weiter als Wunschvorstellungen, ohne jeden Bezug zur realen Situation. Es geht um die multikulturelle Utopie, die man den Bürgern in dieser Phase des Willkommensherbstes noch weitgehend widerspruchsfrei andrehen kann.

SEPTEMBER

1

2015

„Eine enthemmte Minderheit besudelt und beschämt unser Land in einer Art und in einem Ausmaß, die ich mir nicht vorstellen konnte."

255

STANISLAW TILLICH

Sachsens Ministerpräsident (CDU)

Tillich instrumentalisiert die Proteste in Heidenau für seine politischen Ziele. Wer gegen Massenzuwanderung ist und dies auch öffentlich kundtut, ist ein „Enthemmter", was an die Sprache dunkler Epochen erinnert. Es ist erstaunlich, wie sehr jene, die so inflationär vor dem Nationalsozialismus warnen, sich dessen Sprache und Mitteln bedienen.

SEPTEMBER

2

2015

„Jetzt gibt es 11.000 Flüchtlinge in Wien, also hören wir doch bitte auf mit diesem ‚Das Boot ist voll'-Blödsinn!"

256

MICHAEL HÄUPL

Wiener Bürgermeister (SPÖ/A)

Das Wort „Flüchtling" wird von Linken sehr flexibel und je nach Bedarf eingesetzt. In diesem Fall bezieht sich der Wiener Bürgermeister dezidiert auf Flüchtlinge im juristischen Sinne, damit die Zahl möglichst niedrig liegt. Die unzähligen abgelehnten Asylwerber, die illegal eingewanderten Menschen und jene, die via Familiennachzug kommen, übersieht Häupl großzügig.

2015 haben in Österreich rund 90.000 Menschen einen Asylantrag gestellt.[257] Aufgrund der großzügigen Sozialleistungen und der laschen Kontrollen ist Wien innerhalb von Österreich ein Magnet für Armutsmigranten.

SEPTEMBER

3

2015

„Wenn man vier Millionen Muslime hat, finde ich, braucht man nicht darüber zu streiten, ob jetzt die Muslime zu Deutschland gehören und der Islam nicht, oder ob der Islam auch zu Deutschland gehört.“

258

ANGELA MERKEL

Bundeskanzlerin (CDU)

Merkel bei einer Veranstaltung in der Schweiz, wo ihr ein Ehrendoktor verliehen wird, auf eine Frage aus dem Publikum, wie sie Europa vor der Islamisierung schütze wolle.

SEPTEMBER
3
2015

„Und wenn sie mal Aufsätze in Deutschland schreiben lassen, was Pfingsten bedeutet, dann würde ich mal sagen, ist es mit der Kenntnis über das christliche Abendland nicht so weit her. Und sich anschließend zu beklagen, dass sich Muslime im Koran besser auskennen, das finde ich irgendwie komisch."

259

ANGELA MERKEL

Bundeskanzlerin (CDU)

Merkel drückt sich vor der Beantwortung der Frage nach der Islamisierung Europas und kritisiert stattdessen, dass die Deutschen ihrer Ansicht nach nicht gläubig genug bzw. mit den Werten und der Geschichte des Abendlandes nicht genügend vertraut seien. Was will Merkel damit sagen? Dass nur gläubige Christen und/oder Menschen, die sattelfest in europäischer Geistesgeschichte sind, das Recht haben, den Islam zu kritisieren und zu fürchten?

Oder, dass es entwurzelte, humanistisch nicht gebildete und säkularisierte Europäer nicht besser verdient hätten, von den traditionsbewussten und glaubensfesten Muslimen verdrängt zu werden?

Merkels Statement wirft mehr Fragen auf, als es beantwortet. Trotzdem ist das Merkel-Jubelblatt, das Wochenmagazin Stern, das unter dramatischem Auflagenverlust leidet, begeistert: „Sie beantwortet ungewohnt deutlich eine Frage zur Islamisierung Europas."[260] Deutlich?

SEPTEMBER

3

2015

„Und darum sage ich: Say it loud, say it clear, refugees are welcome here!"

261

MARCEL HIRSCHER

Skirennläufer, Nationalheld (A)

2015 ist jeder Promi verpflichtet, öffentlich sein Multikulti-Glaubensbekenntnis abzulegen. Auch der Skistar Marcel Hirscher. Ob er das aus Überzeugung oder Opportunismus tut, ist letztendlich ohne Bedeutung.

SEPTEMBER

3

2015

„Die Geschichte einer EU, die sich hinter dem Mittelmeer und Stacheldraht verschanzt, damit das Elend der Welt draußen vor der Tür bleibt.“

262

ARND FESTERLING

Journalist (Frankfurter Rundschau)

Anfang September erscheint in alle großen Medien Europas das Foto der Leiche des drei Jahre alten syrischen Jungen Aylan Kurdi. Sie liegt angespült am Strand des türkischen Badeortes Bodrum. Das Foto wird von den Medien zum Symbol für das Versagen Europas in der Flüchtlingskrise gemacht. Das tote Kind wird von den Multikulti-Apologeten instrumentalisiert, um ihren Kritikern, die über plausible Argumente und immer mehr Zuspruch aus der Bevölkerung verfügen, Kälte und Unmenschlichkeit vorwerfen zu können. Die Debatte muss, weil die Versprechungen der Multikulti-Apologeten von den Fachkräften, den künftigen Rentenzahlern und der kulturellen Bereicherung in sich zusammenfallen, auf eine moralische, emotionale, quasireligiöse Ebene verlagert werden, um sie gegen sachlichen Argumente zu immunisieren. Was eignet sich besser als ein totes Kind, um seinem Gegner Menschenverachtung, Gefühlskälte und Hass vorzuwerfen?

„Seine Familie wagte die Flucht vor dem Terror des Islamischen Staates und hoffte auf eine Zukunft in Kanada. Nur der Vater überlebte“[263], schreibt etwa der Stern. Was so nicht stimmt, die Familie hat in der Türkei gelebt, also in Sicherheit und weit weg vom IS-Terror. Auch die Rolle des Vaters des Jungen weist einige Fragezeichen auf.

Auch die Frankfurter Rundschau zeigt das Foto prominent, um die europäische Flüchtlingspolitik zu kritisieren. Während das Bild dieses toten Jungen zur tausendfach vervielfältigten Ikone wird, schaffen es die Bilder von europäischen Kindern, die Opfer von Islamisten geworden sind, wie etwa in Nizza, niemals in die Medien, weil sie sich nicht für die Propagandazwecke der Multikulti-Apologeten und der Asylindustrie eignen. Mit dem Foto wird zudem unterstellt, dass der Schutz der EU-Außengrenzen Tote produzieren würde. Das Gegenteil davon ist richtig, wie das Beispiel Australien zeigt. Es sind die Versprechungen, Bilder und Signale von Bundeskanzlerin Merkel und ihrer Claqueure, die Hunderttausende Menschen dazu bewegen, sich auf die Reise nach Deutschland zu machen.

Journalisten, die skrupellos ein totes Kind für ihre politischen Ziele instrumentalisieren, sind zumeist auch jene, die nach jedem blutigen islamistischen Terrorakt vor einer Instrumentalisierung der Opfer durch angebliche Rechtspopulisten warnen. Bekanntlich heiligt der gute Zweck die Mittel, weshalb praktisch alles erlaubt ist, was die unkontrollierte Massenzuwanderung nach Europa fördert.

SEPTEMBER
5
2015

„Wir werden die Flüchtlinge mitnehmen und sie sicher nach Wien bringen. Wir haben auch keine Angst mehr vor juristischer Verfolgung, weil sich die politische Lage über Nacht offensichtlich verändert hat.“

264

ERSZEBETH SZABO

Organisatorin von Flüchtlingstransporten von Ungarn nach Wien

Im Herbst 2015 werden in Österreich und Deutschland viele Gesetze, die die Einwanderung betreffen, außer Kraft gesetzt bzw. ohne Konsequenzen gebrochen. Verbrechen und illegale Handlungen werden nicht mehr verfolgt, sondern von den beiden Regierungen goutiert und gefördert, wie zum Beispiel die Schlepperei, auf die damals in Österreich auf dem Papier bis zu zehn Jahre Haft stehen.

Mit diesen Gratistransporten werden täglich rund 1.000 Menschen nach Österreich geschleppt. Der ORF: „Am Montag seien zwischen 70 und 150 Taxis täglich im Einsatz gewesen, um Flüchtlinge kostenlos von der Grenze bei Nickelsdorf nach Wien zu transportieren, hieß es in einer Aussendung der Wirtschaftskammer Wien. Täglich würden so rund 1.000 Menschen in die Bundeshauptstadt gebracht.“[265]

SEPTEMBER

4

2015

„Sie werden manches Problem verursachen. Aber keines, das man mit hysterischen Abwehrreaktionen, mit Zäunen und Polizeigefuchtel, bewältigen kann. Die erste Maßnahme ist, den Schutzerflehenden erste Hilfe zu leisten. Überlegtes Management muss folgen. Es ist zu schaffen."

266

HANS RAUSCHER

Journalist (Der Standard/A)

Einer der bekanntesten österreichischen Journalisten bedient sich zum Höhepunkt der Welcome-Refugee-Euphorie – weil ihm offenbar der Begriff „Schutzsuchender" als zu schwach erscheint – beim griechischen Dichter Aischylos und macht aus den Wirtschafts- und Sozialmigranten „Schutzerflehende". Und mit Merkel und Gabriel im Chor behauptet er: Es ist zu schaffen.

Zwei Jahre später beklagt sich Rauscher über jene Veränderungen, vor denen klügere und ideologisch weniger verblendete Köpfe seit Langem warnen. In der österreichischen Tageszeitung Der Standard schreibt er: „Der Autor dieser Zeilen ist auch irritiert über die zahlreicher werdenden kleinen Mädchen mit Kopftuch im Straßenbild."[267]

Von Selbstkritik allerdings keine Spur, dazu sind politisch korrekte Spießbürger wie Rauscher nicht in der Lage.

„Merkel, Merkel, Merkel, Merkel, Merkel!“
[268]

MIGRANTEN
am Budapester Ostbahnhof

Hunderte Migranten, die nach Deutschland weiterreisen wollen und in Ungarn gestrandet sind, skandieren am größten Bahnhof in Budapest den Namen jener Frau, die sie – ihrer übereinstimmenden Meinung nach – eingeladen hat. Merkel wird später abstreiten, dass ihre Flüchtlings-Selfies und Statements die Migrationsbewegungen angeheizt haben. 2017 verteidigt sie ihre Politik bei einer Rede vor der Jungen Union: „Wer glaubt, ich hätte für zwei Selfie-Fotos die Leute eingeladen – das ist Kinderglaube, das ist nicht in Ordnung.“[269]

SEPTEMBER

4

2015

„Es ist schon schwierig zu sehen, dass diejenigen, die vor 24 Jahren die Grenze aufgemacht haben heute noch zum Teil sehr hart sind zu denen, die nun erkennbar aus Kriegszuständen zu uns kommen.“

270

ANGELA MERKEL

Bundeskanzlerin (CDU)

Merkel spielt damit auf den ungarische Premier Viktor Orbán an. Dieser Satz fällt in einer Rede kurz vor ihrer schicksalhaften Entscheidung in der Nacht vom 4. auf den 5. September, die deutschen Grenzen für die Sozial- und Wirtschaftsmigranten, die in Ungarn auf der Autobahn in Richtung Österreich unterwegs sind, zu öffnen. Es ist der Startschuss für die unkontrollierte Migrationswelle aus der Dritten Welt nach Deutschland.

Viktor Orbán ist einer der wenigen europäischen Regierungschefs, die von Beginn der Flüchtlingskrise an immer das Wohlergehen und die Sicherheit seines Landes und seiner Bevölkerung in den Vordergrund stellen. Dafür muss er sich von Merkel, die die gegenteilige Politik verfolgt, beschimpfen lassen.

Orbán wird im Laufe der Flüchtlingskrise von Merkel, dem österreichischen Bundeskanzler Faymann und seinem Nachfolger, dem glücklosen Christian Kern, für seine konsequente Haltung in dieser Frage zunehmend aggressiver attackiert. Der Grund für den Hass auf Orbán: Er beweist den Bürgern in Deutschland und Österreich, dass die Open-Border-Politik zu keiner Zeit, wie von Merkel und Faymann behauptet, alternativlos ist.

Um die politischen Persönlichkeiten Orbán und Merkel besser einschätzen und beurteilen zu können, lohnt ein Blick in die Vergangenheit: Während Orbán als Jusstudent in einer flammenden Rede mutig die Sowjettruppen aufforderte, Ungarn zu verlassen[271], war Merkel in der DDR eine FDJ-Sekretärin für Agitation und Propaganda[272]. Sie bestreitet bis heute, was von seriösen Journalisten herausgefunden wurde.

SEPTEMBER

5

2015

„Da bin ich betrübt."[273]

ANGELA MERKEL

Bundeskanzlerin (CDU)

Merkels zynische Reaktion in einem Telefonat mit Horst Seehofer, der sie einen Tag nach ihrer Entscheidung, die Grenze zu öffnen, warnt: „Das werden wir nicht beherrschen können."[274]

SEPTEMBER
5
2015

„Schauen Sie sich die Ungarn an: Sie bauen diesen Zaun, der das Problem nicht löst – aber Premier Viktor Orbán versucht damit, seinem Volk zu zeigen, dass er etwas tut."

275

MARTIN SCHULZ

EU-Parlamentspräsident (SPD)

Der politisch gescheiterte Martin Schulz, dessen Politik sich auf Symbolik, Apelle und Kommentare beschränkt, kritisiert die wirksamen Maßnahmen von Orbán. Der ungarische Premier setzt politische Maßnahmen mit sichtbaren und positiven Auswirkungen für sein Land, während sich die Politik von Schulz in persönlicher Bereicherung[276], hohlen Phrasen und billigem Aktionismus erschöpft.

SEPTEMBER

5

2015

„Ich hab' schon den ganzen Tag geheult. Hier in Saalfeld sind die meisten Waffen nach 45 gefunden worden. Hier in Saalfeld wollten die Nazis mal das Konzept der national befreiten Zonen durchsetzen. Hier in Saalfeld gab es mehrere Versuche, eine große Nazi-Kultur als Alltagskultur zu etablieren – dass hier in Saalfeld heute der erste Zug ankommt (…), ehrlich gesagt, das ist der schönste Tag meines Lebens."

277

BODO RAMELOW

Ministerpräsident von Thüringen (Die Linke)

Einen Tag nach der deutschen Grenzöffnung kommt ein Sonderzug voller Flüchtlinge aus München in Saalfeld an. Ramelow, Politiker der SED-Nachfolgepartei Die Linke, ist sichtlich überwältigt und kann sein Glück nicht fassen.

Dazu schreibt der Journalist und Autor Robin Alexander: „Wie tief die Flüchtlingshilfe auch bei den politischen Akteuren gefühlsmäßig mit dem ‚Kampf gegen rechts' verbunden ist, zeigt sich vielleicht am deutlichsten beim thüringischen Ministerpräsidenten Bodo Ramelow."[278]

SEPTEMBER

5

2015

„Machen auch Sie Druck in jenen Gemeinden, wo noch keine Flüchtlinge aufgenommen worden sind.“

279

HARALD KRASSNITZER

Schauspieler (A)

Österreichische Gemeinden, die noch nicht ausreichend Einwanderer einquartieren, werden damals von linken Politikern und Promis an den Pranger gestellt. Kein Mensch, keine Gemeinde, kein auch noch so abgelegenes Fleckchen in Österreich soll und darf sich der multikulturellen Bereicherung entziehen können.

SEPTEMBER
6
2015

„Es sind die hässlichsten Menschen Wiens, ungestalte, unförmige Leiber, strohige, stumpfe Haare, ohne Schnitt, ungepflegt, Glitzer-T-Shirts, die spannen, Trainingshosen, Leggins. Pickelhaut. Schlechte Zähne, ausgeleierte Schuhe. Die Flüchtlinge aus dem Nahen Osten sind ein schönerer Menschenschlag. Und jünger. Und irgendwie schwant ihnen das, den abgearbeiteten, älteren Österreichern."

280

CHRISTA ZÖCHLING

Mehrfach ausgezeichnete Journalistin (Profil/A)

Zöchling stellt in einem Profil-Artikel FPÖ-Sympathisanten und Wähler, die sie hier als Untermenschen beschreibt, dem „schöneren Menschenschlag" – eine Umschreibung für das verpönte Wort „Rasse" – aus dem Nahen Osten gegenüber. Kurz nachdem sie diese Zeilen geschrieben hat, wird ihr der „Wiener-Journalistinnenpreis" für „mutige und konsequente journalistische Leistung" verliehen. Diese Auszeichnung wird von den Mitgliedern der Wiener Stadtregierung Renate Brauner (SPÖ), Maria Vassilakou (Die Grünen) und Sandra Frauenberger (SPÖ) unterstützt.

Dieses Zitat und diese Auszeichnung dokumentieren den Verrat der Neosozialisten an der heimischen Arbeiterklasse und die Anbiederung an die Ersatzproletarier aus dem Orient besonders eindrucksvoll.

SEPTEMBER

6

2015

„Wir haben derzeit keine konkreten Hinweise darauf, dass unter den Flüchtlingen aus dem Nahen Osten und Afrika Terroristen sind."

[281]

GERHARD SCHINDLER

Chef des Bundesnachrichtendienstes

Dass im Zuge der unkontrollierten Einwanderung auch Terroristen, Islamisten und Kriminelle ins Land kommen, streiten Politiker, Behörden und Medien ab, obwohl das die logische Folge unkontrollierter Grenzen ist.

Die Begründung von Schindler ist zumindest originell. Im selben Interview behauptet er, dass es „unwahrscheinlich ist, dass Terroristen die waghalsige Bootsflucht über das Mittelmeer nutzen, um nach Europa zu gelangen. Das können sie mit gefälschten oder gestohlenen Papieren und einem Flugticket im Zweifel viel leichter haben".

Wer aller über die offenen deutschen Grenzen einströmt, zeigt sich, als beim G7-Gipfel im Juni 2015 im bayrischen Elmau kurzfristig die Grenzen kontrolliert werden. Die Bilanz: 362.275 Personen werden überprüft. Dabei stellen die Beamten 10.555 Verstöße gegen das Aufenthaltsgesetz fest, 135 mit Haftbefehl Gesuchte werden gefasst, 3.517 Menschen – darunter Schleuser – werden vorläufig festgenommen, 237 Drogen- und 151 Urkunden-Delikte sowie 29 Verstöße gegen das Asylrecht werden aufgedeckt.[282] Und das alles innerhalb weniger Tage!

SEPTEMBER

7

2015

„Ich glaube, dass wir mit einer Größenordnung von einer halben Million für einige Jahre sicherlich klarkämen. Ich habe da keine Zweifel - vielleicht auch mehr.“

283

SIGMAR GABRIEL

Vizekanzler und Parteichef (SPD)

Gabriel erklärt, wie viele Flüchtlinge Deutschland pro Jahr aufnehmen kann: eine halbe Million oder mehr für einige Jahre. Worauf sich sein Glaube gründet, sagt er nicht. Es ist vermutlich nur sein Bauchgefühl. Politische Entscheidungen von historischer Tragweite werden 2015 ohne Gefahren-, Folge- oder Risikoabschätzung getroffen.

Von den Folgen dieser Ho-Ruck-Bauchentscheidungen wird sich Deutschland wohl nie wieder erholen können.

SEPTEMBER

7

2015

„Ich finde es jedenfalls sehr gruselig, dass Flüchtlinge bei uns immer in ehemalige Gefängnisse und Kasernen abgeschoben werden. An den Arsch unserer Welt."

284

KATJA RIEMANN

Schauspielerin

Dass Flüchtlinge, also in der Regel Sozialmigranten, die in Massen nach Deutschland strömen, nicht in Appartements und 4-Sterne-Hotels (obwohl das immer wieder der Fall ist), sondern in Kasernen leben müssen, die für deutsche Männer offenbar gut genug sind, findet die Schauspielerin „gruselig".

SEPTEMBER

8

2015

„Dem haben sich dann andere Ausgabenwünsche einzuordnen.“ [285]

WOLFGANG SCHÄUBLE

Bundesfinanzminister (CDU)

Schäuble während einer haushaltspolitischen Debatte im Bundestag über die Folgen der Flüchtlingskrise. Die politischen Prioritäten sind klar gesetzt, zumal das Budget als die in Zahlen gegossene Politik gilt.

SEPTEMBER

9

2015

„Vor der Mischung muss man sich nur dann fürchten, wenn man meint, es würde einem etwas weggenommen. So blöd sind die Leute allerdings nicht, dass sie nicht merken, dass ihnen dauernd etwas weggenommen wird. Weil sie die fernen großen Nehmer nicht fassen können, versuchen sie, die nahen kleinen abzuwehren, die tüchtigen neuen jungen Männer, die da kommen.“

286

ARMIN THURNHER

Herausgeber und Journalist (Der Falter/A)

Es ist die immer gleiche abgestandene linke Rhetorik. Der kleine Mann ist zu dumm, um die kapitalistische Ausbeuter als seine wahren Feinde zu identifizieren, weshalb er sich als Sündenbock „den Ausländer“ sucht. Die gebetsmühlenartige Wiederholung dieses trivialen linken Erklärungsmodells, diese immer und immer wiedergekäute linke Verschwörungstheorie macht sie nicht wahrer und richtiger. Der Kapitalist ist und bleibt das ewige Feindbild der (National)Sozialsten. Aber mehr haben Linksintellektuelle argumentativ und analytisch nicht zu bieten.

„Man kann hier keine Höchstgrenze setzen und sagen, dass man sich darüber hinaus nicht darum kümmert (…).“

287

ANGELA MERKEL

Bundeskanzlerin (CDU)

Merkel vor dem Bundestag. Im September kennt die Welcome-Refugee-Euphorie keine Obergrenze: Was das für Deutschland langfristig bedeutet, wird damals von Merkel und ihren Jüngern ausgeblendet. Man berauscht sich vielmehr an seiner eigenen Großartigkeit, seiner hohen Moral und seiner Empathie. Die Zeche müssen ohnehin andere bezahlen.

SEPTEMBER

9

2015

„Diejenigen, die nicht vor politischer Verfolgung oder Krieg flüchten, sondern aus wirtschaftlicher Not zu uns kommen, werden nicht in Deutschland bleiben können.“

288

ANGELA MERKEL

Bundeskanzlerin (CDU)

Die Realität sieht anders aus. Fast alle, die nach Deutschland kommen, bleiben auch. Die Welt: „Den offiziellen Zahlen der Bundesregierung zufolge schob Deutschland 2015 und 2016 rund 45.000 Ausländer ab, zudem reisten etwa 90.000 freiwillig aus. Allerdings gelingen Abschiebungen in nennenswertem Umfang nur in Länder auf dem Balkan, wie die Welt bereits im Juni berichtete: Von den 25.375 im Jahr 2016 aus Deutschland Abgeschobenen wurden lediglich 7.451 in Nicht-Balkan-Länder gebracht.“[289] Zum Vergleich: Allein im Jahr 2015 kommen nach offiziellen Schätzungen zwei Millionen Menschen nach Deutschland.[290]

SEPTEMBER

9

2015

„Wir helfen #refugeeswelcome"

291

SIGMAR GABRIEL

Vizekanzler und Parteichef (SPD)

Der Vizekanzler trägt im Bundestag einen Button mit der oben zitierten Aufschrift. Er unterstützt damit eine Aktion der Bild-Zeitung.

SEPTEMBER

9

2015

„Wir erleben in Deutschland derzeit ein echtes Septembermärchen: Am Münchner Hauptbahnhof, in Dortmund, in Saalfeld.“

292

KATRIN GÖRING-ECKARDT

Fraktionsvorsitzende (Die Grünen)

Im Bundestag ist Göring-Eckardt angesichts der geöffneten deutschen Grenzen und der gewaltigen Migrantenströme aus Afrika und dem islamischen Raum in Hochstimmung. Sie genießt ihren Pyrrhussieg in vollen Zügen.

SEPTEMBER

9

2015

„Wir sind plötzlich Weltmeister der Hilfsbereitschaft und Menschenliebe."

293

KATRIN GÖRING-ECKARDT

Fraktionsvorsitzende (Die Grünen)

Nachdem Deutschland der Weltmeister des Bösen war, ist es nun – zumindest nach Ansicht von Menschen wie Göring-Eckardt – Weltmeister der Menschliebe. Endlich steht Deutschland wieder über allen anderen. Allerdings hat man nur jene Menschen lieb, die aus der Dritten Welt kommen und sich mit deutschen Steuergeld ohne erkennbare Dankbarkeit versorgen lassen und jene, die dem neuen Weltmeister der Herzen huldigen: Für alle anderen, die Kritiker im eigenen Land und die widerspenstigen Nachbarn im Osten hat man keine Liebe, sondern nur Hass und Verachtung übrig.

SEPTEMBER

9

2015

„Unser Land wird sich verändern, und es hat sich schon verändert. Heute haben bereits 30 Prozent der Kinder und Jugendlichen einen Migrationshintergrund, und dabei habe ich die ‚Ossis' noch nicht mitgerechnet."

294

KATRIN GÖRING-ECKARDT

Fraktionsvorsitzende (Die Grünen)

Was Göring-Eckardt damit sagen will: Die Ossis gehören gar nicht zu „uns", sie sind keine Weltmeister der Menschenliebe. Der Ossi ist sozusagen die Vorstufe zum Nazi. Dümmliche Verallgemeinerungen in Bezug auf Ossis sind kein Problem, während Frau Göring-Eckardt bei jeder vermuteten Pauschalierung – Migranten, Muslime oder andere als politisch korrekt zertifizierte Minderheiten und Opfergruppen betreffend – öffentlichkeitswirksam zu hyperventilieren beginnt.

SEPTEMBER

9

2015

„Frau Bundeskanzlerin, ich bin Ihnen dankbar, dass Sie am Wochenende ein Zeichen gesetzt haben. (…) Jemand hält den Kopf hin und sagt: So machen wir das! Deutschland setzt ein großes Zeichen.“

295

REINHARD KARDINAL MARX

Erzbischof von München und Freising und
Vorsitzender der deutschen Bischofskonferenz

Die Kirche zählt zu den wichtigsten Stützen und Promotoren von Merkels Welcome-Refugee-Bewegung. Wie so oft in ihrer langen Geschichte biedert sich die Kirche den Mächtigen an und verrät die Interessen der einfachen Menschen.

SEPTEMBER
10
2015

„Nicht alle, die da kommen, sind hoch qualifiziert."
296

ANDREA NAHLES

Bundesministerin für Arbeit und Soziales (SPD)

Selbst diese „kritische" Einschätzung liegt weit von der Realität entfernt. Es kommen mit dieser Migrationswelle so gut wie keine hochqualifizierten Menschen nach Deutschland. Es ist eine Einwanderung in das deutsche Sozialsystem, wer durch Fleiß und Leistung Geld verdienen möchte, macht einen großen Bogen um das Hochsteuerland.

SEPTEMBER

10

2015

„Ich muss bei den besorgten Mitbürgern immer ein wenig lächeln. Ich sage denen gern: Gehen Sie sonntags in die Kirchen, dann müssen Sie keine Angst vor vollen Moscheen haben – da gebe ich Angela Merkel vollkommen recht."

297

MARGOT KÄSSMANN

Evangelisch-lutherische Theologin und ehemalige Bischöfin

Worüber weltfremde und trinkfreudige Theologinnen so lächeln. Wer solch infantile Ansichten hat, sollte sich nicht über die berechtigten und gut begründeten Ängste der Menschen lustig machen, sondern ihnen zuhören und von ihnen lernen.

Es hat nichts mit Mut, Toleranz oder Offenheit zu tun, wenn man nur deshalb keine Angst vor der Islamisierung hat, weil man schlicht zu dumm, naiv und ignorant ist, um zu begreifen, was das für ein Land und seine „ungläubige" Bevölkerung bedeutet.

SEPTEMBER

10

2015

„Heute mit der Tante im Heim in Spandau, Berlin.“

298

SHAKER ALIAS KEDIDA

Flüchtling aus dem Irak

Das postet der Iraker auf seiner Facebookseite, nachdem er von sich und Angela Merkel in einem Flüchtlingsheim ein Selfie geschossen hat. Das Foto geht um die Welt und befeuert nach Ansicht vieler Experten die Einwanderungswelle nach Deutschland zusätzlich. Social-Media-Forscher Christoph Bieber: „Die Selfie-Bilder zeigen schon durch die körperliche Nähe zur Kanzlerin: Flüchtlinge sind hier willkommen. Sicher geht davon eine große Wirkung aus.“[299]

„Wir haben die Schleppermafia mindestens 50 Millionen Euro gekostet. Das war es allemal wert.“

300

CHRISTIAN KERN

ÖBB-Chef (A)

Kern, der spätere österreichische Kurzeit-Bundeskanzler, erklärt in einem Interview mit der Zeitschrift Format, warum er mit den ÖBB Tausende Einwanderer auf Kosten der Steuerzahler durch Österreich nach Deutschland befördert hat. Er gibt damit zu, sich selbst als Schlepper im großen Stil betätigt zu haben.

SEPTEMBER

11

2015

„Das Grundrecht auf Asyl kennt keine Obergrenze."

301

ANGELA MERKEL

Bundeskanzlerin (CDU)

Solchen Aussagen Merkels und ihre Selfies mit Flüchtlingen werden in der Dritten Welt – insbesondere im islamischen Teil – als Einladung nach Deutschland aufgefasst. „Mama Merkel" wird zur Galionsfigur der deutschen Willkommenskultur. Und das, obwohl viele aus Merkles Umfeld davor warnen. Nur einen Tag bevor dieses Zitat in einer Zeitung erscheint, machen die Landesinnenminister ihrem Ärger über die Linie der Bundesregierung Luft. Ein Minister: „Wir befinden uns im Flugzeug, dessen Sprit ausgeht, und wissen nicht, was wir tun sollen."[302]

SEPTEMBER

12

2015

„Flüchtlinge in Züge zu stecken in dem Glauben, sie würden ganz woanders hinfahren, weckt Erinnerungen an die dunkelste Zeit unseres Kontinents."

303

WERNER FAYMANN

Bundeskanzler (SPÖ/A)

Faymann vergleicht Orbáns Flüchtlingspolitik mit dem Holocaust, bei dem Millionen Juden ermordet worden sind. Dieser absurde und hasserfüllte Vorwurf löst eine Eiszeit zwischen Österreich und Ungarn aus.

SEPTEMBER

13

2015

„Die große Hilfsbereitschaft, die Deutschland in den letzten Wochen gezeigt hat (...), diese Hilfsbereitschaft darf nicht überstrapaziert werden. Die Maßnahme ist deshalb auch ein Signal an Europa. Deutschland stellt sich seiner humanitären Verantwortung, aber die mit der großen Zahl an Flüchtlingen verbundenen Lasten, müssen innerhalb Europas solidarisch verteilt werden."

304

THOMAS DE MAIZIÈRE

Bundesinnenminister (CDU)

Nach Wochen der offenen Grenzen und des unkontrollierten Zustroms von Menschen aus der Dritten Welt wächst der deutschen Regierung das Problem über den Kopf. Der Innenminister kündigt deshalb Grenzkontrollen an und hofft darauf, dass die anderen europäischen Staaten die Suppe auslöffeln, die ihnen die deutschen „Weltmeister der Menschenliebe" eingebrockt haben.

Niemand hat Deutschland aufgefordert oder gar gedrängt, sein Territorium mit Menschen aus Afrika und dem islamischen Raum zu fluten. Diese Entscheidung geht auf die Regierung bzw. eine abgehobene politmediale Clique zurück. Die deutsche Bevölkerung oder andere Länder sind nie gefragt worden. Deshalb ist es unverschämt, verlogen und erpresserisch, sich nach Erkennen des fatalen Fehlers auf die Solidarität der anderen EU-Staaten zu berufen.

SEPTEMBER

14

2015

„Schön war's, das Sommerrefugeemärchen."

305

ROLAND NELLES

Journalist (Der Spiegel)

Da der von Politik und Medien ausgelöste Welcome-Refugee-Hype bereits im September abzuklingen beginnt, kommen bei so manchem Spiegel-Redakteur melancholische Gefühle hoch.

SEPTEMBER
14
2015

„Vor drei Wochen hat Frau Merkel gesagt, wir können kommen.“

306

HUSSEIN (NACHNAME UNBEKANNT)

Migrant aus Syrien

Hussein ist mit seiner Familie aus Syrien nach Österreich gekommen. Er will weiter nach Deutschland reisen. Am Wiener Westbahnhof wird er von einem ORF-Team interviewt. Dabei fällt dieser Satz.

SEPTEMBER

15

2015

„Ich sage wieder und wieder. Wir können das schaffen und wir schaffen das.“[307]

ANGELA MERKEL

Bundeskanzlerin (CDU)

Nur zehn Tage nach der deutschen Grenzöffnung klingt Merkels Motivationsspruch bereits nach einer Durchhalteparole.

SEPTEMBER
15
2015

„Ich muss ganz ehrlich sagen, wenn wir jetzt anfangen, uns noch entschuldigen zu müssen dafür, dass wir in Notsituationen ein freundliches Gesicht zeigen, dann ist das nicht mein Land."

308

ANGELA MERKEL

Bundeskanzlerin (CDU)

Der Druck auf Merkel wird immer größer, auch innerhalb der Union. Merkel reagiert – wie so oft – auf Kritik trotzig, uneinsichtig und mit geschwurbelter Sprache.

Fehler gesteht sie keine ein, Verantwortung übernimmt sie ebenso wenig. Man habe ein „freundliches Gesicht gemacht", versucht sie, die von ihr über die Köpfe der Bürger und die deutschen Gesetze hinweg durchgedrückte unkontrollierte Masseneinwanderung und deren nicht abschätzbaren Folgen zu verniedlichen und schiebt eine Drohung nach: Dann ist das nicht mein Land. Deutschland hat sich dem Willen Merkels zu unterwerfen, nicht Merkel dem Willen der Deutschen.

SEPTEMBER
15
2015

„Ich bin dir sehr dankbar, dass du nicht zögerlich warst.“[309]

WERNER FAYMANN
Bundeskanzler (SPÖ/A)

Faymann, der sich anfänglich an der deutschen Flüchtlingspolitik orientiert, dankt Merkel, dass sie die deutschen Grenzen geöffnet hat. Österreich winkt die Einwanderer, die unkontrolliert aus dem Osten und Süden ins Land strömen, nach Deutschland durch.

SEPTEMBER
15
2015

„Für ideologische Debatten habe ich im Moment keine Zeit. Ich muss Gebäude suchen.“

310

BODO RAMELOW

Ministerpräsident von Thüringen (Die Linke)

Die Willkommenspolitiker sind so sehr damit beschäftigt, die Folgen der unkontrollierten Massenzuwanderung halbwegs unter Kontrolle zu bringen, dass sie die grundsätzlichen Überlegungen und Entscheidungen, etwa die Grenzen zu schließen, also die Ursachen für all die Belastungen und Probleme zu bekämpfen, ausblenden.

SEPTEMBER

15

2015

„Öffnet Europas Tore für die Flüchtlinge! (…) Nieder mit der imperialistischen Festung EU!“

311

REVOLUTIONÄR-KOMMUNISTISCHE INTERNATIONALE TENDENZ (RCIT)

Aufruf einer linksextremen Gruppierung. Merkels Politik unterscheidet sich im Herbst 2015 nur noch in Nuancen von den Forderungen linksextremer Kreise.

SEPTEMBER

15

2015

„Mehr als 800.000 Menschen in Deutschland aufzunehmen, die unsere Hilfe brauchen, ist zweifellos eine Herkulesaufgabe. Aber im besten Fall kann es auch eine Grundlage für das nächste deutsche Wirtschaftswunder werden – so wie die Millionen von Gastarbeitern in den 50er und 60er Jahren ganz wesentlich zum Aufschwung der Bundesrepublik beigetragen haben.“

312 313

DIETER ZETSCHE

Vorstandsvorsitzender der Daimler AG

Nicht nur Politiker, NGOs und Medienleute hoffen im Herbst auf ein deutsches Multikulti-Märchen, der Mercedesboss träumt sogar von einem zweiten deutschen Wirtschaftswunder, das uns Afghanen, Eritreer, Marokkaner und Somalier bescheren sollen.

Für das erste deutsche Wirtschaftswunder waren – und das ist kein Zufall – vor allem Deutsche verantwortlich, während es so etwas wie ein afghanisches, somalisches oder irakisches Wirtschaftswunder – und auch das ist kein Zufall – nicht gibt.

SEPTEMBER
15
2015

„Ich glaube, wer sein komplettes altes Leben zurücklässt, ist hochmotiviert, hier zu lernen, hier zu arbeiten und sich ein neues Leben aufzubauen. Genau solche Menschen suchen wir bei Mercedes."

314 315

DIETER ZETSCHE

Vorstandsvorsitzender der Daimler AG

Entgegen den vollmundigen Ankündigungen Zetsches braucht Mercedes genau solche Leute nicht. Im Juli 2016 fragt das Manager Magazin nach, wie viele Flüchtlinge bei DAX-Konzernen arbeiten. Das Ergebnis: Bei 29 DAX-Konzernen genau vier! Bei Daimler kein einziger.[316]

SEPTEMBER

15

2015

„Wer die Vergangenheit kennt, darf die Flüchtlinge nicht abweisen. Wer die Gegenwart sieht, kann sie nicht abweisen. Und wer an die Zukunft denkt, der wird sie nicht abweisen."

317

DIETER ZETSCHE

Vorstandsvorsitzender der Daimler AG

Hat die Marketingabteilung Zetsche diese Rede geschrieben? Pathetisches Geschwurbel, ganz auf den politisch verordneten Multikulti-Zeitgeist zugeschnitten. Niemand von den Entscheidungsträgern und Prominenten kann und will sich kritisch und ernsthaft mit der Zuwanderung auseinandersetzen, selbst Manager von Konzernen nicht. Es gibt keine Debatte. Meinungsführer sondern stupide die vorgestanzten Phrasen, Stehsätze und Gemeinplätze ab. Deutschland im Willkommenswahn.

SEPTEMBER

16

2015

„Flüchtlinge sollen bei uns bleiben können und die gleichen Rechte wie wir bekommen. Wir haben genug Platz für alle!"

318

IME BERISHA

Sprecherin der Revolutionär-Kommunistischen Organisation Befreiung (A)

Deutschland und Österreich im Herbst 2015: Linksextremisten, linke Obskuranten aller Schattierungen, Sozialisten, Christlichsoziale und Katholiken sind sich in der Flüchtlingspolitik weitgehend einig. Nur die FPÖ und die AfD stören diesen politischen Gleichklang.

SEPTEMBER

17

2015

„Es macht den Eindruck, als sei Europa etwas, wo man mitmacht, wenn es Geld gibt. Und wo man sich in die Büsche schlägt, wenn man Verantwortung übernehmen muss."

319

SIGMAR GABRIEL

Vizekanzler und Parteichef (SPD)

Weil sich die Osteuropäer weigern, den Deutschen ihre selbst verursachten Problemen abzunehmen, sprich: einen Teil der Hunderttausenden Sozialmigranten, die nach Deutschland eingeströmt sind, aufzunehmen, wird der Ton zwischen Berlin und den Visegrád-Staaten zunehmend unfreundlicher.

Weil die moralische Erpressung und die Apelle der Regierung im Gegensatz zur deutschen Bevölkerung bei den osteuropäischen Regierungen nicht fruchten, versucht man es mit politischem und finanziellem Druck. Merkel, Gabriel und Co. unterschätzen allerdings, dass die Osteuropäer aufgrund ihrer Erfahrungen mit der UdSSR auf solche „gutmeinenden" Einmischungen von außen äußerst allergisch reagieren, und dass sich die Osteuropäer im Gegensatz zu den deutschen Moralaposteln der Tragweite des Problems, das sich Deutschland mit dem Import Hunderttausender Menschen aus dem islamischen Raum einhandelt, bewusst sind. Weshalb all die politischen Giftpfeile aus Berlin ihr Ziel im Osten verfehlen.

SEPTEMBER
17
2015

„Ich hätte gerne das Doppelte an Syrern, wenn ich dafür ein paar Osteuropäer abgeben könnte.“

320

SÖREN LINK

Oberbürgermeister von Duisburg (SPD)

Je mehr die Masseneinwanderung Deutschland zu überfordern beginnt, desto größer wird der Hass der deutschen Willkommenspolitiker auf die Osteuropäer, die von Anfang an wissen, was sich Deutschland aufhalst. Im Laufe der Zeit werden vor allem die Visegrád-Staaten, also Ungarn, Tschechien Polen und die Slowakei, zu Feindbildern für Berlin, Brüssel und die deutschen Medien.

SEPTEMBER
19
2015

„Hier die Niedertracht jener, denen das Schicksal von Kriegsflüchtlingen wurscht ist, dort die breite Hilfsbereitschaft der Zivilgesellschaft.“

321

ALEXANDER VAN DER BELLEN

Bundespräsidentschaftskandidat (A)

Das helle und das dunkle Österreich. Auch für den selbsternannten Brückenbauer Van der Bellen gibt es nur ein Schwarz und ein Weiß, die Guten und die Bösen. Immer wieder wird die „Hilfsbereitschaft“ der Zivilgesellschaft beschworen, bei der Mittelschicht, die den linken Wahnsinn und die Folgen dieser „Hilfsbereitschaft“ finanzieren muss, ohne je gefragt worden zu sein, bedanken sich Menschen wie Van der Bellen hingegen nie.

SEPTEMBER

20

2015

„Deutschland leuchtet in diesen Wochen und macht Europa hell."

322

RAINER MARIA KARDINAL WOELKI

Erzbischof von Köln

Woelki gehört zu den deutschen Willkommensextremisten. Welchen Stellenwert „der Flüchtling" für ihn und weite Teil der Kirche hat, beweist er unter anderem bei der Fronleichnamsmesse im Jahr 2016[323] vor dem Kölner Dom, wo er ein Flüchtlingsboot zum Altar umfunktioniert. Der Flüchtling als neuer Erlöser, als der neue Gott. So wie die Sozialisten den Arbeiter durch den Flüchtling ersetzen, tauscht die Kirche Christus durch den Flüchtling aus. Beide benutzen den „edlen Wilden", um aus ihren Sinnkrisen zu finden.

Der Autor Martin Lichtmesz: „Damit ist die Sakralisierung des Flüchtlings zur Heiligen- und Christusfigur endgültig vollzogen. Auch das Boot wird zum sakralen Gegenstand, zur Reliquie erklärt – um nicht zu sagen, vergötzt. (…) Damit wittern Teile des Klerus wohl auch ihre Chance, die eigene Sinnvermittlerrolle wieder zu stärken, indem sie nun etwa ‚die Flüchtlinge' als neuen Gott und sich selbst als dessen Verkünder und Hohepriester anbieten. Damit wird die herrschende politische Ideologie der europäischen Selbstaufgabe mit Weihrauch und sentimentalisierendem Pomp versüßt, (…). Eine derart pervertierte Kirche ist gleichermaßen Symptom wie tödliches Gift."[324]

SEPTEMBER

21

2015

„Es ist klar, dass es in einem Land Ordnung geben muss, an die sich alle zu halten haben. Daneben muss aber auch Platz für Hilfsbereitschaft möglich sein. Auch wenn manche fordern, dass man stark und hart sein muss: Jetzt gilt es, stark und hart zu sein, um sich für Schwächere einzusetzen. Gegen Schwächere hart zu sein ist keine große Kunst.“

325

WERNER FAYMANN

Bundeskanzler (SPÖ/A)

Unter dem Vorwand der „Menschlichkeit“ werden damals Gesetzesbrüche im großen Stil gerechtfertigt. Ordnung sei wichtig, aber... Was einen Rechtsstaat auszeichnet und ausmacht, gerade in Not- und Ausnahmesituationen, wird im Herbst 2015 leichtfertig über Bord geworfen.

Die linke Hypermoral wird über die Verfassung gestellt. Der fehlende Selbstbehauptungswille, der fehlende Wille, seine Grenzen, sein Land und seinen Wohlstand zu schützen, notfalls auch mit Gewalt, wird als „Stärke“ verkauft. Eine politisch korrekte Farce.

SEPTEMBER
21
2015

„Im Grunde hat Europa keine Flüchtlingskrise, sondern eine Verantwortungs- und Solidaritätskrise.“
326

EVA GLAWISCHNIG
Klubobfrau (Die Grünen/A)

Linke Politiker versuchen die Flüchtlingskrise nicht durch das Schließen und die Kontrolle der EU-Außengrenzen, sondern durch die Umverteilung innerhalb der EU zu lösen. Das ist, als würde man einen Rohrbruch nicht reparieren, sondern das austretende Wasser gleichmäßig in allen Räumen verteilen.

SEPTEMBER

22

2015

„Ist mir egal, ob ich schuld am Zustrom der Flüchtlinge bin, nun sind sie halt da." [327]

ANGELA MERKEL

Bundeskanzlerin (CDU)

Mit dieser Aussage reagiert Merkel laut dem Journalisten Dr. Hugo Müller-Vogg auf Kritik aus den eigenen Reihen. Drei Stunden lang muss sich Merkel in der gemeinsamen Bundestagsfraktion Kritik an ihrer Grenzpolitik anhören. Mit dieser Aussage soll Merkel einige ihrer Parteikollegen schwer verstört haben. Obwohl die CDU später den Merkel-Satz dementiert, bleibt Müller-Vogg bei seiner Aussage.

SEPTEMBER

23

2015

„Auch Menschen, die woanders ein besseres und vor allem sicheres Leben führen wollen, die brauchen Asyl.“

328

ULRIKE LUNACEK

Vizepräsidentin des Europäischen Parlaments (Die Grünen/A)

Was bedeutet, dass alle Menschen, deren Lebensstandard niedriger ist als der eines deutschen oder österreichischen Hartz-IV- oder Mindestsicherungsbeziehers, Asyl in diesen Ländern bekommen sollen. Was auf Milliarden von Menschen zutrifft.

SEPTEMBER

24

2015

„Wir sind jetzt dabei, die Dinge wieder etwas zu ordnen. Außer Kontrolle geraten ist es mit der Entscheidung, dass man aus Ungarn die Menschen nach Deutschland holt. Das war eine so große Zahl, dass es nicht mehr geordnet ging.“

329

THOMAS DE MAIZIÈRE

Bundesinnenminister (CDU)

Nach dem totalen Kontrollverlust und der Aufgabe der deutschen Grenzen versucht de Maizière gegen den erbitterten Widerstand von Merkel langsam wieder einen gesetzeskonformen Zustand herzustellen, wobei die Betonung auf „versucht“ liegt.

SEPTEMBER

25

2015

„Fun fact: Deutsche, die sich besorgt über sexuelle Übergriffe von Ausländern wegen der Flüchtlingswelle äußern, halten Busengrapschen am Oktoberfest für eine wichtige identitätsstiftende Tradition."

330

STEFANIE SARGNAGEL

Autorin (A)

Keine selbst erfundenen Fun facts sind hingegen die von „Flüchtlingen" ermordeten Frauen und Mädchen, wie in Kandel oder Freiburg, auch der rasante Anstieg an Vergewaltigungen und das in Deutschland und Österreich signifikant gestiegene Unsicherheitsgefühl bei Frauen ist nicht sonderlich spaßig.

SEPTEMBER

25

2015

„Es ist unser Grenzregime, das mit dazu beiträgt, dass Menschen auf der Flucht ihr Leben riskieren und sich immer wieder todbringenden Transporteuren ausliefern müssen."

331

ALEXANDER POLLAK

Sprecher des Vereins SOS Mitmensch (A)

Das Kerngeschäft von NGO-Chefs wie Pollak ist die moralische Erpressung. Dieses Geschäftsmodell ähnelt dem Ablasshandel der katholischen Kirche. Man kann sich mit Geld ein gutes Gewissen frei von Sünden erkaufen. Mit einer Spende von ein paar Euro an eine Asyl-NGO, wie zum Beispiel SOS Mitmensch, wird man zu einem „guten" Menschen, sprich: zu einem Gutmenschen. Damit können NGO-Mitarbeiter nicht nur ihr Leben bestreiten, sie genießen zudem – im Gegensatz zum kriminellen Erpresser – einen hohen sozialen Status.

SEPTEMBER

26

2015

„Die hat sich als Bundeskanzlerin vorbildlich verhalten. Und alle total überrascht. Vor allen Dingen damit, dass sie sagte: ‚Wir schaffen das.'"[332]

WOLFGANG NIEDECKEN

Musiker (BAP)

Praktisch die gesamte Kultur- und Unterhaltungsbranche in Deutschland steht hinter Merkel und ihrer Einwanderungspolitik. Wer sich nicht positiv dazu äußert, kein entsprechendes Glaubensbekenntnis öffentlich ablegt, wird von den Kollegen verdächtigt, ein böser Rechter, ein Nationalsozialist zu sein. So kritisieren etwa Udo Lindenberg (vgl. S. 521) und Campino Helene Fischer dafür, dass sie sich nicht gegen „Rechtspopulismus" oder die AfD positioniert. 2018 gibt Fischer dem Druck nach und äußert sich, wie von ihr gefordert, im Sinne der politisch korrekten Elite.[333]

SEPTEMBER

26

2015

„Der Strom, der jetzt nach Deutschland kommt, ist kaum mehr verwaltbar. Ich bin begeistert, dass die Menschen dermaßen empathiefähig sind, und hoffe, dass dieser Zustand möglichst lange andauert.“
334

WOLFGANG NIEDECKEN

Musiker (BAP)

Angesichts der anhaltenden gewaltigen Migrantenströme erahnen selbst die naivsten Willkommenseuphoriker die dramatischen Folgen und Auswirkungen auf die deutsche Gesellschaft und sprechen sich deshalb gegenseitig Mut zu, versichern sich unablässig, das Richtige zu tun.

SEPTEMBER
26
2015

„Ich glaube, dass sie nicht in diesen improvisierten Haushalt wie den unseren passen würden (...), das ist illusorisch. Außerdem käme ich mir da wie ein Poser vor, denn das würde ja unmittelbar öffentlich."

335

WOLFGANG NIEDECKEN

Musiker (BAP)

Niedecken auf die Frage, ob er auch Flüchtlinge bei sich zu Hause aufnehmen würde. Niedecken, der sich über den Zustrom von Menschen aus der Dritten Welt und die Empathiefähigkeit der Deutschen freut, ist nicht bereit, selbst etwas Substantielles beizutragen, seine Lebensqualität und seine Bequemlichkeit dürfen nicht beeinträchtigt werden. Er outet sich damit als geradezu prototypischer Gutmensch, der Menschlichkeit, Empathie und Hilfsbereitschaft von anderen erwartet und einfordert, aber selbst keinen nennenswerten Beitrag zu leisten bereit ist. Früher bezeichnete man solche Menschen als scheinheilig, als Heuchler.

SEPTEMBER

29

2015

„Die Scharia kann nie über unseren Gesetzen stehen.“[336]

MICHAEL HÄUPL

Wiener Bürgermeister (SPÖ/A)

Außer es gibt eine muslimische Mehrheit im Land und die Scharia ist das Gesetz. In Wien wird es in absehbarer Zeit eine muslimische Bevölkerungsmehrheit geben. Nicht zuletzt aufgrund der äußerst großzügigen Sozialpolitik[337] unter Bürgermeister Häupl, die wie ein Magnet Migranten aus dem islamischen Raum anzieht. Bereits jetzt gibt es in den Wiener Pflichtschulen deutlich mehr Muslime als Katholiken.[338]

In einigen gesellschaftlichen Randbereichen und muslimischen Parallel- bzw. Gegengesellschaften steht die Scharia längst über dem österreichischen Gesetz, auch wenn das viele linke Politiker und Medien hartnäckig ignorieren.

SEPTEMBER

29

2015

„Unsere Aufgabe ist es, das Zeichen dieses Bildes wahrzunehmen: Sehet hin, wir haben versagt.“

339

GIOVANNI DI LORENZO

Chefredakteur (Die Zeit)

Bei diesem Bild handelt es sich um die Leiche des syrischen Jungen Aylan Kurdi (siehe S. 219).

Dieses tote Kind wird von den Multikulti-Apologeten dazu missbraucht, ihre Kritiker an den moralischen Pranger zu stellen, sie anzuklagen, für den Tod unschuldiger Kinder verantwortlich zu sein. Wenn Gutmenschen das Wort „wir“ verwenden – wir Europäer, wir Deutsche oder wir, die Gesellschaft –, dann sind damit in der Regel die Andersdenkenden gemeint, weil sie sich selbst moralisch und intellektuell über die (einfältige) Durchschnittsbevölkerung stellen.

„Wir“, also der Deutsche, der Europäer soll mit diesem tausendfach verbreiteten Bild moralisch erpresst und weichgeklopft, auf Linie gebracht werden. In der Einwanderungsfrage darf es nur eine Meinung geben. Und wer möchte schon ein Kindermörder sein?

Dabei ist die Schuldfrage alles andere als eindeutig. Wenn eines der vielen vollbesetzen seeuntüchtigen Boote im Mittelmeer untergeht, wer trägt dafür die Verantwortung? Fest steht, dass vor allem die Signale aus Deutschland, ausgesendet vom Justemilieu, die Massen in Richtung Europa in Bewegung setzen. Hätte die EU von Anfang an ihre Außengrenzen effizient geschützt, den Flüchtlingen vor Ort geholfen und nur qualifizierte Zuwanderung zugelassen, würden so gut wie keine Menschen im Mittelmeer ertrinken, sie würden die gefährliche Überfahrt erst gar nicht antreten.

Australien hat seine Flüchtlingspolitik im Jahr 2013 radikal geändert. Kommen in diesem Jahr noch rund 300 Boote mit ca. 20.0000 Flüchtlingen in Australien an, sind es 2014 keine Boote[340] und Flüchtlinge. Weshalb der australische Premier Tony Abbott den Europäer rät: „The only way you can stop the deaths is to stop the people smuggling trade. The only way you can stop the deaths is in fact to stop the boats... That‘s why it is so urgent that the countries of Europe adopt very strong policies that will end the people smuggling trade across the Mediterranean.“[341] Doch das wollen di Lorenzo und Co. nicht hören, man attackiert Australien viel mehr für seine „unmenschliche“ Politik.

Dass di Lorenzo in die Diktion der Evangelisten verfällt („Sehet hin“), zeigt zudem, wie abgehoben, religiös aufgeladen, selbstgerecht und wahnhaft die Multikulti-Aktivisten und Prediger damals agieren.

SEPTEMBER

30

2015

„Statt endlich Maßnahmen zu setzen, die Flüchtlingen helfen, aber auch die extrem hilfsbereite Zivilgesellschaft entlasten, wird weiterhin eine bewältigbare Aufgabe zu einer Flüchtlingskrise hochstilisiert.“

342

JULIA HERR

Vorsitzende der Sozialistischen Jugend (A)

Jene, die die Probleme (mit)verursacht haben, können und wollen die Krise und die Überforderung der Gesellschaft, des Sozialstaates und der Steuerzahler nicht erkennen. Wer so wie die „Flüchtlinge“ direkt oder indirekt vom Staat lebt, hat zumeist wenig bis kein Verständnis dafür, dass die enormen Kosten, die diese Sozialmigration verursacht, erst erarbeitet werden müssen und zulasten aller anderen Zukunftsbereiche, wie Infrastruktur, Forschung oder Bildung, gehen.

SEPTEMBER
30
2015

„Ein Grenzzaun hilft niemanden. (...) Ein Zaun erhöht weder Löhne noch schafft er Wohnraum. Um soziale Probleme zu lösen, braucht es soziale Politik - ein Grenzzaun hingegen bringt weder mehr soziale Sicherheit noch Lebensqualität – er ist nur ein Symbol der Unmenschlichkeit.“

343

JULIA HERR

Vorsitzende der Sozialistischen Jugend (A)

Die Jungsozialistin und Zukunftshoffnung der SPÖ erzählt, was ein Zaun alles nicht kann und gerät selbst dabei auf einen argumentativen Schleuderkurs. Ein Zaun schafft zwar keinen Wohnraum, er verhindert aber, dass man überhaupt mehr Wohnraum braucht. Und wenn Zäune nur Symbole für Unmenschlichkeit sind, dann sollten wir die Mauern und Zäune um Haftanstalten und Gefängnisse schnellstens niederreißen.

OKTOBER

2

2015

„Das Menschenrecht sieht keine Obergrenze vor."

344

WERNER FAYMANN

Bundeskanzler (SPÖ/A)

Der Bundeskanzler im Interview mit der Kronen-Zeitung auf die Frage, wie viele Flüchtlinge Österreich aufnehmen könne. Solche Phrasen und Sprüche („Kein Mensch ist illegal" etc.) werden damals nicht nur auf Demos gegrölt, es sind ernst gemeinte Argumente für die unkontrollierte Masseneinwanderung.

OKTOBER

4

2015

„Lasst euch diese bunte Stadt von diesem Karl-Heinz Christian nicht wegnehmen."

345

CAMPINO (ANDREAS FREGE)

Musiker (Die Toten Hosen)

Das schreit der Sänger der Toten Hosen Zehntausenden Menschen am Wiener Heldenplatz von der Bühne entgegen. Er meint damit FPÖ-Chef Heinz-Christan Strache, der das erklärte Feindbild der hier versammelten Menschenmenge ist. Über hunderttausend Begeisterte kommen zum geschichtsträchtigen Heldenplatz, den auch schon Adolf Hitler gefüllt hat, um Campino und anderen Künstler beim Gratis-Konzert „Voices for Refugees"[346] zuzujubeln.

OKTOBER

4

2015

„Ich glaube nicht, dass Zäune helfen – das ist müßig. Wir haben das in Ungarn gesehen, dort wurde mit viel Aufwand ein Zaun gebaut – die Flüchtlinge kommen trotzdem und suchen sich dann andere Wege. Mit Zäunen werden wir das Problem nicht lösen."[347]

ANGELA MERKEL

Bundeskanzlerin (CDU)

Obwohl der ungarische Grenzzaun an der EU-Außengrenze den Flüchtlingsandrang in Ungarn gegen Null senkt, behauptet Merkel wider besseres Wissen, Zäune würden nicht helfen.

Da praktisch alle großen Medien hart auf Merkel-Kurs segeln, kann sich die Bundeskanzlerin solche Gaga-Aussagen leisten. Kaum ein Journalist kritisiert sie dafür oder fragt kritisch nach.

OKTOBER
5
2015

„Ich glaube aus meiner ganz tiefen Überzeugung, dass dieser Schritt richtig war.“

348

PETER ALTMAIER

Bundeskanzleramtsminister und Flüchtlingskoordinator der Bundesregierung (CDU)

Altmaier über die Entscheidung seiner Chefin Angela Merkel, die Grenzen Anfang September für die Flüchtlinge zu öffnen und sie unkontrolliert ins Land zu lassen.

OKTOBER

5

2015

„Die Stimmung darf jetzt nicht kippen, und dafür sind wir alle verantwortlich."

349

CLAUDIA ROTH

Bundestagsvizepräsidentin (Die Grünen)

Nur wenige Wochen nach der totalen Grenzöffnung macht sich bei den führenden Willkommenspolitikern die Angst breit, die Stimmung in der Bevölkerung könne angesichts der nicht enden wollenden Einwanderungsströme kippen.

Politiker wie Roth machen sich keine Sorgen darüber, wie Deutschland die Migrantenströme bewältigen und verkraften kann, was das für das Land langfristig bedeutet, sondern darüber, ab welchen Zuwanderermengen die Bevölkerung unruhig werden könnte und wie man sie ruhigstellen kann. Die Multikulti-Politiker haben stets die Zuwanderer und nicht die autochthone Bevölkerung im Auge, sie muss nur ruhiggestellt, eingelullt werden und vor allem die Rechnung für diese Politik ohne zu murren zahlen.

OKTOBER
7
2015

Bei Flüchtlingen handelt es sich um „dringend benötigte, wichtige zukünftige Beitragszahler. Darüber hinaus verursachen sie wenig Kosten."
350

KARL LAUTERBACH

Gesundheitssprecher (SPD)

In einem Interview betont der SPD-Politiker, wie wichtig und gewinnbringend Flüchtlinge für das deutsche Gesundheitssystem seien. Das ist freilich nicht mehr als eine völlig unrealistische Hoffnung.

OKTOBER

7

2015

„Aber jetzt ist die Situation da."

351

ANGELA MERKEL

Bundeskanzlerin (CDU)

Die Bundeskanzlerin, die Deutschland wissentlich, willentlich und mehr oder weniger im Alleingang in diese Situation hineinmanövriert hat, versucht sich im Interview mit Anne Will mit einer flapsigen Bemerkung aus der Verantwortung zu stehlen. Das ist jetzt eben so, was kümmert's mich.

Immer wieder demonstriert Merkel mit solchen zynischen Aussagen („Nun sind sie halt da.", vgl. S. 266) ihre politisch Kaltschnäuzigkeit und Verantwortungslosigkeit gegenüber der deutschen und der europäischen Bevölkerung. Sie animiert mehrfach Millionen von Armutsmigranten, nach Europa zu kommen, verändert damit das Gesicht und den Gang der Geschichte eines ganzen Kontinents und quittiert das mit einem trotzigen Jetzt-ist-die-Situation-da.

Bemerkenswert ist zudem, dass Merkel trotz ihrer offenkundigen Verantwortungslosigkeit, ihres politischen Hasardierens weiter fest im Sattel sitzt, gestützt weniger von ihrer eigenen Partei als vielmehr von der Opposition (mit Ausnahme der AfD), den Medien, Kulturschaffenden, der Kirche und direkt bzw. indirekt von der überwältigenden Mehrheit der Bevölkerung. Bei der Bundestagswahl 2017 wählen 32,9 % Union, 20,5 % SPD, 10,7 % FDP, 9,2 % Die Linke und 8,9 % Grüne. Diese Parteien, die zusammen auf über 82 Prozent kommen, vertreten in der Flüchtlingspolitik mehr oder weniger dieselbe Haltung wie Angela Merkel.

OKTOBER

7

2015

***„Wir schaffen das,
da bin ich ganz fest davon überzeugt."***

352

ANGELA MERKEL

Bundeskanzlerin (CDU)

Wenige Wochen nach der Grenzöffnung ist das „Wir schaffen das" nur noch eine Durchhalteparole, der mit dem Zusatz „Davon bin ich fest überzeugt" etwas Glaubwürdigkeit eingeimpft werden soll.

Solche Parolen sind allerdings wenig glaubwürdig, zumal sie von einer Politikerin kommen, die gleichzeitig die dramatischen Folgen ihrer Entscheidungen mit zynischen Bemerkungen wie „Jetzt sind sie nun mal da" vom Tisch wischt, sprich: die keinerlei Verantwortungsbewusstsein hat und offenbar nicht in der Lage ist, ihr Handeln zu reflektieren.

OKTOBER
7
2015

„Wie soll das funktionieren? Sie können die Grenze nicht schließen. Es gibt den Aufnahmestopp nicht.“

353

ANGELA MERKEL

Bundeskanzlerin (CDU)

Merkel auf die Frage von Anne Will, ob es eine Begrenzung bei der Einwanderung von Flüchtlingen geben werde. Merkel stellt dabei ihre Politik wie so oft als „alternativlos“ dar.

Sie behauptet, man könne die Grenzen nicht schließen, obwohl der Chef der Bundespolizei stets betont, dass dies sehr wohl möglich sei.[354] Weil sie die Grenzen – aus welchen Gründen auch immer – keinesfalls schließen will, das der Bevölkerung aber nicht kommunizieren möchte, belügt sie die Bürger und vermutlich sich selbst.

OKTOBER

11

2015

„Wir geben Frau Merkel, solange sie sozialdemokratische Politik macht, auch Asyl in unserer Partei.“

355

SIGMAR GABRIEL

Vizekanzler und Parteichef (SPD)

Gabriel auf einem SPD-Kongress in Mainz angesichts der von der CSU angedrohten Verfassungsklage wegen Merkels Flüchtlingspolitik. Merkel ist aufgrund genau dieser Politik bei den Linken beliebter als in den eigenen Reihen.

In der Migrationspolitik, die alle anderen Politikbereiche überlagert, ist Deutschland quasi ein Einparteienstaat bzw. wie in der DDR ein Parteienblock mit der herrschenden Partei und den Blockparteien. Mit Ausnahme der AfD liegen alle anderen im Bundestag vertretene Parteien, auch wenn die CSU manchmal murrt, auf einer Linie.

OKTOBER

12

2015

„Das wären Massenlager im Niemandsland.“

356

HEIKO MAAS

Bundesjustizminister (SPD)

Maas kritisiert den Vorschlag von Horst Seehofer, an den Grenzen Transitzonen für Migranten einzurichten. Er bezeichnet sie auch als „Haftzonen“. Man könne die Flüchtlingsfrage nicht lösen, „indem wir Deutschland einzäunen“, so Maas. Wie Merkel will er die Krise lösen, indem er die „Fluchtursachen in den Herkunftsländern“ bekämpft, was unrealistisch und undurchführbar ist.

Dieser Vorschlag dient dazu, der mit dieser Situation zunehmend unzufriedener werdenden Bevölkerung eine Karotte vor die Nase zu halten und politischen Willen und Handlungskompetenz vorzutäuschen, ohne tatsächlich etwas an der Situation ändern zu müssen. Deutschland ist weder in der Lage noch ist es seine Aufgabe, die Situation in den Herkunftsländern so zu verändern, damit keine Menschen mehr ins noch wohlhabende Europa strömen.

Es ist eine Hinhaltetaktik, die bereits im Jahr 2018 obsolet ist, weil im UN-Migrationspakt[357] Migration ohnehin als Quasi-Menschenrecht festgeschrieben wird. Man braucht das Asyl nicht mehr länger als Vorwand, um die Masseneinwanderung zu rechtfertigen.

OKTOBER

13

2015

„Oder glaubt hier jemand ernsthaft, dass wir Flüchtlinge an der Grenze zurückweisen können?" [358]

ANGELA MERKEL

Bundeskanzlerin (CDU)

Auch bei der „Arbeitsgruppe Innen", der 17 Fachpolitiker von CDU und CSU angehören, muss Merkel erneut ihre Willkommenspolitik verteidigen. Entnervt stellt sie die rhetorische Frage, die gleich von mehreren Abgeordneten mit einem deutlichen „Ja" beantwortet wird.

OKTOBER

13

2015

„Dort, wo es Armut und Hunger gibt, ist dies vor allem eine Folge von politischen Konflikten, Geldflüssen und globalen Ausbeutungsmechanismen und auch ein Resultat der Kolonialgeschichte.“

359

AMADEU-ANTONIO-STIFTUNG

Auszug aus der Handreichung „Fakten und Argumente zur Debatte über Flüchtlinge“. Was hier präsentiert wird, sind allerdings keine Fakten, sondern sozialistische Dogmen. Armut, Hunger und Flucht, sprich: das Leid und die Not anderer Menschen, werden von dieser Stiftung einerseits für die Umsetzung der eigenen gesellschaftspolitischen Visionen instrumentalisiert und sind andererseits ein einträgliches Geschäftsmodell, das auf Schuldkult, kulturellem Selbsthass, moralischer Erpressung und ökonomischem Analphabetismus basiert. Die Amadeu-Antonio-Stiftung ist damit sehr erfolgreich: Im Jahr 2017 wird diese Stiftung allein aus Bundesmitteln mit knapp einer Million Euro gefördert.[360]

OKTOBER

13

2015

„Sexualisierte Gewalt war schon immer ein Problem der gesamten Gesellschaft.“

361

AMADEU-ANTONIO-STIFTUNG

Auszug aus der Handreichung „Fakten und Argumente zur Debatte über Flüchtlinge“. Die mit der Migrantenwelle importierten Probleme, wie zum Beispiel das von Koran, Scharia und Traditionen geregelte und nicht verhandelbare Verhältnis zwischen Männern und Frauen und die damit verbundene Gewalt und systematische Unterdrückung von Frauen, werden von den Profiteuren der Open-Border-Politik relativiert, verharmlost, ignoriert und bestritten.

Dass es auch vor der Masseneinwanderung aus dem islamischen Raum in Deutschland sexualisierte Gewalt gegen Frauen gegeben hat, ist eine Binsenweisheit und Feststellung, die ohnehin niemand bestreitet. Es gibt allerdings große kulturelle, religiöse, historische, strukturelle und mentale Unterschiede zwischen diesen Kulturkreisen.

Und wie sich später herausstellen wird, sind mit dem Zuzug Hunderttausender Männer aus vormodernen, tribalistischen und islamischen Gesellschaften die Zahl der Vergewaltigungen und sexuellen Belästigungen explodiert. So ist die Zahl der Vergewaltigungen in Österreich im ersten Halbjahr 2018 im Vergleich zum Vorjahreszeitraum um 40 Prozent gestiegen.[362]

OKTOBER

13

2015

„Viele sind tatkräftig, motiviert und qualifiziert, wollen lernen, arbeiten und teilhaben."

363

AMADEU-ANTONIO-STIFTUNG

Die Stiftung will mit Fakten gegen Vorurteile ankämpfen und hat dabei nicht mehr als schwammige und ungenaue Begriffe wie „viele" anzubieten. Selbst 300 Menschen von zwei Millionen kann man bei Bedarf als „viele" bezeichnen. Es ist nur eine Frage des (politischen) Standpunktes.

OKTOBER

13

2015

„Der Kontinent ist groß und vielseitig – und nur wenige machen sich von dort auf den Weg nach Europa.“

364

AMADEU-ANTONIO-STIFTUNG

Auch hier dasselbe Prinzip: So wie „viele“ lässt auch „nur wenige“ einen breiten Interpretationsspielraum zu. Man vergisst das Faktum, dass Afrika eine Bevölkerungsexplosion erlebt. Bis 2050 wird sich die Bevölkerung auf über zwei Milliarden verdoppeln.[365] Der Migrationsdruck auf Europa steigt dramatisch.

Laut Autor Stephen Smith – fünf Jahre lang Leiter der Afrika-Abteilung von Le Monde – werden bis 2030[366] (also in ca. zehn Jahren) 150 Millionen Europäer afrikanischer Herkunft sein. So viele Fakten und konkrete Zahlen will die linke Stiftung, die vom ehemaligen Stasi-Spitzel[367] Anetta Kahane geführt wird, den Menschen nicht zumuten.

OKTOBER

14

2015

„Die Mär vom eingeschlichenen Terroristen“

368

GEORG MASCOLO

Journalist (Süddeutsche Zeitung)

Überschrift eines Artikels von Mascolo in der Süddeutschen Zeitung. Im Herbst 2015 versuchen Politiker, Behörden, Journalisten und andere Multikulti-Aktivisten, die Ängste in der Bevölkerung zu zerstreuen, dass sich unter den unkontrolliert einwandernden Menschen Terroristen befinden könnten. Politik und Medien bestreiten das. Eine, wie sich später herausstellt, für viele Europäer tödliche Fehleinschätzung bzw. Lüge.

OKTOBER
14
2015

„Ich habe gesagt ‚Ja, wir schaffen das'. Ich habe aber nicht gesagt, wir schaffen das ganz alleine."
369

ANGELA MERKEL
Bundeskanzlerin (CDU)

Bei einer Regionalkonferenz der CDU in Sachsen wird Merkel für ihre Politik der offenen Grenzen von der Parteibasis heftig kritisiert. Merkel lässt sich von ihrem Kurs nicht abbringen, muss aber rhetorisch zurückrudern und zugeben, dass sich Deutschland übernommen hat.

Künftig wird Merkel versuchen, andere EU-Länder unter dem Vorwand der europäischen Solidarität politisch und finanziell zu erpressen, damit sie einen Teil ihrer hunderttausendfach ins Land geholten Sozialmigranten wieder loswird.

Doch den Schwarzen Peter lässt sich kein Land zuschieben. Mama Merkels geplante Kindesweglegung scheitert an der Hartnäckigkeit der Osteuropäer. Der moralische Imperialismus der Deutschen stößt an seine Grenzen.

OKTOBER
14
2015

„Glauben Sie denn, dass Hunderttausende ihre Heimat verlassen und sich auf diesen beschwerlichen Weg machen, nur weil es ein Selfie mit der Kanzlerin gibt?"
[370]

ANGELA MERKEL
Bundeskanzlerin (CDU)

Merkel gerät vorübergehend in die Defensive. Sie muss auf der CDU-Regionalkonferenz die fatalen Folgen ihrer Flüchtlings-Selfies, die um die ganze Welt gehen, und damit auch ihre Rolle in der Flüchtlingskrise relativieren.

Selbstverständlich stellen diese Selfies nur eines von vielen Signalen dar, die Merkel an die Menschen in der Dritten Welt aussendet. Das Bundesamt für Migration und Flüchtlinge lässt etwa einen Werbefilm für Asyl in Deutschland drehen. Der Clip, den es in 17 verschiedenen Sprachen gibt, wird im Internet zum weltweit beliebten Werbespot für „Germoney".[371] Doch am weitaus folgenschwersten sind Merkles politisch eindeutige Botschaften, etwa, dass es keine Obergrenzen gäbe, man die Grenzen nicht schließen könne und man all das schaffen werde. Sie werden dank Verbreitung durch das Internet bis ins ferne Afghanistan als Einladung nach Deutschland verstanden.

OKTOBER
15
2015

„Die Öffnung der Grenzen ist eine Chance für Deutschland und festigt seine wirtschaftliche Vorreiterrolle in Europa."
[372]

DAVID FOLKERTS-LANDAU

Chefvolkswirt der Deutschen Bank

Für den Chefvolkswirt der Deutschen Bank eine äußerst gewagte Prognose. Sie dürfte auch weniger auf Daten und Analysen basieren, sondern ist dem damaligen Zeitgeist geschuldet. Eine Bank, die solche Experten beschäftigt, braucht sich nicht wundern, wenn sie in Turbulenzen gerät.

OKTOBER
15
2015

„Weit stärker ins Gewicht fallen allerdings die enormen politischen und ökonomischen Vorteile der Zuwanderung. Diese hat das Potenzial, unsere Wirtschaft nicht nur zu erneuern, sondern über Generationen hinweg Wohlstand zu sichern. Nur durch massive Zuwanderung wird es Deutschland gelingen, langfristig seinen Lebensstandard und einen Platz unter den drei bis vier wichtigsten Ländern in der Welt zu sichern. Die Kosten der Integration sind also eine kluge Investition in die Zukunft.“

373

DAVID FOLKERTS-LANDAU

Chefvolkswirt der Deutschen Bank

Folkerts-Landau soll sich auch mit den politischen und ökonomischen Folgen der Islamisierung eines Landes auseinandersetzen. Wie der Import von Hunderttausenden schlecht qualifizierten Menschen aus bildungs- und leistungsfernen Milieus, viele von ihnen Analphabeten, die Wirtschaft einer hochentwickelten Nation voranbringen soll, erklärt der Experte leider nicht.

Selbst die Chefvolkswirte großer Banken, von denen man annehmen muss, sie würden ihre Entscheidungen und Prognosen auf Basis von Daten, Fakten treffen, erliegen dem deutschen Willkommenswahn.

2018 stecken die Regierungsparteien CDU, CSU und SPD und auch Folkerts-Landaus Arbeitgeber, die Deutsche Bank, wenig überraschend in einer schweren Krise.

OKTOBER

19

2015

„Wenn Kameraleute Flüchtlinge filmen, suchen sie sich Familien mit kleinen Kindern und großen Kulleraugen aus." Obwohl: „80 Prozent der Flüchtlinge junge, kräftig gebaute alleinstehende Männer sind."

374

KAI GNIFFKE

Chefredakteur (ARD)

Was Mainstreamjournalisten bis heute bestreiten, gibt Gniffke bereits im Herbst 2015 zu. Damals werden nicht nur die Landesgrenzen geöffnet, sondern auch jene zwischen Berichterstattung, Meinungsjournalismus und Propaganda. Medienmacher und Journalisten sehen ihre vordringlichste Aufgabe nicht darin, die Menschen ehrlich und objektiv zu informieren, sondern Stimmung für die Masseneinwanderung und die Aufnahme von „Flüchtlingen" zu machen.

Dafür wird manipuliert, getrickst und alles, was nicht dem Multikulti-Schema entspricht, unter den Teppich gekehrt. Nicht alle Bürger wollen sich täuschen, manipulieren und indoktrinieren lassen: Der Begriff „Lügenpresse" wird populär. Zum Ärger der Journalisten und Medienmacher. Obwohl sich ein Großteil der Journalisten als linke Polit-Aktivisten, Meinungsmacher und Volkspädagogen verstehen bzw. so agieren, weisen sie den Vorwurf der Lügenpresse empört zurück und produzieren weiter ihre Willkommenspropaganda.

OKTOBER
20
2015

„Aus unserer Perspektive ist es sicher richtig zu sagen: Es geht. Wir bekommen es hin. Wir schaffen das!“

375

STEFAN SCHOSTOK

Oberbürgermeister von Hannover (SPD)

Von Merkel abwärts bis in den Kommunalbereich ziehen damals fast alle verantwortlichen Politiker am Multikulti-Strang und versuchen mit Durchhalteparolen gegen die sich langsam drehende Stimmung anzukämpfen.

OKTOBER

20

2015

„Notfalls darf man die Unwahrheit sagen."

376

ALEXANDER VAN DER BELLEN

Bundespräsidentschaftskandidat (A)

Dieser Satz findet sich in dem Buch „Die Kunst der Freiheit – In Zeiten zunehmender Unfreiheit" von Alexander Van der Bellen. Es erscheint während des Präsidentschaftswahlkampfes, wo diese Aussage immer wieder thematisiert wird.

Dieses Zitat hat zwar nicht direkt etwas mit der Migrations- und Flüchtlingsthematik zu tun, es steht im Zusammenhang mit der griechischen Schuldenkrise, zeigt aber deutlich, welchen Zugang der nunmehrige österreichische Bundespräsident zur Politik hat und wie er mit der Wahrheit und den Bürgern umgeht. Er liegt damit auf einer Linie mit seinem Freund EU-Kommissionspräsident Jean-Claude Juncker, der 2011 gesagt haben soll: „Wenn es ernst wird, muss man lügen."[377]

OKTOBER
21
2015

„Wir haben es ja nicht mit anonymen Massen und Zahlen zu tun, sondern es kommen einzelne Menschen, Individuen, zu uns."
378

ANGELA MERKEL
Bundeskanzlerin (CDU)

Merkel beim Gewerkschaftstag der Industriegewerkschaft Metall. So wie bei der importierten Kriminalität oder beim islamistischen Terror gibt es auch in der Flüchtlingspolitik für Merkel lediglich „Einzelfälle", die alle isoliert betrachtet werden müssen, die nichts miteinander zu tun haben dürfen, damit man das große Ganze nicht sehen kann.

OKTOBER

25

2015

„Rechte machen sich nun also Sorgen, dass wir Antifeministen, Homophobe und Rassisten importieren.“ [379]

MICHEL REIMON

Europaabgeordneter (Die Grünen/A)

Grüne, die das Monopol auf Moral und Wahrheit für sich beanspruchen, sprechen Menschen mit anderer politischer Gesinnung das Recht ab, sich für Frauen und Schwule einzusetzen.

OKTOBER

28

2015

„Es kommt weder ein Zaun zu Ungarn noch ein Zaun zu Slowenien.“

380

WERNER FAYMANN

Bundeskanzler (SPÖ/A)

Faymann wehrt sich heftig gegen effektiven Grenzschutz und -kontrollen. So wie sein politisches Vorbild Merkel, will er die Grenzen unbedingt offenhalten und bestreitet deshalb, dass Zäune und Kontrollen die Migrantenströme eindämmen oder gar stoppen können.

Merkel und Faymann versuchen mit rhetorischen und politischen Tricks alle sinn- und wirkungsvollen Maßnahmen zur Eindämmung der Migrantenströme zu ver- und behindern. Im Gegensatz zu Merkel kostet Faymann diese Politik nur Monate später seinen Job als Parteichef und Bundeskanzler.

OKTOBER

28

2015

„Wir zäunen Österreich nicht ein. Es ist ein Unterschied, ob man eine Grenze baut oder ob man ein Türl baut mit Seitenteilen. Es ist kein Zaun rund um Österreich. Das ist eine technische Sicherheitsmaßnahme, die Österreich nicht einkastelt.“

381

WERNER FAYMANN

Bundeskanzler (SPÖ/A)

Aufgrund des immer größer werdenden öffentlichen Drucks und des Stimmungswechsels im Land ändert Bundeskanzler Faymann seinen Kurs in der Flüchtlingspolitik. Ist er bisher mehr oder weniger blind Merkels Linie gefolgt, versucht er nun – wenn auch nur widerwillig und halbherzig, wie dieses Zitat belegt –, die Einwanderungsströme einzudämmen und zu regulieren, also den rechtlichen Normalzustand wiederherzustellen, zumal auch die Gefahr im Raum steht, dass Österreich die Armutsmigranten nicht mehr wie bisher einfach nach Deutschland weiterwinken kann.

Den wackeligen Grenzzaun, der an der südlichen österreichischen Grenze errichtet wird, verkauft er deshalb den Gutmenschen innerhalb und außerhalb seiner Partei verharmlosend als „Türl mit Seitenteilen“ und „technische Sicherheitsmaßnahme“. Das Wort Grenzzaun gilt in diesen Kreisen als Inbegriff des Bösen. Auch mit diesen peinlichen sprachlichen Verrenkungen gelingt es Faymann nicht, den empörten linken SPÖ-Parteiflügel zu besänftigen. Es ist der Anfang vom Ende seiner politischen Karriere.

OKTOBER

28

2015

„Jeder geflüchtete Mensch sollte selbstbestimmt entscheiden können, wo er oder sie leben möchte."

382

JUNGE GRÜNE/ JUNGE ALTERNATIVE ÖSTERREICH

Linke bzw. linksextreme Parteien und Gruppierungen propagieren den sogenannten Asyltourismus. Das Recht auf Asyl ist für sie nur ein Hintertürl mit Seitenteilen für die Masseneinwanderung in die europäischen Sozialsysteme.

Diese wiederum brauchen solche Gruppierungen, nachdem sich so gut wie kein autochthoner Arbeiter von den Jungen Grünen vertreten fühlt, um mit staatlicher Alimentierung für „Gerechtigkeit", für die „Unterdrückten" und „Entrechteten" kämpfen zu können. Dieser Kampf ist ihr Geschäftsmodell und ihre politische Existenzberechtigung. So wie einst der Arbeiter ist auch der Migrant nur Mittel zum Zweck.

OKTOBER

29

2015

„Lasst die Grenzen offen! Nein zu Zäunen, Mauern und der Festung Europa!"

383

PLATTFORM FÜR EINE MENSCHLICHE ASYLPOLITIK

Forderung einer der unzähligen NGOs, die sich zum Höhepunkt der Willkommenseuphorie gegenseitig mit immer wilderen, weitreichenderen und kostspieligeren Forderungen an die Politik übertrumpfen wollen.

OKTOBER
29
2015

„Österreich: Ein Zaun gegen die Angst?“

384

BENJAMIN WOLF

Journalist (Arte)

Die Linke bedient gern das Klischee des ängstlichen Rechten. Wer seine Grenzen schützen möchte, wird als ängstlich und engstirnig diffamiert, während Linke per se mutig und engagiert sind. Solche Klischees dienen unter anderem der Selbsterhöhung des Justemilieu. Ihr Mut ist freilich nur ein imaginierter, da sie zumeist nur offene Türen einrennen, gegen Schimären kämpfen, alle echten Gefahren meiden und in einer Mischung aus vorauseilendem Gehorsam und Unterwürfigkeit gegenüber den künftigen Machthabern die Errungenschaften der Aufklärung und des Abendlandes verraten und verkaufen (Frauenrechte, Demokratie, Laizismus, Meinungsfreiheit etc.).

Übrigens, sperren Linke ihre Wohnungen und Häuser nicht ab?

OKTOBER
30
2015

„Das ist eine gute Bereicherung unserer Arbeitswelt und unserer Gesellschaft, dass da nicht überall ältere graue Herren durch die Gegend laufen und langsam mit dem Auto auf der Autobahn rumfahren, sondern das wird eine lebendige Gesellschaft.“

385

FRANK-JÜRGEN WEISE

Chef der Bundesagentur für Arbeit (BA)

Weise freut sich im Herbst 2015 auf möglichst viele Flüchtlinge, weil diese zu „70 Prozent erwerbsfähig“ seien und dadurch Deutschlands Wirtschaft ankurbeln würden und schneller auf der Autobahn unterwegs seien. Außerdem würden sie als bunte Farbtupfer zwischen den vielen „älteren grauen Herren“ dienen. Wenn das keine schlüssigen Argumente sind.

OKTOBER

31

2015

„Voll unheimlich die Araber.
Da könnten ja auch Terroristen drunter sein."

386

ROBERT MISIK

Autor und Berater des österreichischen Bundeskanzlers (A)

Der marxistische Autor und Berater des österreichischen Ex-Bundeskanzlers Christian Kern macht sich in seinem Video-Blog über die „dummen Rechten" lustig. Humor ist bekanntlich keine Stärke der Linken, weil sie sich, frei von jeder Selbstironie, darauf beschränken, Andersdenke als geistesschwache Untermenschen zu diffamieren. Das politische Kabarett im deutschsprachigen Raum lebt seit Jahrzehnten im Wesentlichen von einer einzigen Pointe und Botschaft: Rechte sind blöd.

Natürlich kommen mit den Einwanderungsströmen aus dem arabischen Raum auch Terroristen nach Europa. Wie lustig!

NOVEMBER

2

2015

„Banken und Konzerne bedrohen das Sozialsystem, nicht Flüchtlinge!“

387

LINKSWENDE

Warum strömen Migranten vor allem in Länder mit mehr oder weniger freier Marktwirtschaft und nicht in Länder, wo Sozialismus gelebt und praktiziert wird, wie Kuba, Venezuela, Nicaragua oder Nordkorea? Die Frage ist leicht zu beantworten: Weil nur Staaten und Gesellschaften mit einer freien Marktwirtschaft überhaupt in der Lage sind, Armutsmigranten ohne Qualifikation in großer Zahl ein halbwegs angenehmes Leben zu ermöglichen. Sozialistische, planwirtschaftliche Länder wie Venezuela oder Nordkorea sind nicht einmal in der Lage, ihre eigene Bevölkerung mit dem Notwendigsten zu versorgen.

Wirtschafts-Publizist Michael Hörl: „Entgegen der von Europas Eliten verbreiteten Mär vom ‚steigenden Elend in der kapitalistischen Welt‘ ist die Armut auf dem Rückmarsch. Ganz besonders in jenen Ländern, die sich ab den 1980ern vom Marxismus in den Kapitalismus retten konnten. Erst die Freigabe von Märkten ermöglichte jungen Chinesen, Indern und Vietnamesen ein menschenwürdiges Leben.“[388]

NOVEMBER

3

2015

„Wir haben Chancen, wir gewinnen neue, teilweise qualifizierte Mitarbeiter dazu. Wir haben ein demografisches Problem in der Zukunft. Das heißt, wir haben einen Mangel an Arbeitskräften. Dieser Mangel kann reduziert werden.“

389

ULRICH GRILLO

Vorsitzender des Bundesverbands der Deutschen Industrie

Damals unterstützt die Industrie – zumindest rhetorisch –, in Erwartung vieler neuer Fachkräfte, die Politik der offenen Grenzen. Offenbar macht sich kaum jemand die Mühe, kein Politiker, Wissenschaftler, Journalist oder Manager, zu recherchieren oder nachzufragen, woher diese ominösen Fachkräfte kommen sollen. Schließlich kommen über die Migrationsrouten keine Chinesen, Inder oder Menschen aus den Tigerstaaten. Und in den Herkunftsländern der Armutsmigranten, in Afghanistan, Somalia, Eritrea, dem Maghreb oder dem Irak, gibt es weder eine nennenswerte Industrie noch ein funktionierendes Bildungssystem, das mit westlichen Standards vergleichbar wäre.

NOVEMBER
3
2015

„Und bereits heute kehren Menschen wieder in ihre Heimat zurück, wenn ein Leben in Frieden und Sicherheit möglich ist."

390

MICHAEL LANDAU

Caritas-Präsident (A)

Wie viele das sind, sagt Herr Landau – aus gutem Grund – nicht. Der Großteil der Einwanderer aus der Dritten Welt flüchtet nicht vor Krieg und Folter, sondern kommt wegen eines besseren Lebens nach Deutschland oder Österreich. Deshalb will auch kaum jemand mehr zurück in die Armenhäuser, die sie gegen die bequemen europäischen Sozialstaaten eintauschen.

NOVEMBER

3

2015

„Nach sieben Jahren bringt ein Flüchtling dem Staat Geld."

391

MARCEL FRATZSCHER

Leiter des Deutschen Instituts für Wirtschaftsforschung

Fratzscher, ein Wirtschaftsforscher mit Nähe zur SPD, hat eine Studie mit dem Titel „Integration von Flüchtlingen – eine langfristig lohnende Investition"[392] zu den Kosten der Flüchtlingskrise erstellt, die zu äußerst positiven Ergebnissen für das Aufnahmeland kommt.

NOVEMBER

3

2015

„Flüchtlinge schaffen Einkommen, steigern die Unternehmenserträge und erhöhen die Produktivität der Firmen. Davon profitieren auch ihre deutschen Kollegen. Und schließlich steigern die neuen Mitbürger die Nachfrage."

393

MARCEL FRATZSCHER

Leiter des Deutschen Instituts für Wirtschaftsforschung

Fratzscher bezieht sich dabei auf seine Studie „Integration von Flüchtlingen – eine langfristig lohnende Investition", die allerdings von Fachkollegen heftig kritisiert wird. Ulrich van Suntum und Daniel Schultewolter vom Centrum für angewandte Wirtschaftsforschung Münster (CAWM): „Weder wurde nachfrageseitig eine Multiplikatoranalyse durchgeführt, wie der DIW-Wochenbericht insinuiert, noch basieren die angebotsseitigen Komponenten der Berechnung auf einem produktionstheoretischen Ansatz. Vielmehr handelt es sich, (…), um eine grobe Überschlagsrechnung, die zudem schwere methodische Fehler aufweist. Dies betrifft sowohl die theoretischen Zusammenhänge als auch die Grundlagen der volkswirtschaftlichen Gesamtrechnung."[394]

Solche unseriösen Gefälligkeitsstudien zur wissenschaftlichen Unterfütterung der neosozialistischen Multikulti-Politik sind damals keine Seltenheit. Wie so oft in der Geschichte stellen sich Teile der Wissenschaft als willfährige Handlanger der Herrschenden zur Verfügung.

NOVEMBER

4

2015

„We love Volkstod. Bleiberecht für alle!“ [395]

Parole auf einem Transparent, das bei einer Demonstration in Frankfurt an der Oder, angemeldet von der Linkspartei, zu sehen ist. Die Vernichtung bzw. Marginalisierung der oder des Deutschen gehört zu den wichtigsten politischen Zielen des linksextremen, „antideutschen“ Milieus. Diese und ähnliche Parolen werden auf Demos skandiert oder via Internet verbreitet. Andere Varianten sind etwa: „Deutschland verrecke“, „Nie wieder Deutschland“[396], „Deutschland du mieses Stück Scheiße“[397] oder „Bomber Harris do it again“[398].

Die Deutschen und ihre Kultur sollen – so die Überlegung – durch offene Grenzen, Massenzuwanderung und „Bleiberecht für alle“ quasi verdünnt und letztendlich ausgelöscht werden. Der Soziologe Michael Ley setzt sich mit dem vor allem in Deutschland stark ausgeprägten Phänomen des kulturellen Selbsthasses auseinander. In seinem Buch „Hitlers Kinder“ schreibt er: „Aus der absurden Idee einer Erlösung durch Vernichtung – des Judentums – schmiedeten die Kinder den Wahn der kollektiven Selbstvernichtung. Die Achtundsechziger leben seit Jahren in einer Scheinwelt, die auf einem Schuldkult, d.h. einer unüberbietbaren kollektiven Selbstverachtung beruht, und der völlig abstrusen Utopie des Multikulturalismus. Adolf Hitler und seine fehlgeleiteten Kinder haben eines gemeinsam: den Größenwahnsinn.“[399]

Es geht um die Erlösung durch Selbstzerstörung. „Nichts charakterisiert den Westen besser als die Abscheu vor dem Westen, diese Leidenschaft, sich zu verdammen und zu zerreißen“[400], schreibt der Essayist Pascal Bruckner.

NOVEMBER

5

2015

„Die Folgen dieser Migrationspolitik lassen sich an den tausenden Toten an den europäischen Außengrenzen ablesen. Grenzzäune zwingen Flüchtende in lebensbedrohliche und oft auch tödliche Situationen."

401

„ANITA F."

Sprecherin der Plattform „Kein Spielfeld für Nazis!" (A)

Niemand der Open-Border-Aktivsten macht sich Gedanken darüber, was das grenzenlose Europa für sie selbst, für die europäischen Gesellschaften und den sozialen Frieden bedeutet. Ein grenzenloses Europa würde solange Menschen aus der Dritten Welt anziehen, solange der europäische Lebensstandard über Ländern wie Nigeria oder Afghanistan liegt.

Erst wenn Europa völlig devastiert ist und sich nicht mehr von einem islamisch-schwarzafrikanischen Staat unterscheidet, würden die Migranten ausbleiben. Man kann sich das wie bei kommunizierenden Gefäßen vorstellen. Erst wenn Europa genauso arm und rückständig wie Afrika ist, gibt es auch keinen Grund mehr, nach Europa auszuwandern.

Noch gibt es viel zu holen, und der Wille, das Eigene zu verteidigen, ist vor allem in Deutschland schwach ausgeprägt bis nicht vorhanden.

NOVEMBER
6
2015

„Vorrangig ist, dass die Hilfsorganisationen, die Kredite aufgenommen haben, oder Privatpersonen, die etwas vorgeschossen haben, ihr Geld bekommen."

402

CHRISTIAN KERN

ÖBB-Chef (A)

Die Hilfe der freiwilligen Helfer ist in der Regel nicht selbstlos. Nachdem man aus eigener Entscheidung und ohne Auftrag Armutsmigranten auf die eine oder andere Weise versorgt hat, will man sich nun das Geld vom Staat, sprich: von der arbeitenden Bevölkerung, die man nicht um Erlaubnis gefragt hat, zurückholen.

Es ist eine profitorientierte Hilfe und eine abstrakte Moral ohne Eigenverantwortlichkeit. Man verteilt, was andere erwirtschaftet haben, man hilft nur, wenn andere zahlen.

Ein Beispiel dafür: Über 5.000 Bürger aus Sachsen haben für Menschen finanziell gebürgt[403], damit sie nach Deutschland kommen dürfen. Doch die Bürgschaft war nur ein Fake. Als Sachsen sich das Geld von den Bürgen holen will, protestieren die Betroffenen und die Medien lautstark. Man zieht vor Gericht. Das Ergebnis: Obwohl die Menschen aufgrund dieser Bürgschaften nach Deutschland eingereist sind, wird letztendlich der Steuerzahler – einmal mehr ungefragt – für das inszenierte Gutsein der Gutmenschen zur Kasse gebeten.

NOVEMBER

8

2015

„Die Flüchtlinge bringen ihre eigene Kultur nicht nur für sich selbst mit, sondern mittelfristig auch in unsere Gesellschaft ein. Das kann unser Land, das kann Deutschland vielseitiger machen.“

404

DOROTHEE BÄR

Staatsministerin im Bundeskanzleramt,
Beauftragte der Bundesregierung für Digitalisierung

Das ist eines der Hauptprobleme der unkontrollierten Masseneinwanderung aus Afrika und dem islamischen Raum: Mit diesen Menschen werden auch deren vormoderne Kultur, deren Konflikte, deren Frauenbild, deren Verhältnis zur Gewalt, deren Traditionen, deren tribalistische Strukturen und Mentalität importiert.

Durch den Import von Millionen Menschen aus der Dritten Welt wird Europa selbst Teil der Dritten Welt. Peter Scholl-Latour wird folgendes Zitat zugeschrieben: „Wer halb Kalkutta aufnimmt, hilft nicht etwa Kalkutta, sondern wird selbst zu Kalkutta!“

„Flüchtlingstransport von Griechenland würde Balkanroute überflüssig machen.“

405

ALEV KORUN

Nationalratsabgeordnete, Menschenrechtssprecherin (Die Grünen/A)

Würde man die Sozialmigranten direkt vor Ort mit dem Flugzeug abholen, wäre es für sie noch bequemer, am besten mit Singapore oder Qatar Airlines, die haben den besten Service. Doch darum geht es nicht. Das scheint Frau Korun nicht so recht zu begreifen.

NOVEMBER

9

2015

„Es geht um den Teil der Gesellschaft, der nicht wirklich fremdenfeindlich ist. Diese Leute tragen zwar einen konservativen, rassistischen Mief mit sich, sind deswegen aber nicht gleich rechts.“

406

ANETTA KAHANE

Vorstandsvorsitzende der Amadeu-Antonio-Stiftung

Anders ausgedrückt: Konservative stinken. Einer der primitivsten Vorwürfe gegenüber Andersdenkenden, gegenüber jenen, die nicht zur positiv besetzen Wir-Gruppe gehören. Diese Geisteshaltung, dieses Niveau passt zu Kahane, die zu DDR-Zeiten für die Stasi Menschen ausspioniert.[407]

Auch nach dem Ende der kommunistischen DDR lässt sie sich vom Staat bezahlen, um Dissidenten aufzuspüren und an den Pranger zu stellen. Nur weggesperrt werden Dissidenten noch nicht. Noch.

NOVEMBER

9

2015

„Wir kriegen jetzt plötzlich Menschen geschenkt."

408

KATRIN GÖRING-ECKARDT

Fraktionsvorsitzende (Die Grünen)

Die Grünenfrontfrau auf der EKD-Synodale. Einem geschenkten Gaul schaut man bekanntlich nicht ins Maul.

Politikerinnen wie Göring-Eckardt machen Politik auf einer emotionalen, gefühligen, esoterischen, infantilen Ebene, ohne Vernunft, Logik und ohne auch nur annähernd erfassen und begreifen zu können, was ein solcher Kurs in der Realität, außerhalb der linksgrünen Multikulti-Ponyhof-Schlaraffenland-Blase für Wirtschaft, Sicherheit, Fortschritt und Wohlstand bedeutet. Was zählt, ist das gute Gefühl, die Gewissheit, Gutes zu tun, das Hier und Jetzt, eine pervertierte Moral.

Menschen wie Göring-Eckardt sind das Produkt, die Kinder einer historischen Ausnahmesituation. Sie wurden während des Kalten Krieges sozialisiert, einer Epoche, als Westeuropa wirtschaftlich prosperierte und sich nicht um seine Sicherheit kümmern musste, das besorgten die Amerikaner.

Beschützt von äußeren Feinden, ethnisch, kulturell und religiös weitgehend homogen, lebte man in Frieden, Wohlstand und ohne existenzielle Sorgen.

Viele verwechseln diesen Idealzustand mit einem Normalzustand. Wohlstand, Sicherheit und Frieden gab es scheinbar ohne große Anstrengungen. Es war der Nährboden für die 68er-Ideologie, es entstanden all die Irrlehren, unter denen Europa heute so sehr leidet: Radikalfeminismus/Genderismus, Kulturmarxismus, politische Korrektheit, Multikulturalismus, grüne Technik- und Fortschrittsfeindlichkeit und kultureller Selbsthass. Manche sind genuin europäische Entwicklungen, viele wurden von den USA – wo es aber im Gegensatz zu Europa stets ein starkes konservatives Gegengewicht gegeben hat – übernommen und weitergetrieben.

Doch die guten Rahmenbedingungen, unter denen dieses ideologische Unkraut gedeihen konnte, gibt es nicht mehr. Wirtschaftlich und technologisch gerät Europa dank des Aufstiegs Chinas und Südostasiens ins Hintertreffen, die Bevölkerungsexplosion in Afrika und dem islamischen Raum erhöht den Druck, und mit Donald Trump hat man auch seinen einstigen Beschützer verloren. Europa muss für sein Sicherheit selbst sorgen und ist damit überfordert.

Eine gefährliche Situation: Europa muss sich der Realität stellen, doch in vielen Regierungen, in Brüssel, in den Medien, Universitäten, Gerichten und Kultureinrichtungen sitzen noch immer Menschen wie Göring-Eckhardt, die auf die neuen Herausforderungen so reagieren, als wäre Europa noch immer in dieser komfortablen Ausnahmesituation, als sei Europa eine geschützte Werkstätte.

Wer auf die Masseneinwanderung aus Afrika und dem islamischen Raum und den steigenden Migrationsdruck mit infantilen Sagern wie den hier angeführten reagiert, hat nichts verstanden, ist nicht in der Lage, die Situation auch nur annähernd in ihrer Komplexität zu erfassen, lebt in einer infantilen Scheinwelt, ist eine Gefahr für die Sicherheit und Zukunft eines Landes und seiner Bevölkerung.

NOVEMBER

9

2015

„Da das in Österreich derzeit einfach keine relevante Zahl betrifft, hielte ich ein Verbot für identitäres Brusttrommeln."

409

THOMAS MAURER

Kabarettist (A)

Maurer über das in Österreich damals diskutierte Vollverschleierungsverbot. Der bekannte Kabarettist greift dabei auf ein bei Linken beliebtes Argument zurück, um das Verbot ablehnen zu können, ohne dabei Gefahr zu laufen, als Freund und Unterstützer des orthodoxen bzw. politischen Islam, also als Feind von Demokratie und Freiheit zu gelten. Er zieht sich aus der Affäre, indem er das Problem für nicht relevant erklärt, was allerdings ein seltsames Rechtsverständnis offenbart.

Häufigkeit kann niemals Grundlage oder Maßstab für ein Gesetz sein. Dazu kommt, dass es keine offiziellen Zahlen oder Statistiken darüber gibt, wie viele Frauen Vollverschleierung tragen.

Dass Frauen in Burkas, Niqabs, Hidschabs und Tschadors mittlerweile das Straßenbild der Ballungsräume in Deutschland oder Österreich prägen, entgeht offenbar ausschließlich Freunden der Willkommenskultur. Was nicht nur daran liegt, dass diese Menschen zumeist in besseren, sprich: weniger multikulturalistierten, Stadtteilen leben, sondern, dass sie diese Frauen gar nicht sehen wollen, was ja auch der Sinn dieses textilen Unterdrückungsinstrumentes ist.

NOVEMBER

11

2015

„Die Ursachen für die derzeitige Flüchtlingsbewegung müssen an den Wurzeln gepackt werden. Daher gilt es die Länder in den Krisenregionen stärker zu unterstützen." [410]

ANDREAS SCHIEDER

Klubobmann (SPÖ/A)

Europäische Linke wollen 2015 die gesamte Dritte Welt retten, um die europäische Flüchtlingskrise zu „lösen". Dabei sind sie nicht einmal in der Lage, die Krisen und Probleme in den von ihnen regierten Ländern und Kommunen in den Griff zu bekommen.

NOVEMBER

13

2015

„Der Zaun, der jetzt an der Grenze zu Slowenien gebaut werden soll, ist ein schreckliches Symbol und ein Signal der eigenen Hilflosigkeit unserer Regierung."

411

MICHAEL CHALUPKA

Direktor der Diakonie (A)

Tatsächlich ist dieser Zaun nicht mehr als ein Symbol. Der wackelige nur rund zwei Meter hohe Gartenzaun ist nicht geeignet, irgendjemanden abzuhalten, illegal nach Österreich einzureisen.

Er soll die Bevölkerung lediglich ruhigstellen und Handlungskompetenz und politischen Willen vortäuschen. Chalupka meint das vermutlich aber anders.

NOVEMBER

13

2015

„Die Millionen Menschen, die jeden Tag helfen – das ist Deutschland. Nicht die Spinner am rechten Rand.“

412

SIGMAR GABRIEL

Vizekanzler und Parteichef (SPD)

Gabriel bei der Verleihung des deutschen Fernsehpreises „Bambi“. Jene, die so gerne vor der Spaltung der Gesellschaft warnen, tun genau das, sie teilen die Menschen in gute und böse, schlaue und dumme, ängstliche und couragierte Bürger ein.

Wer mit Gabriel in der Zuwanderungs- und Asylpolitik einer Meinung ist, darf sich zu den wertvollen Mitgliedern der Gesellschaft zählen, wer anderer Meinung ist, gehört zu den hassenden und geifernden „Spinnern“. Es sind spaltende und polarisierende Politiker wie Gabriel, die mit ihrer dichotomen Weltsicht einen tiefen Keil in die Gesellschaft treiben und jeglichen Dialog verunmöglichen. Genau das ist ihr Ziel.

Zudem ist die Pathologisierung Andersdenkender (Spinner) eine aus Diktaturen bekannte Praxis, um die Glaubwürdigkeit dieser Menschen zu untergraben bzw. sie in Anstalten unterbringen zu können.

NOVEMBER
13
2015

„Die Bundeskanzlerin hat die Lage im Griff."
413

ANGELA MERKEL
Bundeskanzlerin (CDU)

Die Kanzlerin spricht in ihrem zweiten großen TV-Interview zur Flüchtlingskrise von sich in der dritten Person und versucht – wie so oft –, den politischen Kontrollverlust mit Stehsätzen und Durchhalteparolen zu verschleiern.

NOVEMBER

13

2015

„Jeder, der zu uns kommt, hat einen Grund zu fliehen."

414

ANGELA MERKEL

Bundeskanzlerin (CDU)

Dieser Grund ist in vielen Fällen Merkel selbst. Ihre Politik, ihre Signale und Statements werden von Hunderttausenden Menschen in der Dritten Welt als Einladung nach Deutschland aufgefasst. Merkel weckt Erwartungen, die sie, oder besser: der deutsche Steuerzahler, niemals einlösen kann. Selbst linke Journalisten erkennen das nach und nach.

Gudrun Harrer in der österreichischen Zeitung Der Standard: „Was dem großen Exodus aus den nahöstlichen Flüchtlingslagern im Spätsommer und Herbst 2015 voranging, hatte massenhysterische Züge insofern, als manche Flüchtlinge tatsächlich glaubten, dass sie in Deutschland eine eingerichtete Wohnung, ein Auto und Ähnliches erwarteten. Die Idealisierung von ‚Mama Merkel' erinnert an den nahöstlichen Umgang mit Führergestalten, die im Tausch für Unterwerfung verpflichtet sind, für den loyalen Untertanen zu sorgen."[415]

NOVEMBER
13
2015

„Aus Illegalität Legalität machen. Denn was sich im Augenblick abspielt, sind ja schreckliche Szenen."

416

ANGELA MERKEL

Bundeskanzlerin (CDU)

Aus Illegalität Legalität zu machen, bedeutet nichts anders, als die bestehenden Gesetze und den Rechtsstaat auszuhebeln. In der Flüchtlingskrise setzt sich Merkel immer wieder über Demokratie und Rechtsstaat hinweg und entscheidet, beeinflusst von den linken Einflüsterern in Medien, Kirchen, Kultur und Opposition – auf die eigene Partei hört sie ja kaum –, nach eigenem Gutdünken.

NOVEMBER

13

2015

„Bei den Fluchtursachen ansetzen."

417

ANGELA MERKEL

Bundeskanzlerin (CDU)

Das wiederholt Merkel in diesem großen TV-Interview immer und immer wieder. Weil sie die Masseneinwanderung aus der Dritten Welt nicht reduzieren will, versucht sie, die unruhiger werdende Bevölkerung mit dieser Scheinlösung einzulullen. Es ist aber völlig unrealistisch und größenwahnsinnig, die Masseneinwanderung nach Deutschland zu stoppen, indem Berlin die Fluchtursachen von Nigeria bis Afghanistan bekämpft, also den allgemeinen Wohlstand in Afrika und weiten Teilen Asiens erhöht und die Geburtenraten senkt. Wie soll das funktionieren? So genau will das von den Merkel-Fans in den Medien ohnehin niemand wissen.

NOVEMBER

13

2015

„Wenn wir das (die Integration, A.d.V.) gut machen, dann wird die Demokratie, und dann wird das, was uns auszeichnet, warum Menschen gerne in Deutschland leben, wird vielleicht über unsere europäischen Grenzen hinaus Akzeptanz bekommen. Das ist auch etwas Wichtiges. Dann haben wir vielleicht etwas weniger Kriege und dann haben wir weniger Leid auf der Welt."

418

ANGELA MERKEL

Bundeskanzlerin (CDU)

In dem ZDF-Interview, das nur wenig Stunden vor den islamistischen Terrorattacken in Paris aufgezeichnet wird, versucht Merkel, ihre Politik als globale, friedensbringende Maßnahme darzustellen. Es ist der verzweifelte Versuch, ihre weitreichenden Fehlentscheidungen in ein positives Licht zu rücken.

Journalist und Autor Alexander Robin: „Es war die bisher mutigste Überhöhung der Politik der offenen Grenzen."[419] Doch es kommt umgekehrt. Deutschland exportiert nicht die Demokratie in die Welt, sondern importiert Islamisten und Terrorismus nach Europa. An diesem Freitag sterben bei islamistischen Attacken in Paris 130 Menschen, rund 700 werden verletzt.

NOVEMBER

14

2015

„Wir weinen mit ihnen. (...) Wir wissen, dass unser freies Leben stärker ist als jeder Terror.“ [420]

ANGELA MERKEL

Bundeskanzlerin (CDU)

Merkel reagiert auf die islamistischen Massaker in Paris mit 130 Toten[421] gewohnt routiniert und mit den allseits bekannten Phrasen und Durchhalteparolen. Merkel macht keine Politik, sie moderiert und kommentiert die Entwicklungen, die sie ausgelöst hat, und die sie nun als unvermeidliche Entwicklungen darzustellen versucht.

NOVEMBER
14
2015

„Ich bin tief erschüttert von den Nachrichten und Bildern, die uns aus Paris erreichen. Meine Gedanken sind in diesen Stunden bei den Opfern der offensichtlich terroristischen Angriffe, ihren Angehörigen sowie allen Menschen in Paris."

422

ANGELA MERKEL

Bundeskanzlerin (CDU)

Noch mehr Merkel'sche Sprechblasen zum Paris-Terror. Solche hohlen Phrasen sind fester Bestandteil des immer gleich ablaufenden politischen und medialen Rituals.

NOVEMBER

14

2015

„Unsere Gedanken sind bei den Familien der Opfer, unsere Unterstützung gilt den Behörden."[423]

MARTIN SCHULZ

EU-Parlamentspräsident (SPD)

Ebenso routiniert wie inhaltsleer reagieren die Spitzenpolitiker auf den importierten Terror. Außer hohlen Phrasen, viel Pathos und gespieltem Mitleid habe Multikulti-Politiker nach solchen Gräueltaten, für die sie durch ihre Einwanderungs- und Sicherheitspolitik mitverantwortlich sind, nichts anzubieten. Man sagt dem Terror und seinen Ursachen nicht ernsthaft den Kampf an, sondern beschränkt sich auf Beileidsbekundungen.

NOVEMBER

14

2015

„Unser tiefstes Mitgefühl gilt den Opfern und deren Angehörigen. Die internationale Gemeinschaft muss jetzt zusammenstehen, gemeinsam gegen den Terror."

424

WERNER FAYMANN

Bundeskanzler (SPÖ/A)

Die Reaktionen diverser Politiker auf den islamistischen Terror sind beinahe wortgleich und ohne erkennbare politische Konsequenzen.

NOVEMBER

14

2015

„Ich bin tief erschüttert. Unsere Herzen und Gedanken sind in diesen schweren Stunden bei unseren französischen Freunden.“

425

SIGMAR GABRIEL

Vizekanzler und Parteichef (SPD)

Aufgabe der Politik sollte es sein, solche Gräueltaten und deren Ursachen zu bekämpfen und zu verhindern, und sich nicht darauf beschränken, nach jedem islamistischen Massaker an der europäischen Zivilbevölkerung schmierige Mitleidsbekundungen zu veröffentlichen. Dass man die Bevölkerung effizient vor solchen Taten und Entwicklungen schützen kann, machen die Regierungen der Visegrád-Staaten vor.

NOVEMBER
14
2015

„Es wäre risikoreich und untypisch, dass Personen mit Kampfauftrag in einem Seelenverkäufer von der Türkei auf eine griechische Insel übersetzen.“

426

HANS-GEORG MAASSEN
Präsident des Verfassungsschutzes

Auch am Tag nach dem Massaker in Paris mutmaßt der Verfassungsschutzpräsident, dass Islamisten nicht mit Flüchtlingsschiffen nach Europa kommen. Doch genau das hat einer der Paris-Attentäter getan.[427] Zudem scheint Maaßen das Wesen des islamistischen Terrors nicht verstanden zu haben.

Für Terrorattacken braucht es weder eine Kommandozentrale noch einen konkreten „Kampfauftrag“. Gläubige Muslime werden von Dschihadisten mit Internetvideos, in Internetforen, mit Hochglanzmagazinen und Propaganda über andere Kanäle in aller Welt dazu angestachelt, Terroranschläge zu begehen, etwa mit Autos in Menschenmengen zu rasen oder Passanten mit dem Messer abzustechen. Dazu braucht es weder lange Planung noch große Organisationen oder Strukturen, es reichen radikale Muslime, die in Europa leben und die diese Aufrufe zum Terror gegen die Ungläubigen in die Tat umsetzen.

NOVEMBER
15
2015

„Willkommenskultur ist der beste Schutz vor Terroristen." [428]

KATRIN GÖRING-ECKARDT

Fraktionsvorsitzende (Die Grünen)

Dank Menschen wie Göring-Eckardt ist es für Islamisten und Terroristen in Europa so einfach, ihrem blutigen Handwerk nachzugehen. Vor allem deshalb, weil Göring-Eckart und Co. absolut uneinsichtig und lernresistent sind, egal, wie viele Tote ihre infantile Wohlfühlpolitik verursacht.

Mit Willkommenskultur – was auch immer dieses politisch korrekte Schlagwort konkret bedeuten mag – und Dialog den politischen Islam und die Islamisierung Europas bekämpfen zu wollen, ist so sinnvoll, wie einen Brand mit Benzin zu löschen.

NOVEMBER

15

2015

„Paris ändert nicht alles."

429

HEINRICH BEDFORD-STROHM

Ratsvorsitzende der Evangelischen Kirche in Deutschland (EKD)

Bedford-Strohm spielt damit auf die Aussage des bayrischen Finanzministers Markus Söder an, der nach den Anschlägen von Paris twittert: „Paris ändert alles."[430] Söder fordert unter anderem strenge Grenzkontrollen. Bedford-Strohm warnt hingegen davor, dass die Terroranschläge von Paris nicht für einen Kurswechsel in der Flüchtlingspolitik instrumentalisiert werden dürfen.

NOVEMBER

15

2015

„Ich fand den Satz ‚Nach Paris ist alles anders' den falschesten Satz, den man sagen konnte."

431

SIGMAR GABRIEL

Vizekanzler und Parteichef (SPD)

Auch der Vizekanzler will sich trotz des Paris-Massakers nicht von seinem Kurs abbringen lassen. Was damals niemand weiß, und bis heute weitgehend unbekannt geblieben ist, wie grausam die islamistischen Attentäter damals in der Pariser Konzerthalle „Bataclan" vorgegangen sind. Viele Konzertbesucher werden auf bestialische Weise gefoltert, gequält und ermordet: „Manche der Geiseln seien einem Zeugenbericht zufolge im ersten Stock von den Terroristen geköpft worden, anderen sei der Bauch aufgeschlitzt worden oder die Augen ausgestochen. Einem Mann seien die Hoden abgeschnitten und in seinen Mund gesteckt worden."[432]

NOVEMBER

16

2015

„Es gibt keine Verbindung, keine einzige nachweisbare Verbindung zwischen dem Terrorismus und den Flüchtlingen außer vielleicht einer: nämlich dass die Flüchtlinge vor den gleichen Leuten in Syrien flüchten, die verantwortlich sind für die Anschläge in Paris."

433

HEIKO MAAS

Bundesjustizminister (SPD)

Betont Maas drei Tage nach den Terrornaschlägen in Paris. Später stellt sich heraus, dass der Attentäter Ahmed al-Muhammad mit einem Schlepperboot von der Türkei nach Griechenland in die EU einreist und auf der griechischen Insel Leros registriert wird.[434]

NOVEMBER

16

2015

„Wir dürfen jetzt nicht den Fehler machen, Flüchtlinge mit Terroristen gleichzusetzen." [435]

URSULA VON DER LEYEN

Verteidigungsministerin (CDU)

Wie nach jedem islamistischen Terroranschlag sind die Multikulti-Politiker vor allem darüber besorgt, dass „Rechtspopulisten" die blutigen Massaker für ihre Zwecke instrumentalisieren würden. Diejenigen, die für das Öffnen der Grenzen verantwortlich sind, wollen sich damit ihrer Verantwortung entziehen und rufen: Haltet den Dieb!

Wobei ohnehin niemand in der öffentlichen Debatte Flüchtlinge mit Terroristen gleichsetzt. Schon allein die Warnung, dass mit den Flüchtlingsströmen Terroristen nach Europa kommen, gilt damals als anrüchig, rechts und politisch unkorrekt.

NOVEMBER

16

2015

„Keine Frage: Das sind Rechtspopulisten, Rassisten – und wir müssen uns dringend Gedanken machen, wie man sich argumentativ mit ihnen auseinander setzen. (sic) Das heißt nicht, dass die Sorgen der Bürger, die da demonstrieren, berechtigt sind.“

436

TIMO REINFRANK

Geschäftsführer der Amadeu-Antonio-Stiftung

Jeder halbgebildete Linke fühlt sich 2015 den Bürgern, die sich aufgrund der aktuellen Entwicklungen Sorgen um ihr Land und die Zukunft ihrer Kinder machen, intellektuell überlegen. Diese Überlegenheitsgefühl gründet sich vor allem darauf, auf der politisch richtige Seite zu stehen und die dominante Ideologie zu vertreten. Die linken Schafe sind stolz darauf, Teil einer großen Herde zu sein.

Dieser Charakterzug scheint in Deutschland und Österreich stärker als in anderen Länder ausgeprägt zu sein, was schon zu mehreren historischen Katastrophen geführt hat.

NOVEMBER

16

2015

„Die Reichen werden in Österreich pro Tag um 80 Millionen reicher: Fluchtverursacher und Superreiche sollen zahlen – nicht ArbeitnehmerInnen und sozial Schwache!"

437

GEWERKSCHAFT DER PRIVATANGESTELLTEN, DRUCK, JOURNALISMUS, PAPIER (GPA-DJP)

Eine von mehreren Forderungen am GPA-djp Bundesforum. Das simple Weltbild der Sozialisten: Schuld ist der Klassenfeind, der „Reiche". Dabei sind es diese „Bösewichter", die für den Großteil der Kosten aufkommen müssen, die die neosozialistischen Willkommens-Politiker und ihre Schützlinge, die Armutsmigranten, verursachen. Die obersten zehn Prozent der österreichischen Einkommensbezieher erwirtschaften 34 Prozent des Einkommens, tragen aber 56 Prozent der Steuerleistung.[438]

Dieser Hass und die Hetze gegen Reiche und Kapitalisten, der die Armen politisch instrumentalisiert (im konkreten Fall die importierten Armen), hat schon mehrere historische Katastrophen ausgelöst. Autor Michael Hörl: „Als Hitler in den 1920ern aufsteigen wollte, musste er den antikapitalistischen Sündenböcken seiner Zeit nur noch ein jüdisches Gesicht aufmalen. (…) Nicht die Bankiers, die Reichen, die Millionäre und die Konzerne waren schuld an Armut und Elend, es waren die jüdischen Bankiers, die jüdischen Reichen, die jüdischen Konzerne und das Finanzjudentum, das die Welt beherrschen wollte."[439]

NOVEMBER

17

2015

„Ein Teil dieser Antworten würde die Bevölkerung verunsichern."

440

THOMAS DE MAIZIÈRE

Bundesinnenminister (CDU)

Nachdem auf Anraten de Maizières das Fußballländerspiel Deutschland gegen Niederlande in Hannover im letzten Moment wegen Terrorgefahr abgesagt wird und das Stadion geräumt werden muss, erklärt der Innenminister, warum er nichts erklärt.

Diese unglückliche Wortwahl soll die ohnehin angespannte Beziehung zwischen de Maizière und Merkel weiter belastet haben.

Später bereut de Maizière seine Aussage und gibt bekannt, warum er nichts gesagt hat, demnach fürchtet er zu diesem Zeitpunkt auch einen Anschlag auf den Hauptbahnhof von Hannover.[441]

NOVEMBER

17

2015

„Der Zuzug von Flüchtlingen steigert auf lange Sicht die Wirtschaftskraft und bringt Wohlstand."

442

REINHARD LEBERSORGER

Finanzsprecher im Kärntner Landtag (Die Grünen/A)

Auch die Grünen in Kärnten träumen den Multikulti-Traum vom künftigen Wohlstand durch Masseneinwanderung aus Ländern, die wirtschaftlich, technisch, wissenschaftlich, demokratiepolitisch und verwaltungstechnisch rückständig und unterentwickelt sind. Das wäre tatsächlich ein Wirtschaftswunder. Vor allem zu Zeiten, wo man für unqualifizierte Arbeitskräfte kaum noch Verwendung am Arbeitsmarkt hat.

NOVEMBER
19
2015

„Dafür gibt es keinen einzigen Beweis.“

443

HEIKO MAAS

Bundesjustizminister (SPD)

Maas auf die Frage: „Verändert sich die Sicherheitslage, wenn täglich Tausende Flüchtlinge in unser Land kommen?“

Gleichzeitig versuchen die verantwortlichen Politiker und die Behörden ihr Bestes, um die Verbindungen, kausalen Zusammenhänge und Spuren zu verschleiern und zu verwischen. Man spricht von Einzelfällen, versucht bei Verbrechen, begangen von Menschen mit Migrationshintergrund, selbst wenn es um massenhafte sexuelle Belästigung wie in Köln geht, zu verharmlosen oder zu ignorieren. Man blendet bei Terror, Gewalt und Kriminalität den religiösen, ethnischen und kulturellen Kontext aus, damit Politiker wie Maas in die Mikros sagen können, dass es keinen Zusammenhang zwischen unkontrollierter Masseneinwanderung aus der Dritten Welt und einer Verschlechterung der Sicherheitslage gibt.

Das zeigt, mit welcher Kaltschnäuzigkeit und Verantwortungslosigkeit linke Gesellschaftsingenieure wie Maas und Merkel bei der Umsetzung ihrer politischen Ziele vorgehen. Und eines hat uns die Geschichte gelehrt: Wenn Sozialisten eine bessere Gesellschaft und einen besseren Menschen schaffen wollen, fließt immer Blut.

NOVEMBER
19
2015

„Die Menschen, die hierherkommen, flüchten vor Leuten wie denen, die in Paris die Anschläge verübt haben.“

HEIKO MAAS

Bundesjustizminister (SPD)

Auch 180 zum Teil bestialisch ermordete Menschen und rund 700 Verletzte können verbohrte linke Kleingeister wie Maas nicht von ihrem ideologischen Irrweg, den sie mit seltsamen argumentativen Verrenkungen verteidigen, abbringen.

NOVEMBER
19
2015

„Es gibt Ausnahmesituationen, in denen man sich über Vorschriften hinwegsetzen muss (...).“
445

HEIKO MAAS
Bundesjustizminister (SPD)

Man muss sich, wenn man es für nötig hält, über Vorschriften, sprich: Gesetze, hinwegsetzen, sagt wer? Der Justizminister eines demokratischen Rechtsstaates.

Das politische System ist in Deutschland dank Politikern wie Merkel und Maas längst ein postdemokratisches. Man schränkt die politische Partizipation von Bürgern immer weiter ein, alle wichtigen Entscheidungen werden ohne die Befragung der Bürger im Alleingang getroffen: Massenzuwanderung, Milliardenhilfen für Griechenland, Gender-Mainstreaming, Energiewende etc. Öffentliche Debatten – etwa im öffentlich-rechtlichen Fernsehen – sind zur Show verkommen, da die vorherrschende politisch korrekte Ideologie und grundlegende politische Fragen nicht mehr kritisiert werden dürfen. Diskussionen dürfen sich nur in einem engen politisch korrekten Meinungskorridor bewegen. Wer die Grenzen des Erlaubten überschreitet, wie etwa Henryk Broder, Thilo Sarrazin, Parteien wie die AfD oder Medien wie die Junge Freiheit, wird von linken Meinungswächtern, von Politikern, Journalisten, Künstlern etc. ausgegrenzt und als rechts gebrandmarkt.

Dank des politischen Wirkens von Heiko Maas, Vater der Facebook-Löschteams und des Netzwerkdurchsetzungsgesetzes, wird es zunehmend schwieriger für Dissidenten, ihre Meinungen verbreiten zu können.

NOVEMBER

19

2015

„Die Bundeskanzlerin betreibt keine unkontrollierte Willkommenspolitik.“

446

HEIKO MAAS

Bundesjustizminister (SPD)

Wenn täglich Tausende Menschen ins Land strömen, ohne dass deren Identität überprüft wird, wenn diese Menschen problemlos falsche Angaben zu Herkunft, Alter und Fluchtgrund machen können, wenn die Behörden nicht mehr wissen, welche und wie viele Menschen sich in ihrem Land aufhalten, und wenn Armutsmigranten ohne Schwierigkeiten mehrere Identitäten annehmen können[447], darf man das durchaus als „unkontrolliert“ bezeichnen.

NOVEMBER

21

2015

„Die Flüchtlinge laufen vor dem davon, was in Paris passiert ist. Dort, wo sie herkommen, passiert das jeden Tag."

448

EVA GLAWISCHNIG

Parteichefin (Die Grünen/A)

Nachdem sich bewahrheitet, wovor „Rechtspopulisten" und Sicherheitsexperten von Anfang an warnen, versuchen linke Politiker wie Glawischnig, den Terror zu relativieren und Ursache und Wirkung zu vertauschen. Die Hundertausenden, die aus vorwiegend islamischen Elends- und Krisenregionen nach Europa einwandern, bringen Terror, Korruption, Armut, Konflikte, ihre Traditionen, Clanstrukturen und Religion nach Europa mit. Je mehr dieser Menschen einwandern, desto mehr wird Europa selbst zu einem islamischen Dritte-Welt-Staat, zu Eurabia.

Diese simple Tatsache, diese logische Konsequenz wird von Linken hartnäckig ignoriert oder bestritten. Dabei würde es ausreichen, wenn Gutmenschen einmal ihr behagliches Plätzchen in ihrer staatlich alimentierten und geschützten Blase verlassen und sich in den No-go-Areas und sozialen Brennpunkten, die es in immer größerer Zahl in europäischen Großstädten gibt, umsehen würden.

NOVEMBER

21

2015

„Ich frage mich: Was wird über diese Tage in Europa einmal in den Geschichtsbüchern stehen? Dass die Rechtsparteien erstarkten, weil sie die Flüchtlinge politisch brutal instrumentalisierten? Rechtsparteien, die gegen das europäische Projekt, gegen eine Sozial- und Umwelt-Union sind? Dagegen müssen die Grünen kämpfen."

449

EVA GLAWISCHNIG

Parteichefin (Die Grünen/A)

Glawischnig sieht sich bereits als historische Figur, als Jeanne d'Arc der Flüchtlinge, als grüne Mutter Theresa. Doch die Rolle, die solchen Politikern in den Geschichtsbüchern zukommen wird, dürfte eine völlig andere sein. Selbst- und Fremdwahrnehmung können sehr weit auseinanderliegen. Dass man auf der historisch falschen Seite stehen könnte, war und ist für Gutmenschen denkunmöglich.

Glawischnig wirft keine zwei Jahre nach diesem Statement das Handtuch und verabschiedet sich aus der Politik, um wenig später bei einem globalen Glücksspielkonzern mit Hauptsitz in Österreich anzuheuern.[450]

NOVEMBER

21

2015

„Unser Land wird sich ändern, und zwar drastisch. Und ich freue mich drauf!"

451

KATRIN GÖRING-ECKARDT

Fraktionsvorsitzende (Die Grünen)

Am Parteitag der Grünen, kurz nach dem ersten Höhepunkt der Einwanderungswelle und nachdem die Probleme immer offener zutage treten, ist Frau Göring-Eckardt noch immer in Feierlaune.

NOVEMBER

26

2015

„Ein Grenzzaun kann nicht die Lösung sein – weder für die Sicherheit der Bevölkerung noch für die Flüchtenden.“

452

SABINA SCHAUTZER

Asyl- und Integrationssprecherin im Kärntner Landtag (Die Grünen/A)

Einwanderungs-Lobbyisten wissen stets, was keine Lösung ist, weil sie das Problem nicht lösen wollen, zumal sie nicht einmal eines erkennen können.

DEZEMBER
2
2015

„Das scheint mir eher eine Phantom-Debatte zu sein, bei der es vor allem um die Angst vor dem radikalen Islam geht. (…) Wenn wir Probleme der Diskriminierung oder Unterdrückung von Frauen wirklich lösen wollen, dann sind nicht Verbote die Lösung, sondern Bildung und Integration."

453

HEIKO MAAS

Bundesjustizminister (SPD)

Maas antwortet im Interview mit der Osnabrücker Zeitung, wie er zu einem Burka-Verbot steht. Wenn es um den Islam geht, hält Maas wenig von Regelungen und Verboten, wenn es um Islamkritik (sprich: „Hate Speech", „Hasskommentare", „Hetze") geht, können Maas die Gesetze, Restriktionen und Verbote nicht weit genug gehen.

Auf Drängen von Maas richtet Facebook Löschteams ein, die politisch unkorrekte Postings und Inhalte entfernen.[454] In der Praxis heißt das, dass Islamkritik und Kritik an der Merkel'schen Einwanderungspolitik auf Facebook entgegen der im Grundgesetz festgeschriebenen Meinungsfreiheit (Artikel 5) nur noch eingeschränkt möglich sind.[455] Der bekannte Medienanwalt Joachim Steinhöfel über das Maas´sche Netzwerkdurchdringungsgesetz: „Deutschlands neues Zensurgesetz ist verfassungswidrig und verstößt gegen das Völkerrecht."[456]

DEZEMBER

4

2015

„Die grundlegenden Vorstellungen im Hinblick auf die österreichische Lebenswelt werden sehr wohl vermittelt. Wir wollten dennoch die Leute nicht überfordern, in dem Sinne, dass ihre eigenen kulturellen Hintergründe da quasi korrumpiert werden.“

457

JULIA KEMP

Mitarbeiterin des Arbeitsmarktservice Wien (A)

Das AMS, das österreichische Arbeitsamt, hält für Asylberichtigte nach Geschlechtern getrennte Kurse ab. Geschlechtertrennung in Österreich im Jahr 2015, wo Feministinnen um jeden i-Punkt kämpfen und sogar gegenderte Verkehrsschilder einmahnen.

Frau Kemp versucht in einer TV-Sendung zu erklären, warum beim AMS Zustände wie in islamischen Dritte-Welt-Staaten herrschen.

DEZEMBER
7
2015

„Wir müssen auch als diejenigen, deren Familien schon seit Jahrhunderten in Deutschland leben, lernen, dass Offenheit und Neugierde auf andere Kulturen uns doch nichts wegnehmen, sondern bereichern. Wenn man einmal wieder in die Bibel schauen muss, weil man mit jemandem über den Koran spricht, dann ist das auch kein Fehler. Denn so bibelfest sind viele Deutsche auch nicht mehr, wie sie manchmal tun."

458

ANGELA MERKEL

Bundeskanzlerin (CDU)

Merkel vermeidet es, „die Deutschen" zu sagen; außer im negativen Kontext. Deshalb verwendet sie umständliche und seltsame Umschreibungen wie „Familien, die schon seit Jahrhunderten in Deutschland leben". Es gibt demnach für die Kanzlerin nur schlechte Deutsche und identitäts- und traditionslose Menschen, die schon länger hier leben.

Die von ihr vorangetriebene Islamisierung Deutschlands nimmt Merkel nicht zur Kenntnis. Auf sie angesprochen, referiert sie gerne umständlich über die nicht mehr vorhandene Bibelfestigkeit der Menschen, die schon länger hier leben.

Was will Merkel damit sagen, was will sie damit erreichen? Hofft die Tochter eines linken Pastors, so wie viele Bischöfe, dass durch die einwandernden Muslime die Menschen, die schon länger hier leben, wieder zum Christentum zurückfinden, dass der Glaube und die Religion nach den „dunklen"

Jahren der Aufklärung wieder ein Comeback in Europa feiern? Die Christen des Nahen Ostens sind – sehr viele gibt es nicht mehr – mit Sicherheit bibelfester als die rezenten Deutschen. Und was bringt es ihnen?

Die katholischen Patriarchen des Orients sprechen bei ihrem Treffen 2017 im Nordlibanon von einem Genozid an den Christen des Nahen Ostens[459], sie betonen, dass sie die internationale Staatengemeinschaft im Stich lasse.

DEZEMBER

8

2015

„Dass nun wieder Zäune errichtet werden in Europa ist für mich ein furchtbares Symbol.“

460

MARGOT KÄSSMANN

Evangelisch-lutherische Theologin und ehemalige Bischöfin

Weil sich deutsche Politik weitgehend auf Symbolpolitik beschränkt, sind Symbole wie Zäune, Mauern etc. auch in der öffentlichen Debatte wichtig.

Obwohl der Zaun für die Theologin ein Symbol für Ausgrenzung ist, lässt sie sich in der Praxis gerne von ihnen schützen. Sie lehnt zwar Zäune und Kontrollen an den Grenzen des Landes ab, gegen die dadurch notwendig gewordenen Zäune, Barrieren, Poller und das sogenannte Merkel-Lego[461], die im ganzen Land aufgestellt werden müssen, hat sie aber nichts einzuwenden.

DEZEMBER

8

2015

„Barmherzigkeit ist ein zentraler Begriff der europäischen Kulturgeschichte. Und ich beharre darauf, dass das Christentum eine Kultur der Barmherzigkeit hervorbringt. Das kritisiere ich ja auch an Bewegungen wie Pegida, die sich christlich nennt, wo Barmherzigkeit aber keine Rolle spielt."

462

MARGOT KÄSSMANN

Evangelisch-lutherische Theologin und ehemalige Bischöfin

Frau Käßmann spricht Kritikern der unkontrollierten Masseneinwanderung Barmherzigkeit ab. Es ist unter anderem diese Selbstgerechtigkeit, Tugendprahlerei, moralische Selbsterhöhung und Selbstheroisierung, die an Gutmenschen und Gesinnungsethikern so abstößt. Sie verschwenden keine Gedanken an die Folgen ihres Tuns, bürden anderen Menschen gegen deren Willen die Lasten ihrer „Barmherzigkeit" auf und erdreisten sich darüber hinaus, über diese Menschen zu richten.

DEZEMBER

9

2015

„Als unsere Nächsten wollen wir sie in unserem Land willkommen heißen und ihnen unsere Hilfe zuteilwerden lassen. Wir wollen sie annehmen und unsere Türen öffnen.“

463

GENERALSYNODE DER EVANGELISCHEN KIRCHE A.U.H.B. IN ÖSTERREICH

Aus der Resolution „Menschen auf der Flucht“, die von der Generalsynode einstimmig verabschiedet wird.

Doch für diese Hilfe sollen andere, nämlich der Staat, also die Steuerzahler aufkommen. Die Diakonie Österreich, der Dachverband aller diakonischen evangelischen Anbieter in Österreich, beschäftig rund 8.000 Mitarbeiter und die Erträge steigen von Jahr zu Jahr. 2016 sind es rund 400 Millionen Euro.[464]

DEZEMBER
9
2015

„Die angeblichen Verteidiger europäischer Werte, die vor allem durch immigrantenfeindliche Aussagen auffallen, sind eine der größten Gefahren für die Wahrung der Menschenrechte.“

465

NURTEN YILMAZ

Integrationssprecherin (SPÖ/A)

Wer europäische Werte verteidigt, ist nicht „immigrantenfeindlich“, sondern kritisch gegenüber den Anhängern totalitärer Ideologien und Politreligionen. Und sehr viele Migranten aus islamischen Ländern sind ebensolche Anhänger, wie zahlreiche Studien[466] belegen. Wer das ignoriert, leugnet oder verschleiert, ist ein Feind Europas, seiner Werte und der Menschenrechte.

DEZEMBER

16

2015

„Anstatt wirksame und vernünftige Lösungen zu finden, setzen SPÖ und ÖVP auf gefährliche Ideen wie einen Grenzzaun. Zäune schließen nicht nur andere aus, sondern sperren uns auch ein."

467

FLORA PETRIK

Sprecherin Junge Grüne Wien (A)

Die Linke entwickelt 2015 eine regelrechte Zaun-Phobie. Hier ein weiteres Beispiel einer, die von Zaunängsten gequält wird. Dass Zäune einsperren können, wissen Linke aus praktischer Erfahrung, schließlich hat man damit die Bürger erfolgreich daran gehindert, in Massen aus dem DDR-Arbeiterparadies abzuhauen. Das gilt damals in diesen Kreisen übrigens als „vernünftige Lösung".

DEZEMBER
18
2015

„Unserer Aufgabe ist es, diese Stadt in ihrer Vielfalt weiterzuentwickeln. Auf diesen Weg wollen wir alle mitnehmen."

468

SANDRA FRAUENBERGER

Integrationsstadträtin Wien (SPÖ/A)

„Vielfalt" ist eines der Lieblingswörter und Pseudo-Argumente der Multikulturalisten. Vielfalt ist ein „Weaselword". Dieser Begriff aus dem US-Amerikanischen meint Wörter mit vager und unscharfer Bedeutung, die man vor allem dann verwendet, wenn man keine tragfähigen und nachvollziehbaren Argumente hat. Vielfalt ist so wie Buntheit ein Beispiel für sinnentleerten, infantilen Multikulti-Sprech.

Doch Vielfalt und Buntheit gibt es nicht gratis, die solchermaßen zwangsbeglückte Bevölkerung muss dafür tief in die Tasche greifen. Je vielfältiger Wien unter der rotgrünen Stadtregierung wird, desto höher werden die Ausgaben und der Schuldenberg. Im Jahr 2017 beträgt der Schuldenstand der Stadt bereits sechs Milliarden Euro, um 579 Millionen mehr als 2016. Das sind aber nur die geschönten offiziellen Zahlen, die ausgelagerten Schulden sind hier nicht eingepreist.[469] Vielfalt ist ein teures „Vergnügen".

DEZEMBER1

18

2015

„Hinter der Forderung der CSU nach einer Obergrenze für den Flüchtlingszuzug steckt eine boshafte Form der Naivität.“

470

ANTON HOFREITER

Fraktionschef (Die Grünen)

Die Grünen sind eine der wichtigsten Stützen Merkels. Sie tragen ihre Politik der offenen Grenzen mit und verteidigen sie gegen die Kritik aus Merkels eigenen Unionsreihen. Das zeigt deutlich, wie weit Merkel während ihrer Zeit als Regierungschefin politisch nach links gerückt ist.

Dass ausgerechnet Anton Hofreiter von Naivität spricht, kann man nur mit Humor nehmen.

DEZEMBER
22
2015

„Wir verurteilen die geplanten Änderungen im Asylgesetz die u.a. das so genannte 'Asyl auf Zeit' sowie Verschärfungen in Bezug auf Familiennachzug enthalten."

471

ÖH DER AKADEMIE DER BILDENDEN KÜNSTE WIEN

Die Studenten haben das Wesen des Asyls entweder nicht verstanden oder sie wollen das Recht auf Asyl für Einwanderung missbrauchen. Denn Asyl ist immer Schutz auf Zeit.

Dabei würde ein Blick in Wikipedia reichen. Hier wird Asyl als „die temporäre Aufnahme der Verfolgten"[472] definiert.

DEZEMBER

22

2015

„Diese Stimmungsmache, die heute Personen wie Hamed Abdel-Samad vertreten und früher Leute wie der Journalist Henryk Broder, die Autorin Necla Kelek und der Schriftsteller Ralph Giordano verbreitet haben, machen Millionen Menschen in diesem Land ganz konkret das Leben schwer – manchmal sogar unerträglich."

473

LAMYA KADDOR

Muslimische Religionspädagogin

Den Überbringer für die schlechte Nachricht verantwortlich zu machen, ist ein ebenso altes Verhaltensmuster wie beliebte Vorgangsweise, um von den wahren Missständen und deren Verursachern abzulenken. Nicht radikale Muslime, die die Demokratie herausfordern, sind unser Problem, sondern jene Autoren, Wissenschaftler und Intellektuelle, die mutig auf diese Gefahr hinweisen.

Muslime und andere von den Linken anerkannte Minderheiten haben es im schuldstolzen, postheroischen und politisch korrekten Deutschland besonders leicht, sich als Opfer zu inszenieren und daraus politischen Gewinn zu schlagen. Der Subtext dieser Aussage: Deshalb brauchen sich die kritischen Bürger im Allgemeinen und die angesprochenen Personen im Speziellen nicht wundern, wenn einer von denen, deren Leben so unerträglich gemacht wird, zur Waffe greift, so wie bei Charlie Hebdo, Theo van Gogh oder Kurt Westergaard[474].

Der islamkritische Politologe Hamed Abdel-Samad steht seit Langem unter Polizeischutz, er wird permanent mit Mord bedroht. Wer macht hier wem das Leben unerträglich?

DEZEMBER

30

2015

„Europa ist zusammengeblieben, die deutsche Wirtschaft brummt, in der Flüchtlingskrise merkt Deutschland verblüfft, wozu es fähig ist. Hilfsbereitschaft, Empathie, Willkommen stellen in den Schatten, was Fremdenfeinde, Nationalisten und Zweifler auf die Straße bringt.“

475

CLAUS KLEBER

Journalist (heute-journal, ZDF)

Erziehungs- und Meinungsjournalismus übelster Sorte. Claus Kleber fasst das Jahr 2015 aus seiner persönlichen, oder besser: aus der Sicht der polit-medialen Klasse, zusammen. Spiegel-Kolumnist Jan Fleischauer: „Wer außerhalb der ZDF-Nachrichtenredaktion hätte gedacht, dass ‚Zweifler' die Steigerungsform von ‚Nationalist' und ‚Fremdenfeind' sein könnte?[476]

Stunden nach Claus Klebers Analyse werden in Köln und vielen anderen Städten im deutschsprachigen Raum Tausende Frauen von nordafrikanischen Männern sexuell bedrängt und belästigt.

Erstes Halbjahr 2016:

Die Party ist zu Ende

Am erstem Januar 2016 geht die Welcome-Refugee-Euphorie zu Ende. Diese Silvesternacht verändert ein ganzes Land, sie ist ein schwerer Rückschlag für die Multikulti-Utopisten. Das heißt aber nicht, dass sie einen politischen Kurswechsel, ein Umdenken an der Spitze dieser Gesinnungsgemeinschaft auslöst. Sie verhärtet die Fronten, vertieft die Gräben, es lichten sich die Reihen der Fans der grenzenlosen „Solidarität" mit der Dritten Welt. Das politmediale Establishment macht weiter wie bisher, auch wenn es kurzfristig in die Defensive gerät und die Deutungshoheit schwindet. Die Stimmung auf der Welcome-Refugee-Party ist aber dahin, auch wenn die Armutsmigranten aus aller Welt weiter nach Deutschland strömen.

Die Begeisterung der Herbsttage des vergangenen Jahres ist verflogen. Sie wird auch nicht wiederkommen. Niemand steht mehr, bewaffnet mit bunten Transparenten, vergammelten Teddybären oder ausgemusterter Kleidung, auf den Bahnsteigen oder an den Grenzübergängen. Die Silvesternacht samt medialer Aufbereitung und der Umgang der Behörden und Politiker mit den nächtlichen Geschehnissen verändern die öffentliche Meinung, untergraben die Glaubwürdigkeit der Politik und das Vertrauen in die Medien. Der Begriff „Lügenpresse" wird populär.

In Köln, aber auch in vielen anderen Städten des deutschsprachigen Raums wie in Hamburg, Bielefeld, Stuttgart oder Salzburg, kommt es in der Silvesternacht zu sexuellen Übergriffen auf autochthone Frauen. Die Täter sind in der Regel sogenannte Nafris, „Flüchtlinge" aus Nordafrika.

Sie markieren ihr neues Territorium, führen den deutschen Männern vor, dass sie nicht in der Lage sind, ihre eigenen Frauen zu schützen. Die Decke der Zivilisation ist bekanntlich dünn. Auch die Staatsgewalt macht keine Anstalten, dem Treiben Einhalt zu gebieten. Die neuen Macht- und Kräfteverhältnisse im öffentlichen Raum in Deutschland werden eindrucksvoll demonstriert. Deshalb vermeldet die Kölner Polizei am nächsten Morgen, dass die nächtlichen Feiern „weitgehend friedlich" verlaufen seien.

Es ist eine Lüge, die zunächst von Politik und Medien gedeckt wird. Wer gibt schon gerne zu, die Kontrolle verloren zu haben. Keiner hat ein Interesse daran, dass diese Taten an die Öffentlichkeit gelangen, sie haben ein schlechtes Gewissen. Jene, die die unkontrollierte Zuwanderung als Glücksfall für das Land bejubeln, wollen mit deren unschönen Folgen nichts zu tun haben und sich aus der Verantwortung stehlen. Das misslingt. In den Social-Media-Kanälen tauchen immer mehr Berichte von sexuell misshandelten Frauen auf, der Druck auf die etablierten Medien und die Politik wird größer. Die Schweigemauer wird brüchig. Die Mainstreammedien berichten immer nur so viel, was die Menschen über andere Kanäle ohnehin schon wissen.

Köln ist ein Offenbarungseid für die etablierten Medien und die Politik. Ihr Verhalten, ihre Vertuschungs- und Relativierungsversuche, ihre Ablenkungsmanöver sind ein Schuldeingeständnis. Viele Menschen erkennen, dass sie getäuscht werden, dass sie Versuchskaninchen in einem weiteren sozialistischen Gesellschaftsexperiment mit äußerst ungewissem Ausgang sind. Köln ist ein erster Vorgeschmack auf das, was noch kommen wird.

Obwohl die Journalisten, Politiker und Behörden beim Lügen, Manipulieren, Relativieren und Vertuschen ertappt werden, sind ihre Entschuldigungen und Rechtfertigungen halbherzig, verlogen und dementsprechend unglaubwürdig.

Man fühlt sich weiterhin im Recht, die wütenden und besorgten Bürger und die alternativen Medien werden zum Feindbild und Angstgegner jener, die um ihre Macht und Position fürchten. Fake News und Hate Speech werden zu Kampfbegriffen und Allzweckwaffen, um die Kritiker der Open-Border-Politik einzuschüchtern.

Ansonsten macht man weiter wie bisher, nur etwas vorsichtiger, achtet auf die Formulierungen und betont, die Ängste der Menschen ernst zu nehmen. Dass Frauen zu den ersten Opfern der Multikulturalisierung werden, stört auch die Feministinnen nicht. Im Gegenteil. Sie sind besonders bemüht und engagiert, die Ereignisse der Silvesternacht umzudeuten und zu verharmlosen. In diesem Kapitel finden sie einige Beispiele dafür. Auch diese Übergriffe verändern das politisch korrekte, das multikulturelle Narrativ nicht. Der Armutsmigrant aus der Dritten Welt bleibt als neosozialistische Erlöserfigur, als edler Wilder und Arbeiterklassen-Ersatz weiter die heilige Kuh des Justemilieu. Die starre politisch korrekte Hierarchie der Opfer und der Täter ist eine der wichtigsten Säulen der Multikultideologie. Feminismus hin oder her.

Die Frauen in Köln werden Opfer der falschen Täter. Wären ihre Peiniger Deutsche oder Osteuropäer, die Aufmerksamkeit und Empathie der Politiker und Medien wäre ihnen sicher. Von einer umgekehrten Konstellationen – deutsche Männer und migrantische Frauen – ganz zu schweigen.

Aber so gelten die autochthonen Frauen nur als Opfer zweiter Klasse. Wenn überhaupt. Um das Multikulti-Narrativ und die neosozialistischen Heilserwartungen aufrecht erhalten zu können, machen einige Feministinnen und Journalisten die deutsche Gesellschaft und sogar die in Köln bedrängten, betatschten, ausgegriffenen und vergewaltigten Frauen zu den Tätern und die Nafris zu Opfern. Gleich mehrere Beispiele dazu finden sich auf den nächsten Seiten.

Die Debatte wird rauer. Die Verteidiger der Multikulti-Ideologie werden nicht nur im Ton aggressiver, man versucht, die lauter werdende Kritik und den Widerstand bereits im Keim zu ersticken. Wer nicht auf Linie ist, wird mit der Nazikeule verprügelt, eine Waffe, die trotz intensiven Gebrauchs immer noch nicht abgenutzt ist. Den Multikulturalisten gelingt es einmal mehr, den Fokus von den wahren Problemen und Problemverursachern abzulenken und die sogenannten Rechtspopulisten, Hetzer, Rassisten und Fake-News-Produzenten als große und einzige Gefahr für das Land und die Demokratie darzustellen.

Das Justemilieu behält die Oberhand und die Deutungshoheit, schüchtert die Zweifler ein, indem es alle Nichtlinken zu Unmenschen und Nazis erklärt. Obwohl man beim Verbreiten von Lügen auf frischer Tat ertappt wird, gelingt es, mit dem Kampfbegriff „Fake News“, als Gegenpol zur Lügenpresse, seine Kritiker zurück in die Defensive zu drängen.

Trotz der Ereignisse von Köln und dem offensichtlichen Versagen von Politik, Medien und Behörden gelingt es den Multikulti-Akteuren, gestützt auf die stabilen Machtstrukturen des tiefen linken Staates, Abweichler, Zweifler und Kritiker in Schach zu halten, sie zu dämonisieren und zu marginalisieren. Die Schlacht um Köln kann die politmediale Herrschaftsklasse gewinnen, doch der Preis für den Machterhalt ist hoch. Das Fundament, auf dem dieses System, auf dem dieser neosozialistische Umverteilungsapparat ruht, bekommt tiefe Risse.

Immer mehr Bürgern wird bewusst, dass sie in einem postdemokratischen Staat leben, ihre Meinung nicht nur nichts zählt, sondern sogar belächelt, verachtet, geächtet und immer öfter auch kriminalisiert wird. Die Entscheidungen über die Zukunft des Landes, der Gesellschaft und der Menschen, wie etwa die Öffnung der deutschen Grenze, wird ohne demokratische Teilhabe derer, „die schon länger hier leben“ und den Laden mit ihren Steuern, also Arbeitsleistung, am Laufen halten, in Berlin getroffen.

Obwohl die Mainstreampresse keinen Millimeter von ihrem Kurs abrückt, macht sich in der politisch korrekten Schafherde Unruhe breit. Sie wird von den Auguren der Herrschaftsklasse als „diffuse Ängste“, als Reaktion der Modernisierungsverlierer auf soziale Ungerechtigkeiten, als die Angst des einfachen Mannes vor dem Fremden gedeutet. Sie schaffen es mit ihrer marxistischen Sicht auf die Gesellschaft und die Menschen, zielsicher an den wahren Ursachen vorbei die Lage und die Stimmung zu analysieren. Die Kluft zwischen der Herrschaftsklasse und einem immer größeren Teil der Bürger wird 2016 tiefer und breiter. Trotz aller Sonntagsreden, Krokodilstränen und Beteuerungen, Brücken bauen zu wollen, denkt das Justemilieu nicht daran, seinen Kritikern zuzuhören, sie ernst zu nehmen oder ihnen in irgendeiner Weise entgegenzukommen. Ganz im Gegenteil, sie gefährden ihre Macht, sie sind ihre Feinde, die man mit allen Mitteln bekämpft.

JANUAR

1

2016

„Ausgelassene Stimmung - Feiern weitgehend friedlich“

(08:57 Uhr)[477]

POLIZEIPRÄSIDIUM KÖLN

Pressestelle

Nachdem in der Nacht mehrere Hundert Frauen von Männern, die überwiegend aus Nordafrika stammen, sogenannte Nafris, sexuell belästigt werden, gibt die Polizei am Morgen danach bekannt, dass nichts passiert sei. Dass „weitgehend“ für Behörden und Politiker ein äußerst dehnbarer Begriff sein kann, wird sich in den nächsten Stunden und Tagen herausstellen.

JANUAR

2

2016

„Wenn man sich die Fakten anschaut, ist diese Angst (vor der Islamisierung, A.d.V.) unbegründet. Wir haben eine stabile Demokratie und eine freie Gesellschaft, Staat und Religion sind getrennt. Wie sollten Muslime, die eine Minderheit darstellen, unsere Gesellschaft islamisieren?"

478

WINFRIED KRETSCHMANN

Ministerpräsident von Baden-Württemberg (Die Grünen)

Wie wäre es damit: unkontrollierte Massenzuwanderung aus dem Islamgürtel, eine deutlich höhere Geburtenrate, Aushöhlung des Rechtsstaates, islamistischer Terror, Bildung von Parallel- und Gegengesellschaften, fordernd-aggressives Auftreten der Islamlobbyisten, starkes Zugehörigkeitsgefühl und hohe Identifikation mit Religion sowie Ethnie und dadurch bedingt eine extrem hohe Durchsetzungskraft bei der Verfolgung von gruppenspezifischen Interessen in einer atomisierten westlichen Gesellschaft, deren Individuen keine ausgeprägten Bindungen mehr zu Familie, Tradition, Gemeinschaft oder Nation haben?

Derzeit leben nach Schätzungen der deutschen Regierung weniger als fünf Millionen Muslime in Deutschland.[479] Genau Zahlen gibt es weder für Deutschland noch für Österreich oder die gesamte EU. Offizielle Statistiken gibt es etwa in Österreich, seitdem die muslimische Community immer größer wird, nicht mehr.[480]

Sollten diese fünf Millionen die Realität halbwegs korrekt abbilden, ist es beeindruckend, wie es dieser Minderheit (rund fünf Prozent der Gesamtbevölkerung) gelingt, der Politik, Kultur, der Mehrheitsgesellschaft und dem öffentlich Raum ihren Stempel aufzudrücken, wie sie es geschafft hat, mit ihren Forderungen und Anliegen in Medien, Politik und dem öffentlichen Diskurs omnipräsent zu sein. Herr Kretschmann sollte sich vorstellen, es wären nicht fünf, sondern zehn, 30 oder über 50 Prozent, was, wie viele seriöse Studien[481] zeigen, mittel- bzw. langfristig der Fall sein wird.

JANUAR

3

2016

„Sich zu beklagen, Wien habe zu viele Sozialhilfebezieher oder hier seien zu viele Asylwerber, ist lächerlich."

482

MICHAEL HÄUPL

Wiener Bürgermeister (SPÖ/A)

Wien nimmt es mit der Kontrolle der Mindestsicherung (entspricht dem deutschen Hartz IV) nicht sehr genau, wie der Rechnungshof kritisiert, und ist bei der Auszahlung besonders großzügig. Dementsprechend wirkt Wien wie ein Magnet auf Menschen aus der Dritten Welt. Mehr als die Hälfte aller Mindestsicherungsbezieher Österreichs leben in Wien.[483] Die meisten von ihnen sind Ausländer. Kritik an diesen Zuständen und an dieser Steuergeldverschwendung findet der Bürgermeister der hochverschuldeten Stadt[484] „lächerlich".

JANUAR

5

2016

„Die Nachrichtenlage war klar genug. Es war ein Versäumnis, dass die 19-Uhr-heute-Sendung die Vorfälle nicht wenigstens gemeldet hat. Die heute-Redaktion entschied sich jedoch, den geplanten Beitrag auf den heutigen Tag des Krisentreffens zu verschieben, um Zeit für ergänzende Interviews zu gewinnen. Dies war jedoch eine klare Fehleinschätzung."

485

ELMAR THEVESSEN

Stellvertretender Chefredakteur (ZDF)

Die Vorfälle in der Kölner Silvesternacht lassen sich aufgrund der vielen Berichte von betroffenen Frauen in den sozialen Medien nicht mehr unterdrücken und verheimlichen. Das ZDF und viele andere Medien müssen reagieren, um ihre Glaubwürdigkeit nicht völlig zu verspielen. Deshalb geht man mit fadenscheinigen Ausreden und halbherzigen Entschuldigungen an die Öffentlichkeit und schwört Besserung. An einen Kurswechsel denkt man nicht und bleibt seiner bisherigen Linie treu. Die öffentlich-rechtlichen Medien sehen ihre primäre Aufgabe auch weiterhin darin, die Merkel'sche Multikulti-Politik zu propagieren und ihre negativen und oftmals blutigen Begleiterscheinungen als Einzelfälle darzustellen, die in keinem Zusammenhang mit den offenen Grenzen stehen.

JANUAR

5

2016

„Wie jetzt bekannt wurde, soll es in Köln in der Silvesternacht zahlreiche Übergriffe, auch sexuelle, auf Frauen gegeben haben.“

486

JOHANNES MARLOVITS

Journalist (ORF/A)

Wie schwer sich die Medien, die die unkontrollierte Massenzuwanderung von jungen Männern aus der Dritten Welt seit Monaten medial befeuern, mit den Ereignissen von Köln tun, zeigt auch der ORF. Mit mehrtägiger Verspätung informiert auch der öffentlich-rechtliche Rundfunk in Österreich verharmlosend und relativierend darüber, was die Internetnutzer ohnehin seit dem 1. Januar wissen.

JANUAR

6

2016

„Es gibt immer eine Möglichkeit, eine gewisse Distanz zu halten, die weiter als eine Armlänge betrifft. Also von sich aus schon gar nicht eine große Nähe suchen zu Menschen, die einem fremd sind.“

487

HENRIETTE REKER

Kölner Oberbürgermeisterin
(parteilos, von CDU, Grünen und FDP unterstützt)

Nachdem der Staat in der Silvesternacht in Köln seiner wichtigsten Aufgabe, seine Bürger zu schützen, nicht nachkommen kann oder will, dürfen sich weibliche wie männliche Opfer von Oberbürgermeisterin Reker mit lächerlichen Verhaltensregeln ein zweites Mal demütigen lassen. Reker demonstriert hier, wie weit sich die politisch korrekte Führungsebene von der Lebenswelt der Bürger und der Realität entfernt hat.

JANUAR

6

2016

„Rechte Parteien und Bündnisse nutzen die Debatte nach den Übergriffen als Argumentationshilfe für ihre Kritik an der Asylpolitik der Bundesregierung und setzen dabei auf Angst und Unsicherheit in der Bevölkerung."

488

DELF GRAVERT

Journalist (Schleswig-Holsteinischer Zeitungsverlag)

Die Silvesternacht in Köln bringt die Multikulti-Apologeten nur kurz in Erklärungsnot. Nicht die Fehlentwicklungen und Kollateralschäden der Open-Border-Politik beunruhigen die linke Meinungspresse, sondern jene, die sie kritisieren. Nordafrikaner, die Frauen sexuell bedrängen, und jene, die sie ins Land lassen, sind nicht die Täter, sondern Opfer. Opfer rechter Hetze, der Verallgemeinerungen, der Kampagnen in den alternativen Fake-News-Medien, der Rechtspopulisten, die die Ereignisse für ihre dunklen Ziele instrumentalisieren.

Die Linke hat ihre Opferrolle, obwohl seit ihrem Marsch durch die Institutionen an den Hebeln der Macht, über Jahrzehnte kultiviert und es bei der Täter-Opfer-Umkehr zur wahren Meisterschaft gebracht.

Ins Zentrum der medialen Berichterstattung, der Analysen und Debatten in den TV-Shows werden nach Köln jene Menschen gerückt, die sich weigern, sich selbst und den anderen eine heile Multikultiwelt vorzugaukeln, die das offensichtliche Versagen von Politik und Staat anprangern und die Ereignisse von Köln in den richtigen Kontext setzen.

Die für die politmediale Elite unangenehmen Ereignisse von Köln sollen möglichst schnell durch den Kampf gegen den rechten Popanz, der für die Machthaber völlig ungefährlich ist, überlagert werden.

Man stellt einmal mehr die Kritiker dieser unverantwortlichen Politik an den Pranger, um die Opfer ebendieser Politik, die belästigten Frauen, möglichst unauffällig von der öffentlichen Bühne in den medialen Keller, der im Laufe dieser Monate immer voller wird, zu verfrachten.

JANUAR

6

2016

„Sie heizt genauso unnötig die rassistische Grundstimmung weiter an wie andere auch. Das ist bei Alice Schwarzer nichts Neues.“

489

ANNE WIZOREK

Feministin

Wizorek in einem Interview zu den Vorfällen in Köln. Weil Alice Schwarzer als eine der wenigen Feministinnen auf die Zusammenhänge zwischen islamischem Frauenbild, Scharia und sexualisierter Gewalt aufmerksam macht, wird sie von ihren neosozialistischen Kolleginnen als Rassistin beschimpft. Wer die Multikulti-Dogmen infrage stellt, ist Rassist und Unmensch, selbst wenn es sich um eine altgediente und prominente Feministin handelt.

JANUAR

7

2016

„Die ersten beiden Interviews, die ich dem Fernsehen über Köln geben durfte, da fragten mich die Journalisten: Bitte reden Sie nicht über Flüchtlinge. Dann habe ich gesagt, dann brauche ich gar nicht erst anzufangen. Dann ist das das Ende des Interviews. Dann haben sie sich besonnen und das wieder aufgelöst. Wo kommen wir hin, wenn wir die Wahrheit nicht mehr benennen – die, die sich andeutete?"

490

CHRISTIAN PFEIFFER

Kriminologe und ehemaliger Justizminister Niedersachsens (SPD)

Pfeiffer beschreibt in einer Diskussionsrunde auf dem TV-Sender Phoenix, was die meisten Mainstreammedien vehement abstreiten, dass sie die Ereignisse zu Silvester in Köln verharmlosen und jede Verbindung zum Themenkomplex Flüchtlinge, offen Grenzen, Asyl und Zuwanderung vermeiden würden.

JANUAR

8

2016

„In diesem Sommer konnte jeder für sich entscheiden, ob er ein Arschloch ist oder nicht."

491

DIRK STERMANN

Komiker

Mit „diesem Sommer" meint der Humorist die Einwanderungswelle 2015. Wobei jeder, der Europa keiner unkontrollierten Masseneinwanderung aus dem Orient und Afrika aussetzen will, ein Arschloch ist. In solchen Aussagen spiegelt sich die nur schlecht camouflierte autoritäre Grundhaltung der politisch korrekten Moralisten wider.

Autor Jürgen Pock: „Im Zeitalter der totalen Moral wird jede Angelegenheit, ob profan oder politisch, zu einer Entscheidungsfrage von Gut oder Böse."[492] Oder eben von Arschloch oder guter Mensch. Pock weiter: „Tugendhaftes Handeln kennt keinerlei Konsequenzen. Moral ist resistent gegen Fragen, zudem ist sie mittlerweile zur einzigen Ratgeberin im Rechtsstaat avanciert. Sobald man sich in der Diskussion an die Seite der Moral stellt, wird das überzeugende, rechtlich gestützte Argument überflüssig."[493]

JANUAR

8

2016

„Es wird jetzt aber von vielen der Eindruck vermittelt, als würde sexualisierte Gewalt alleinig von außen zu uns ins Land getragen. Dadurch wird vernebelt, dass diese Form von Gewalt in Deutschland leider ein altes Phänomen ist.“

494

CLAUDIA ROTH

Bundestagsvizepräsidentin (Die Grünen)

Vor allem linke, feministische Frauen versuchen, die Vorfälle in Köln zu relativieren und jeden kausalen Zusammenhang zwischen den sexuellen Übergriffen und der Multikulti-Politik zu leugnen. Unter anderem deshalb, weil sie diese Politik, die unter Merkel zu Staatsräson geworden ist, propagieren und mittragen. Die Argumentationslinie der Feministinnen, die von den Medien dankbar aufgegriffen wird: Sexuelle Gewalt habe es in Deutschland schon immer gegeben, was in Köln den Frauen widerfahren ist, sei weder neu noch beunruhigend.

Dass es sexuelle Gewalt in Deutschland auch vor 2015 gegeben hat, ist eine Nullaussage, weil ihr ohnehin jeder zustimmt. Mit dieser Allerweltsfeststellung versucht man lediglich, von der Tatsache abzulenken, dass die Frauen in Köln und anderen Städten sehr wohl mit einer zumindest in der jüngeren Geschichte Deutschlands neuen Art der Gewalt konfiniert worden sind.

In der arabischen Welt sind Massenvergewaltigungen ein bekanntes Phänomen. Man nennt sie „Taharrusch dschama'i“[495]. Durch die Masseneinwanderung aus diesen Gebieten wird dieses bisher in Europa weitgehend unbekannte Phänomen importiert.

Dass der Import von Hunderttausenden Männern aus vormodernen Gesellschaften mit patriarchalen Strukturen zu Verwerfungen, (sexueller) Gewalt und Konflikten im weitgehend feminisierten und pazifistischen Gastland führen muss, ist neosozialistischen Politikern wie Claudia Roth nicht nur nicht bewusst, sie nehmen diese Verwerfungen und negativen Folgeerscheinungen aufgrund ihres mystisch-prälogischen Weltbildes nicht wahr (vgl. S. 483).

Für sie stellen Radikalfeminismus und Multikulti, beides Kinder des Neosozialismus, keinen Widerspruch dar, obwohl beide Lehren – Frauenrechte vs. Islam – offenkundig inkompatibel sind. Trotz der Geschehnisse in Köln halten Feministinnen am starren Multikulti-Narrativ fest: Ihr einziges Feindbild bleibt der weiße (heterosexuelle) Mann.[496] So wie die Frauen selbst, zählen auch die Nafris, sprich: die „edlen Wilden", zu seinen Opfern. In der neosozialistischen Hierarchie der Opfer rangiert der unterdrückte, ausgebeutete, marginalisierte Dritte-Welt-Orientale noch vor der deutschen Frau. Diese Reihung gehört zu den Dogmen dieser Ideologie, die auch für Feministinnen verbindlich und nicht hinterfragbar sind. Es geht um das Kollektiv und die sozialistische Utopie im multikulturellen Gewand. Feminismus bzw. Feministinnen, Massenzuwanderung bzw. Migranten sind nur Mittel zum Zweck, nur politische Verschubmasse.

Der große Freiheitsdenker Roland Baader: „Multikulturalisten reden zwar von Verschiedenartigkeit und Vielfalt, lehnen aber in Wirklichkeit jede Meinung ab, die von ihrer eigenen Sicht abweicht. Auch bei ihnen schwingt die Melodie des Marxismus mit. Wo Marx von den sozioökonomischen Klassen gesprochen hat, reden die Multikulturalisten von Geschlecht, Rasse, ethnischer Herkunft, Religion, Alter, Reichen und Armen, Kleidungsstil und sonstigen Merkmalen, mit denen sie die Menschen untereinander in Gegensatz und Feindschaft bringen können. Ungleichheiten hinsichtlich Reichtum, gesellschaftlicher Stellung und Macht sehen sie immer und überall als das Ergebnis von Ausbeutung unschuldiger Menschen durch schuldige Gruppen, niemals als Konsequenz von Unterschieden in Fähigkeiten, Anstrengungen, biologischen Eigenschaften, Temperament, Vorlieben, Glück oder Zufall. Wenn Männer in besseren Positionen sitzen, dann kann das – so die Sicht des Multikulturalisten – nur daran liegen, dass sie die nachgiebigeren Frauen übertölpelt haben. Wenn Weiße wohlhabender sind als Schwarze, dann kann das nur daran liegen, dass sie die Farbigen unterdrückt und bestohlen haben."[497]

Ein weiterer wichtiger Aspekt, der bei der medialen und politischen Aufarbeitung der Geschehnisse von Köln nicht aufgegriffen wird, sind die offenkundigen Parallelen zu den Massenvergewaltigungen, wie sie in Kriegen und bewaffneten Konflikten üblich sind. Man denke an die Massenvergewaltigungen deutscher und österreichischer Frauen durch russische Soldaten gegen Ende des Zweiten Weltkrieges.

Solche Massenvergewaltigungen oder Belästigungen sind eine Form des Beutemachens und der (symbolischen) Landnahme, solche Angriffe richten sich sowohl gegen die Integrität der einheimischen Frauen als auch ihrer Männer, die sie nicht schützen können oder – wie in Köln aus Furcht vor staatlichen Repressalien – wollen. In Kriegen oder anderen gewalttätigen Auseinandersetzungen sind Frauen keine Feinde, sondern in der Regel Beute. Die Frau ist Objekt. Die nordafrikanischen Männer können in Köln demonstrieren, wie mächtig sie und wie ohnmächtig ihre Gegner, die einheimischen Geschlechtsgenossen, sind.

JANUAR

8

2016

„Es gibt auch im Karneval oder auf dem Oktoberfest immer wieder sexualisierte Gewalt gegen Frauen.“ [498]

CLAUDIA ROTH

Bundestagsvizepräsidentin (Die Grünen)

Claudia Roth versucht, ihre Behauptungen, so etwas wie in Köln sei ein „altes deutsches Phänomen“, damit zu bekräftigen, dass es auch beim Münchener Oktoberfest, den Inbegriff eines deutschen Volksfestes, genauso zur Sache gehen würde. Es ist eine Lüge. Während in Köln in nur wenigen Stunden Hunderte Übergriffe stattfinden, wird beim Oktoberfest 2014 bei sechs Millionen Besuchern in zweieinhalb Wochen lediglich eine versuchte Vergewaltigung angezeigt.[499]

Trotzdem verbreiteten viele Großmedien und Feministen frei erfundene Zahlen vom Oktoberfest, um die Ereignisse von Köln relativieren zu können. Auch die Feministin Anne Wizorek beruft sich in mehreren Interviews auf diese Fake-Zahlen: „Andererseits meldet das Oktoberfest pro Jahr im Schnitt zehn Vergewaltigungen; die Dunkelziffer wird auf 200 geschätzt. Im Karneval werden Frauen K.o.-Tropfen verabreicht. Darüber finden keine Debatten statt.“[500] Der Zweck heiligt die Mittel.

Um die aus Afrika und dem Orient importierten Grapscher und Belästiger von Köln und damit all jene, die ihre Zuwanderung ermöglicht und befürwortet haben, zu entlasten, werden die deutschen Männer mit falschen Zahlen belastet. Der Feind der Feministinnen ist der weiße Mann und nicht der „unterdrückte edle Wilde“.

JANUAR
10
2016

„Als Mann weiß ich, jeder noch so gut erzogene und tolerante Mann ist ein potenzieller Vergewaltiger. Auch ich."

501

MICHAEL GWOSDZ

Hamburger Landesvorsitzender (Die Grünen)

Zum Fundament der Multikulti-Ideologie gehört eine starre unabänderliche Täter-Opfer-Konstellation, die Rollen, wer Unterdrücker und Unterdrückter, wer Ausbeuter und Ausgebeuteter ist, sind abgekoppelt von Realität und Empirie. Linke betrachten die Welt stets von der Utopie her, so wie sie aus ihrer Sicht sein soll. Einen Großteil ihrer Energie, ihres Intellekts und ihrer Kreativität wenden sie dafür auf, die Wirklichkeit so zu interpretieren, zu deuten und zu reframen, dass sie dieser utopischen Vorstellung, diesem Weltbild entspricht.

Deshalb müssen Ereignisse wie in Köln, die dieses ideologische Kartenhaus, dieses instabile Gedankengebäude voller Widersprüche zum Einsturz bringen können, entsprechend den Glaubenssätzen dieser Ideologie neu gedeutet werden.

Die als Multikulti-Eiferer bekannten Grünen gehen hier weiter als der durchschnittliche Merkel-Mitläufer. Der Chef der Hamburger Grünen versucht mit dieser Selbstbezichtigung, den ethnischen, kulturellen und religiösen Kontext auszublenden, indem er behauptet, er selbst hätte zum Frauenbelästiger mutieren können. Es hätte wirklich jeder Mann sein können, sogar der feministische und schmalbrüstige Michael Gwosdz. Wenn selbst ein grüner Gutmensch zum Triebtäter wird, dann trifft das wirklich auf alle Männer zu, so die selbsterniedrigende Botschaft.

Das zeigt einmal mehr, wie sehr die Multikulti-Utopie von religiösen Denkweisen und Motiven durchzogen ist, wie sehr sie zur zivilen Ersatzreligion für das verdrängte und verteufelte Christentum geworden ist. Der junge grüne Mann opfert sich, gesteht, ein (potentieller) Vergewaltiger zu sein, um seine nordafrikanischen Schäfchen von ihrer Schuld reinzuwaschen. Er lässt sich sozusagen ans Kreuz nageln, nimmt alle Schuld auf sich.

JANUAR

10

2016

„Womöglich sind aber auch Frauen dabei, die gar nicht Opfer geworden sind, sondern aus politischer Überzeugung der Meinung waren, dass die Täter mit Migrationshintergrund oder die Flüchtlinge, die das Chaos auf der Domplatte für sexuelle Übergriffe ausgenutzt haben, abgeschoben gehören. Das hoffen sie womöglich mit einer Anzeige zu beschleunigen.“

502

DAGMAR DEHMER UND ANDREA DERNBACH

Journalistinnen (Der Tagesspiegel)

Nach den massenhaften sexuellen Übergriffen versuchen vor allem Frauen aus dem linksgrünen feministischen Milieu, die Geschehnisse zu verharmlosen und zu relativieren. Besonders dreist gehen dabei diese beiden Journalistinnen vor, die betroffenen Frauen Rassismus und ungesetzliches Handeln (das Vortäuschen einer Straftat) unterstellen.

Sie hätten aus purem Hass und politischer Überzeugung Flüchtlinge falsch beschuldigt. Diese Vorwürfe sind den Köpfen dieser beiden Journalistinnen entsprungen und entbehren jeglicher Grundlage. Sie machen damit die belästigten und vergewaltigten Frauen zum zweiten Mal zum Opfer, indem sie ihnen aufgrund ihrer eigenen Vorurteile Rassismus und Ausländerhass unterstellen.

Diese Aussage gehört zu den mit Abstand widerlichsten Versuchen, die Taten von Köln zu verharmlosen und sich selbst aus der Verantwortung zu stehlen. Diese beiden Journalistinnen zeigen, wie weit Menschen gehen, um ihr Weltbild gegen die Realität zu immunisieren, ein Weltbild, das sie nicht infrage stellen wollen und können, schließlich ist es das, was sie ausmacht, worüber sie sich und ihre Stellung in der Gesellschaft definieren. Es muss schon deutlich mehr passieren als die Ereignisse von Köln, damit solche Menschen ihre Ideale, Ideen, Utopien, Werte und Vorbilder infrage stellen.

Die beiden Damen geben ihr Bestes, um die massenhafte sexuelle Gewalt in Köln in ein möglichst mildes Licht zu rücken. Das machen sie in erster Linie für sich und ihre kleinen Egos.

JANUAR

10

2016

„Dass sie die Urangst des älteren weißen Mannes – die nehmen uns unsere Frauen weg – auf der Domplatte in der Silvesternacht ausagiert haben, war die größtmögliche Provokation einer Gesellschaft, die sie nicht aufnehmen will."

503

DAGMAR DEHMER UND ANDREA DERNBACH

Journalistinnen (Der Tagesspiegel)

Da der „edle Wilde" gemäß multikultureller Ideologie niemals Täter und der oder die Autochthone niemals Opfer sein darf, muss diese Täter-Opfer-Konstellation nach Vorfällen wie in Köln umgedreht werden. Die beiden Damen lösen das wie folgt: Die Nordafrikaner haben in der Kölner Silvesternacht auf den Rassismus der Deutschen reagiert, auf die Weigerung, der Gesellschaft, sie zu integrieren, sie auf- und anzunehmen.

Dass vor allem Frauen aus dem linksfeministischen Milieu (vgl. S. 382, 385-388) die in der Silvesternacht nicht nur in Köln stattgefundenen Massenbelästigung verharmlosen und uminterpretieren, erscheint auf den ersten Blick unlogisch. Autor Martin Lichtmesz beschreibt und analysiert die Motive und die Hintergründe für dieses scheinbar widersprüchliche Verhalten in dem Buch „Die Hierarchie der Opfer" eingehend. Vorgänge wie in Köln oder die nachfolgenden islamistischen Terrorattacken haben nicht dazu geführt, „daß das politisch korrekte Narrativ grundsätzlich in Frage gestellt wurde".

JANUAR

10

2016

„Man stelle sich vor, diese (deutschen Männer, A.d.V.) wären innerhalb eines Jahres in ein anderes Land oder einen anderen Kulturkreis entlassen worden (...) darunter Rechts- und Linksradikale, Autonome und Skinheads, Rocker und Punks (...) Das Ergebnis würde vermutlich die Ereignisse der Silvesternacht von Köln in den Schatten stellen."

504

STEFAN AUST

Herausgeber (Die Welt)

Ein weiterer der unzähligen Versuche, die Ereignisse von Köln als etwas Normales darzustellen, als etwas, das genauso deutsche Männer hätten tun können. Hätte man sie nach Islamabad oder Kairo geschickt, alles wäre noch viel schlimmer als in Köln gewesen, fabuliert Herr Aust.

Kurzer Realitätscheck: Man stelle sich vor, ca. 1.000 deutsche Punks hätten in Kabul muslimische Frauen begrapscht und vergewaltigt... Kaum einer hätte wohl länger als ein paar Minuten überlebt.

JANUAR

14

2016

„Nach bisherigem Ermittlungsstand liegen keine Hinweise darauf vor, dass der Anschlag gezielt gegen Deutsche gerichtet war."

505

THOMAS DE MAIZIÈRE

Bundesinnenminister (CDU)

Am 13. Januar sprengt sich eine Selbstmordattentäterin mitten in einer deutschen Touristengruppe am Sultan-Ahmed-Platz in Istanbul in die Luft. Zwölf Menschen sterben, elf davon sind deutsche Staatsbürger. De Maizière reist in die Türkei und gibt dieses Statement ab, das zuvor mit seinem türkischen Amtskollegen Wort für Wort abgestimmt worden ist.[506]

Zum damaligen Zeitpunkt arbeitet Merkel intensiv an einem Abkommen mit Präsident Recep Tayyip Erdoğan, damit die Türkei die Migranten und Flüchtlinge von der Weiterreise nach Europa abhält. Damit der Deal zustande kommt, ist Merkel zu großen Zugeständnissen an die Türkei bereit und will jede Verunstimmung Erdoğans vermeiden.

JANUAR

14

2016

„Arabischer, französischer, katalanischer oder sächsischer Tribalismus sind blutige, laute oder schräge Phänomene unserer Zeit – sie werden den Gang der Weltgeschichte nicht aufhalten. Gewinnen werden am Ende jene, die an die unsichtbare Hand des Marktes glauben und nicht an andere unsichtbare Mächte wie Gott, Glorie und Heimat."

507

RICHARD DAVID PRECHT

Philosoph

Linke Binsenweisheiten vom Fernsehphilosophen: Der Kapitalismus als Ursache für alle negativen Entwicklungen. Die Neoliberalen als die wahren Feinde der Freiheit. Die jahrhundertelange Geschichte des islamischen Imperialismus, hier offensichtlich als „arabischer Tribalismus" verharmlost, wird bei solchen vulgärmarxistischen Betrachtungen völlig ausgeblendet.

Was wir heute im Zusammenhang mit der Masseneinwanderung aus dem islamischen Raum nach Europa erleben, sind Vorgänge und Prozesse, wie wir sie seit dem Wirken Mohammeds kennen, also seit vielen Jahrhunderten. Die Islamisierung eines Landes oder einer Region läuft nach den immer gleichen Mustern ab. Dass Marxisten nicht über ihren ideologischen Tellerrand sehen können oder wollen, gehört zu den wichtigsten Ursachen, warum Europa dieser Entwicklung so wehr-, arg- und hilflos gegenübersteht.

JANUAR

14

2016

„Wem gegenüber müssen wir das größere schlechte Gewissen haben: gegenüber dem Flüchtling, den wir nicht aufnehmen, oder gegenüber Deutschlands Zukunft? Das Land zerfällt in die Ängste der Bürokraten (…) und die Angst, die jeden guten Christenmenschen plagen sollte, seinem Nächsten, der auch der Fernste sein kann, nicht alles zu geben, was er zum Leben braucht."

508

RICHARD DAVID PRECHT

Philosoph

Linke Intellektuelle erklären Christen gerne, wie sie ihren Glauben leben sollen, wie die Heilige Schrift korrekt auszulegen ist, was ein Christ zu tun, zu denken und zu fühlen hat. Das ist nicht weiter schlimm, das Erstaunliche daran ist, dass viele Christen, vor allem jene in hohen Positionen, diese „gut gemeinten" Ratschläge linker Kirchenfeinde tatsächlich ernst nehmen, was nicht für deren Glaubensfestigkeit spricht.

Das hat die Kirche, ob katholisch oder reformatorisch, dorthin geführt, wo sie heute steht. Sie ist beliebig, zeitgeistig und damit nicht mehr relevant, sie marginalisiert sich selbst und kann ausgerechnet in Umbruchszeiten wie diesen jungen Menschen keine Orientierung und keinen Halt mehr geben, weil sie für nichts steht, nicht mehr in der Lage ist, Halt und Hoffnung zu geben. Die Predigten in der Kirche unterschieden sich kaum noch von grünen Parteitagsreden.

JANUAR

14

2016

„Menschenströme lassen sich nicht aufhalten. Das ist noch nie jemandem gelungen!“

509

RICHARD DAVID PRECHT

Philosoph

Eines der beliebtesten Argumente der Open-Border-Propagandisten: Menschenströme könne man nicht aufhalten, Grenzzäune seien sinnlos, Migration sei quasi ein Naturphänomen, wie ein Erdbeben oder ein Vulkanausbruch.

Dass dem nicht so ist, beweisen nicht nur die Australier mit ihrer „No Way“-Politik (vgl. S. 272, 542). Sie stoppen damit die illegale Einwanderung fast völlig.[510] Auch in Ländern wie Japan gibt es praktisch keine illegale Migration. Die Behauptung, man könne Migrantenströme nicht aufhalten oder umleiten, verbreiten jene, die Migrantenströme, aus welchen Gründen auch immer, nicht eindämmen oder stoppen wollen.

JANUAR

15

2016

„Und es ist schon ein Unterschied, ob wir noch drei Monate oder nur noch drei Tage haben, um ein historisches Projekt auf die Beine zu stellen.“

511

ANGELA MERKEL

Bundeskanzlerin (CDU)

In einem nicht öffentlichen Gespräch mit Managern und Unternehmern stellt Merkel klar, die Grenzen auch weiterhin nicht schließen zu wollen. Sie strebt nach einer „internationalen Lösung“. Allerdings wird ihr bewusst, dass nach dem Terror in Paris und der Kölner Silvesternacht die Stimmung in der Bevölkerung zu kippen droht und die Zeit knapp wird.

JANUAR

18

2016

„Einfach mal die Klappe halten“

512

JULIA KLÖCKNER

Stellvertretenden Bundesvorsitzende (CDU)

Das empfiehlt Klöckner ihren Parteikollegen. Die 44 Bundestagsabgeordneten der CDU fordern ihre Chefin Angela Merkel auf, endlich die Grenzen zu schließen. Dafür werden sie von Julia Klöckner, die gerade als CDU-Spitzenkandidatin in Rheinland-Pfalz wahlkämpft, scharf angegriffen. Nur wenige Wochen später geht Klöckner selbst auf Distanz zu Merkel.

JANUAR

20

2016

„Wiener SPÖ hält Obergrenzen für Flüchtlinge nicht nur für falsch, sondern auch für rechtswidrig."

513

RENATE BRAUNER

Wiener Stadträtin (SPÖ/A)

Der linke Flügel der SPÖ hält an seiner politischen Linie in der Migrationspolitik fest, obwohl sich in Österreich die Stimmung in der Bevölkerung längst gedreht hat. Diese Haltung wird sich bei den kommenden Nationalratswahlen rächen.

Brauner ist als Finanzstadträtin für den gewaltigen Schuldenberg, den Wien aufgetürmt hat, unter anderem deshalb, weil die Stadt besonders großzügig und ohne genaue Überprüfungen die Mindestsicherung an Sozialmigranten auszahlt[514], mitverantwortlich. Sie verabschiedet sich 2018 aus der Stadtregierung und bekommt einen hoch dotierten Job als „Bevollmächtige der Stadt Wien für Daseinsvorsorge und Kommunalwirtschaft".[515]

JANUAR

22

2016

„Die Tatsache, dass die Täter höchst wahrscheinlich alkoholisiert waren, obwohl doch Alkohol im Islam verboten ist, wird hier kaum reflektiert. Die Religion scheint bei den Taten keine Rolle gespielt zu haben. Dies wird von den Medien gerne ausgeblendet."

516

ALEXANDER VAN DER BELLEN

Bundespräsidentschaftskandidat (A)

„Scharfsinnige" Überlegungen und Mutmaßungen des künftigen österreichischen Bundespräsidenten zu den Vorfällen in Köln. Jede noch so hanebüchene Ausrede, jeder noch so obskure Relativierungsversuch wird medial transportiert und öffentlich ausgeschlachtet, um das Offensichtliche, um die kulturell-religiösen Zusammenhänge und Ursachen zu leugnen.

JANUAR

26

2016

„Ich bin schockiert darüber, wie leichtfertig im Moment mit der EU umgegangen wird. Der Wohlstand, den wir uns mit der EU aufgebaut haben, wird nun dem Populismus geopfert von all denjenigen, die mit Obergrenzen hantieren und keine Ahnung haben, wie das ausgeht.“

517

AYDAN ÖZOGUZ

Integrationsbeauftragte der Bundesregierung (SPD)

Die Integrationsbeauftragte der Regierung, zwei ihrer Brüder sind bekannte und bekennende Islamisten[518], sorgt sich, dass diejenigen, die für eine Begrenzung der Zuwanderung plädieren, den Wohlstand Europas verspielen würden.

Wohlstand wird durch Unternehmertum, Fortschritt, Innovation, Leistung geschaffen, nicht durch Eurokraten, Integrationsbeauftrage und Politiker. Diese Leute leben nur vom Wohlstand, den andere schaffen.

JANUAR

26

2016

„Was in Köln und anderen Städten geschah, ist kein Ausleben einer Religion. Wenn das alle fromme Muslime gewesen wären, wäre das nicht passiert. Dann hätten sie weder Alkohol getrunken noch Frauen angegrapscht. Ich weiß, dass einfache Antworten verführerisch sind.“

519

AYDAN ÖZOGUZ

Integrationsbeauftragte der Bundesregierung (SPD)

Einfache Antworten sind tatsächlich verführerisch. Um auf dem geistigen und argumentativen Niveau von Frau Özoguz zu bleiben: Hätten die Kreuzritter vorehelichen Geschlechtsverkehr gehabt, gestohlen oder ihre Frauen betrogen, dann hätten sie nichts mit dem Christentum zu tun gehabt?

Oder andersrum: Um solche Vorfälle künftig zu vermeiden, soll es auch in Deutschland nach den Vorbildern Irans oder des Islamischen Staates eine Religionspolizei geben, die darauf achtet, dass sich die Muslime auch wirklich an all ihre religiösen Vorschriften und Gesetze halten. Das hätte einen weiteren Vorteil: Solche Feiern wie zu Silvester in Köln dürfen dann ohnehin nicht mehr stattfinden. Problem gelöst.

JANUAR

26

2016

„Nicht jeder Muslim ist automatisch streng gläubig."

520

AYDAN ÖZOGUZ

Integrationsbeauftragte der Bundesregierung (SPD)

Sagt Frau Özoguz im selben Interview, kurz nach der oben zitierten Antwort. Einen Widerspruch zwischen diesen beiden Aussagen kann sie wohl nicht erkennen.

JANUAR

26

2016

„Wenn wir nicht bereit sind, zu teilen und ein Stück von unserem Wohlstand zurückzugeben, werden wir das Problem nicht lösen können."

521

HANS SEIDL

Bürgermeister von Maisach (CSU)

Der Kommunalpolitiker erklärt Schülern die Flüchtlingskrise. Auch hier die unausrottbare linke Binsenweisheit, dass man nur reich sein kann, wenn man andere ausbeutet, anders ist „zurückzugeben" nicht zu verstehen.

Das „Wir" bei solchen Apellen und Belehrungen meint immer die schrumpfende Minderheit der Nettosteuerzahler, also jene Menschen, die noch einer qualifizierten Beschäftigung außerhalb des staatlichen und staatsnahen Bereichs nachgehen.

JANUAR

27

2016

„Mein Vertrauen in die Klugheit und Weitsicht der Kanzlerin ist ungebrochen und über persönliche Unsicherheiten erhaben." 522

PETER PATZELT

Bundestagsabgeordneter (CDU)

Das klingt, als ob Merkel eine unfähige Monarchin und Patzelt einer ihrer Statthalter ist, der das aufbegehrende Volk besänftigen muss. So weit entfernt von der Realität ist dieses Bild nicht. Patzelt versucht mit diesen pathetischen Worten, seine zweifelnden Parteikollegen im Bundestag wieder auf Linie zu bringen.

JANUAR

28

2016

„Ja, die Herausforderung, mehr als eine Million Flüchtlinge in Deutschland aufzunehmen, ist riesig. Ja, nicht alles läuft dabei perfekt; (...) Man kann aber nun wirklich nicht sagen, dass dieses Land handlungsunfähig sei, dass wir die Kontrolle über das Land verloren hätten und dass jeden Tag aufs Neue das Chaos ausbreche. Wenn man die Zeitungen, die Medien und die Briefe, die man erhält, liest, muss man den Eindruck haben, dass wir in einem Land leben, das überall funktionsunfähig geworden ist. Das Gegenteil ist der Fall: Wir sind eines der am besten aufgestellten Länder Europas."

523

SIGMAR GABRIEL

Vizekanzler und Parteichef (SPD)

Regierungserklärung von Gabriel am vorläufigen Höhepunkt der Flüchtlingskrise, als es mit Hilfe der machtloyalen Medien und der Behörden noch gelingt, die Kollateralschäden dieser Politik in der Öffentlichkeit herunterzuspielen.

Die negativen Entwicklungen der Masseneinwanderung, von der Kriminalität bis zu den steigenden Staatsausgaben, von der Islamisierung bis zum Verfall des Bildungsniveaus, nehmen damals erst ihren Anfang. Sie lassen sich medial noch als temporäre Problemchen verkaufen, die mit ein paar Drehungen an den politischen Stellschrauben zu lösen sind.

Von „bestens aufgestellt" kann keine Rede sein. Es ist dies eine weitere Falschdarstellung der Situation, um die Lage und die Stimmung zu beruhigen.

JANUAR

28

2016

„Noch einmal: Nicht alles ist perfekt. Manches machen wir auch falsch. Das liegt übrigens daran, dass wir Menschen sind und dass wir nicht vorhersehen konnten, vor welche Herausforderungen man gestellt wird, wenn eine Million Zuwanderer im Jahr zu uns kommen."

524

SIGMAR GABRIEL

Vizekanzler und Parteichef (SPD)

Was jetzt: Flüchtlinge oder Zuwanderer? Und ja, man hat voraussehen können, welche Herausforderungen der Import Hunderttausender Menschen aus vormodernen Kulturen für ein Land wie Deutschland bedeutet.

Jene, die vor den Folgen öffentlich warnen, werden von Politikern wie Gabriel als Schwarzmaler, Rechte, Hetzer, Rassisten, Islamophobe etc. diffamiert und marginalisiert. Man will die Warnungen nicht hören, schließlich wähnen sich die Linken im alleinigen Besitz der Wahrheit. Insofern ist es bereits ein großer Schritt für einen SPD-Politiker zuzugeben, dass unter seiner Verantwortung nicht „alles perfekt" ist.

JANUAR

30

2016

„Anständige Deutsche wählen niemals rechtsextreme AfD-Bande, die politisch verantwortlich für rechte Gewalt ist! Auch Nichtwählen hilft AfD!"

525

RALF STEGNER

Stellvertretender Parteivorsitzender (SPD)

Eine der vielen hetzerischen Tweets des SPD-Pöblers Stegner. Je offener die negativen Folgen der Masseneinwanderung zutage treten und je mehr die dafür Verantwortlichen kritisiert werden, desto aggressiver und enthemmter werden die Attacken gegen die sogenannten Rechtspopulisten.

Man versucht, vom eigenen Versagen abzulenken und mit der Abwertung des politischen Gegners massiven Druck auf deren potentielle Wähler auszuüben. Wer nicht die Parteien der Willkommenskultur wählt, ist „unanständig", „rassistisch", „rechtsextrem". Der „anständige Deutsche" wählt „anständige" Parteien! Das sagen „anständige" Politiker wie Stegner.

Auch im Nationalsozialismus wurden mit dem Verweis auf Anstand und Anständigkeit („Alle anständigen Volksgenossen sind Nationalsozialisten"[526]) gewünschte Geisteshaltungen und Verhaltensweisen eingefordert.

JANUAR

30

2016

„Es sind diffuse Ängste, die entsolidarisieren. (...) Beispiele sind die Angst vor dem eigenen sozialen Abstieg oder auch die Angst bei jungen Leuten, dass die jungen Asylwerber etwa in der Ausbildung weit engagierter sind als sie und sie unter Druck setzen."

527

PAUL ZULEHNER

Theologe und Religionssoziologe (A)

So wie auch die Linke fühlen sich Herz-Jesu-Marxisten wie Zulehner dem kleinen Mann – warum auch immer – moralisch und intellektuell überlegen. Zulehner hat von seinem moralischen Podest aus den Überblick, der dem kleinen Mann offenbar fehlt, weshalb er von „diffusen" Ängsten gequält wird. Er ist sogar zu dumm, um zu wissen, wovor er sich fürchtet.

Dieses Gefühl der Überlegenheit beruht zumeist auf religiös-ideologischer oder moralischer Selbsterhöhung, geistiger Abgehobenheit und der daraus resultierenden Weltfremdheit. Den Erklärungsversuch, dass heimische Jugendliche vor Flüchtlingen aufgrund von mehr Motivation während der Ausbildung Angst hätten, kann nur anbieten, wer die Faktenlage völlig ignoriert und in einer Scheinwelt lebt. Die unkontrollierte Massenzuwanderung aus der Dritten Welt hat den Leistungsdruck in Schulen und Ausbildungsstätten nicht erhöht, sondern das Leistungsniveau nach unten gezogen. Franz Schellhorn im Nachrichtenmagazin Profil: „Es wachsen ganze Schülergenerationen heran, die kaum Aussicht auf ein selbstbestimmtes Leben haben. (...) Ohne Lesen, Schreiben und Rechnen wird es in der digitalisierten Welt genauso wenig gehen wie in der analogen. Am härtesten trifft es natürlich Kinder aus bildungsfernen Schichten." [528] „Junge Flüchtlinge brechen häufig vorzeitig ihre Ausbildung ab"[529], titelt die Süddeutsche Zeitung.

JANUAR

30

2016

„Das beste Gegengewicht gegen die (diffuse) Angst ist Aufbau von Vertrauen: (…) Es braucht zudem eine Rundumbildung der Bevölkerung."

530

PAUL ZULEHNER

Theologe und Religionssoziologe (A)

Mit etwas Bildung, sprich: Indoktrination, kann man den Proleten die „diffusen Ängste" austreiben, und die vielen Vorteile der Massenzuwanderung aus dem islamischen Raum, die sich vielleicht in einer fern liegenden Zukunft einstellen werden, näherbringen. Dabei sind es Multikulti-Utopisten wie Zulehner, die gerne unliebsame Entwicklungen, Ereignisse und Fakten ignorieren und relativieren.

Eine umfassende und von ideologischen Verzerrungen befreite Bildung, etwa über den Islam und seine blutige, imperialistische Geschichte, würde den Menschen die „diffusen" Ängste nicht nehmen, sondern sie bestätigen und verstärken.

FEBRUAR
1
2016

„Die Einschränkung des Familiennachzugs für Bürgerkriegsflüchtlinge sehe ich kritisch – wir wollen die Leute doch integrieren."

531

WINFRIED KRETSCHMANN

Ministerpräsident von Baden-Württemberg (Die Grünen)

Um diejenigen besser integrieren zu können, die schon im Land sind, argumentieren viele linke Politiker, müsse man auch deren Großfamilien nachholen. Diese Zuwanderer scheinen in der Flüchtlingsstatistik allerdings nicht mehr auf. Allein im Jahr 2017 kommenn rund 120.000 Menschen via Familiennachzug nach Deutschland.[532]

Linke Politiker sind kreativ, wenn es darum geht, immer neue Gründe zu erfinden, noch mehr Menschen aus der Dritten Welt nach Deutschland zu importieren. So wird auch argumentiert, dass Flüchtlingskriminalität am besten mit Familiennachzug bekämpft werden könne.

FEBRUAR
1
2016

„Deshalb bete ich jeden Tag dafür, dass die Bundeskanzlerin gesund bleibt." [533]

WINFRIED KRETSCHMANN

Ministerpräsident von Baden-Württemberg (Die Grünen)

Ihre größten und treuesten Fans hat Refugee-Kanzlerin Merkel nicht in der Union, sondern bei den Grünen, was unterstreicht, wie weit Merkel und mit ihr das gesamte politische Koordinatensystem des Landes nach links abgedriftet sind, und weshalb bürgerliche Werte und Einstellungen mittlerweile als rechts bis rechtsextrem gebrandmarkt werden.

FEBRUAR

13

2016

„Die Unterstellung, die Aufnahme vieler Flüchtlinge im September vergangenen Jahres sei rechtswidrig gewesen, ist falsch."

534

HEIKO MAAS

Bundesjustizminister (SPD)

Dieser Meinung widersprechen zahlreiche Experten und Juristen. Etwa der frühere Präsident des Verfassungsgerichtshofs für Nordrhein-Westfalen, Michael Bertrams: „Merkels Alleingang war deshalb ein Akt der Selbstermächtigung."[535] Auch für Staatsrechtler Ulrich Battis ist die Politik der offenen Grenzen rechtswidrig: „Diese Regelung ist der Kern des Dublin-Vertrags. Dieses System funktioniert nicht mehr. Damit ist die Bundesrepublik verpflichtet, sich vor ungeregelter Einwanderung zu schützen."[536]

Und der bekannte Verfassungsrechtler Udo Di Fabio stellt in seinem Gutachten fest: „Der Bund ist aus verfassungsrechtlichen Gründen (...) verpflichtet, wirksame Kontrollen der Bundesgrenzen wieder aufzunehmen, wenn das gemeinsame europäische Grenzsicherungs- und Einwanderungssystem vorübergehend oder dauerhaft gestört ist."[537] Sprich: Die Regierung bricht mit ihrer Weigerung, die Landesgrenzen umfassend zu kontrollieren, Verfassungsrecht.

FEBRUAR
17
2016

„Im gegenwärtigen Meinungsstreit scheint die Kanzlerin die Letzte zu sein, die noch das große Bild sieht und die gleichzeitig rational genug ist, die notwendigen Entscheidungsschritte im Kopf zu haben."

538

JOSCHKA FISCHER

Ehemaliger Bundesaußenminister (Die Grünen)

Mehr oder weniger das gesamte linke politische Spektrum des Landes, inklusive aktuelle und ehemalige Linksextremisten wie Ex-Außenminister Fischer, unterstützen Merkels Flüchtlingspolitik, was sie wohl am besten charakterisiert und politisch einordnet.

Kaum vorstellbar, dass Abgeordnete von Angela Merkels und Viktor Orbáns Parteien auf europäischer Ebene in derselben Fraktion, der EVP, sitzen.

FEBRUAR

18

2016

„Ein Szenario wäre, Englisch als gemeinsame Schulsprache zu wählen. Weder deutsche Kinder noch Flüchtlingskinder sind im Englischen zu Hause, sodass beide Gruppen auf Augenhöhe beginnen. (…) Hierzulande sollte hinzukommen, dass die Flüchtlingskinder aus dem Nahen Osten Deutsch und die deutschen Kinder Arabisch lernen."

539

THOMAS STROTHOTTE

Präsident der Kühne Logistics University in Hamburg

Strothotte zeigt mit diesem Vorschlag, in welche Richtung die Integration in Deutschland gehen soll. Integration ist eine Frage der Mehrheiten und der Durchsetzungsfähigkeit der jeweiligen Gruppen. Hier haben die muslimischen Neubürger mittel- und langfristig eindeutig die besseren Karten. Zwar stößt Strothottes Vorschlag damals auf Kritik, er ist seiner Zeit voraus. Die regierenden Multikulti-Apologeten verkaufen den Bürgen den Umbau Deutschlands schrittweise nach der bewährten Salamitaktik, um sie nicht zu überfordern, sie langsam an die neue Situation zu gewöhnen.

Dass sich die autochthone Bevölkerung den Lebensgewohnheiten, Vorschriften und Traditionen der muslimischen Zuwanderer anpassen muss, ist aber in vielen Bereichen bereits jetzt unübersehbar. So wird in vielen öffentlichen Kantinen kein Schweinefleisch mehr angeboten[540], die Schulen berücksichtigen bei ihren Aktivitäten den Ramadan, in den meisten öffentlichen Bädern ist das früher praktizierte Oben-ohne-Baden völlig verschwunden, trotz offizieller Kunst- und Pressefreiheit ist der Islam – im Gegensatz zur katholischen Kirche – so gut wie nie Gegenstand von Provokationen, Satire und Schmähungen, da so etwas leicht mit dem Tod des Künstlers enden kann (vgl. S. 35, 39).

FEBRUAR

23

2016

„Man muss sie entlarven, als das, was sie sind: Als Rassisten und Hetzer, die auf dem Rücken der Flüchtlinge Politik machen wollen.“

541

HEIKO MAAS

Bundesjustizminister (SPD)

Maas hetzt vor Schülern eines Gymnasiums gegen die AfD. Unter dem Vorwand gegen Hass und Hetze zu kämpfen, hetzt Maas gegen alle nichtlinken Dissidenten. Unter dem Vorwand, Meinungs- und Pressefreiheit zu schützen, schränkt Maas die Meinungs- und Pressefreiheit immer weiter ein, er kämpft für die Demokratie, indem er die Grundrechte weiter einschränkt. Und das zumeist unter lautem Applaus der linken Presse und Kulturschaffenden. Schließlich stehen Maas und sie auf derselben Seite.

FEBRUAR
24
2016

„Wenn es sein muss, mit Notstandsgesetzen gegenüber einem enthemmten und entfesselten Mob. Man muss Kundgebungen vor Asyleinrichtungen und Asylbewerbern verbieten. Telefone von Pegida-Demonstranten und anderen rechtsradikalen Vereinigungen müssen abgehört werden."

[542]

MELY KIYAK

Journalistin (Die Zeit)

Weil die Vertreter der Multikulti-Ideologie zunehmend in Erklärungsnot und in die Defensive geraten, weil die Kritik an ihnen immer lauter wird, fährt die kurdischstämmige Journalistin, die Thilo Sarrazin als „lispelnde, stotternde, zuckende Menschenkarikatur"[543] bezeichnet hat, schwere Geschütze auf.

Sie fordert in der Wochenzeitung Die Zeit Notstandsgesetze. Wer auf eine Pegida-Demo geht, soll abgehört werden. Der nächste Schritt wäre wohl Umerziehungs- oder Arbeitslager für Dissidenten. Diese fordert sie nicht, weil solche Maßnahmen zu früh kommen und selbst im linksgrünen Milieu für etwas Unruhe sorgen würden. Noch.

FEBRUAR
24
2016

„Wir brauchen sofort Gesetze, die es jedem Flüchtling in Deutschland ermöglichen, sich frei zu bewegen. Sie sollen mit einem Kontingent an Fahrkarten, Taxigutscheinen, SIM-Karten und Internetguthaben ausgestattet werden. Sie sollen nicht das Gefühl haben, dass sie gefangen sind, und sie sollen nicht das Gefühl bekommen, dass man sie unbestraft jagen kann. Das alles kostet nicht viel Geld (...).“

544

MELY KIYAK
Journalistin (Die Zeit)

Deutschland als Schlaraffenland für Armutsmigranten aus aller Welt. Wenn Tugend und Moral über dem Recht stehen, sind Demokratie und Rechtsstaat verloren. Dann entscheidet nicht mehr das Wir in demokratischen Entscheiden was es will, sondern Menschen wie Frau Kiyak, was „wir“ müssen.

FEBRUAR

24

2016

„Warum können wir in Deutschland nicht ein einziges Mal Ausländer beherbergen und uns wie Menschen benehmen?"

545

MELY KIYAK

Journalistin (Die Zeit)

Deutschland nimmt von allen EU-Staaten die meisten Migranten aus der Dritten Welt auf, belastet seine steuerzahlenden Bürger wie kein anderer Staat, versorgt die Zuwanderer großzügig, auch jene, die laut Gesetz das Land verlassen müssen, und die Bürger akzeptieren diese Veränderungen und Belastungen, denen sie in keinem demokratischen Abstimmungsprozess jemals zugestimmt haben, weitgehend widerspruchslos.

Doch der Einwanderungs- und Islamlobby, der Asylindustrie und den radikalen Multikulturalisten ist selbst dieses unterwürfige und defätistische Verhalten noch nicht „menschlich" genug. Die Deutschen lassen sich aufgrund ihrer Vergangenheit und ihres Schuldkomplexes besonders leicht moralisch er- und auspressen. Das wird von Menschen wie Mely Kiyak zum eigenen und zum Vorteil der eigenen Gruppe skrupellos ausgenutzt.

„Ich bin von ihrer Konsequenz beeindruckt. Sie zeigt Haltung. Und das ehrt sie in meinen Augen. Wer ruft, Merkel muss weg, muss sich doch fragen, was dies bedeuten würde: Mauern hochziehen? Und dann bleiben die Flüchtlinge draußen? Das ist naiv gedacht. So funktioniert die Welt nicht mehr."

546

IRIS BERBEN

Schauspielerin

Iris Berben erklärt, wie die Welt funktioniert. Dass fällt ihr bei ihrer infantilen Sicht der Dinge auch nicht schwer. Für sie gibt es ein Schwarz oder ein Weiß, das Gute oder das Böse, Merkel oder Mauern. Zwischentöne kennt sie offenbar nicht.

Menschen, die ein so einfaches Weltbild haben, neigen dazu, zu glauben, dass andere Menschen ebenfalls in solch simplen Mustern und Kategorien denken. Dass es Tausende Möglichkeiten und Alternativen zwischen unkontrollierter Masseneinwanderung und totaler Abschottung gibt, scheint sie nicht begreifen zu können oder zu wollen.

FEBRUAR

27

2016

„Ich begreife die Ängste, die Unsicherheiten. Ich will das überhaupt nicht kleinreden. Es gibt viele Menschen, die mit ihren großen Problemen viel zu tun haben. Das rechtfertigt aber in keiner Weise, bei den Rechten mitzumarschieren."

547

IRIS BERBEN

Schauspielerin

Hier spiegelt sich die Überheblichkeit und Abgehobenheit der Gutmeinenden wider, die sich vorwiegend in geschützten Bereichen bewegen, fernab der Lebenswirklichkeit des „kleinen Mannes", dessen Ängste sie vorgeben zu verstehen, den sie aber wegen seiner ihm zugeschriebenen Spießigkeit und Engstirnigkeit hassen. Berben versucht, diese Verachtung mit etwas Paternalismus mehr schlecht als recht zu übertünchen.

Dass die vielen dummen, kleinen Deutschen mit ihren Sorgen und Prognosen recht haben könnten, werden Menschen wie Frau Berben erst akzeptieren, wenn sich die Realität selbst mit den akrobatischsten argumentativen Verrenkungen nicht mehr leugnen lässt.

FEBRUAR

27

2016

„Hermetisch abgeriegelte Grenzen, neue Mauern, Zäune und Stacheldraht sind keine Lösung für das europäische und weltweite Flüchtlingsproblem. Abschottung konzentriert und vergrößert die Probleme, anstatt sie zu lösen.“

548

MARKUS RINDERSPACHER

Vorsitzender der bayrischen Landtagsfraktion (SPD)

Dass Zäune und Grenzen böse sind, spricht sich im Februar 2016 bis zur bayrischen SPD durch.

MÄRZ

4

2016

„Solange die SPD regiert, wird es weder verfassungswidrige Obergrenzen noch eine Schließung der deutschen Grenzen geben." [549]

RALF STEGNER / THORSTEN SCHÄFER-GÜMBEL

Stellvertretende Vorsitzende (SPD)

Die beiden SPD-Spitzenpolitiker schreiben gemeinsam mit Norbert Römer einen Gastbeitrag im Tagesspiegel. Selbst im Frühjahr 2016 denken sie nicht daran, die deutschen Grenzen zu „schließen", sprich: zu kontrollieren.

Dabei argumentieren sie, wider besseres Wissen, dass alles andere ungesetzlich oder gar verfassungswidrig sei. Im Fall von Abschiebungen nimmt man es mit der Gesetzestreue nicht sehr genau, da werden die Gesetze äußerst großzügig ausgelegt bzw. komplett ignoriert, um niemanden, egal, ob Gefährder, Straftäter, Vergewaltiger oder Terrorist, außer Landes bringen zu müssen.

Außerdem bedeutet keine Obergrenze, dass pro Jahr auch vier, acht oder 20 Millionen Menschen nach Deutschland einwandern können. Doch solche ebenso simplen wie naheliegenden Fragen werden in den Kreisen, in denen sich Stegner bewegt, weder beantwortet noch gestellt. Wer die Moral an seiner Seite hat, steht über solchen profanen Dingen, für den haben Dummheit und Ignoranz keine Obergrenze.

MÄRZ

9

2016

„Alle fragen sich, wie konnte das damals passieren. Und im Moment können wir zuschauen, wie es gerade mal wieder passiert.“

550

ARMIN ROHDE

Schauspieler

Die Reaktionen kritischer Bürger auf die Einwanderungswelle als Spielwiese der zu spät geborenen Widerstandskämpfer. In einer solchen Situation können sie, mit der Gewissheit, die veröffentlichte und die Regierungsmeinung hinter sich zu haben, ohne jedes Risiko, ohne Einschränkungen ihrer Lebensqualität oder Bequemlichkeit Widerstandsgeist beweisen. Es ist nicht mehr als eine Pose, nicht mehr als Gratismut, eine peinliche Selbstinszenierung, eine Selbstheroisierung. Helden waren und sind immer Ausnahmeerscheinungen, die meisten Menschen sind Herdentiere. Es ist eine Herabwürdigung der heldenhaften Widerstandskämpfer aus der NS-Zeit, wenn sich Opportunisten wie Rohde bei ihnen einreihen wollen.

Was mutiger und kompromissloser Einsatz für Demokratie, Freiheit und Menschenrechte tatsächlich bedeutet, zeigt etwa der deutsch-ägyptische Politikwissenschaftler Hamed Abdel-Samad. Sein Leben wird aufgrund seiner fundierten Kritik am politischen Islam permanent bedroht, er muss unter Polizeischutz leben.[551] Rohde riskiert für seinen „Einsatz“ hingegen bestenfalls einen Preis für Zivilcourage, den warmen Händedruck eines linken Politikers oder ein wohlwollendes TV-Interview.

„Was machst du mit Leuten, mit denen du nicht diskutieren kannst, die glauben, sie und ihre Weltsicht sei die einzig richtige. Und diese Weltsicht beruht auf großer Desinformiertheit, auf Ressentiments der übelsten Art und Weise.“

552

ARMIN ROHDE

Schauspieler

Manchmal wäre etwas Selbstreflexion hilfreich. Da Armin Rohdes Weltsicht aber die einzig richtige ist, hat er das nicht notwendig und muss auch nicht mit anderen darüber diskutieren.

MÄRZ
10
2016

„Wir haben zum ersten Mal die konkrete Chance, die Flüchtlingskrise zu lösen, ohne unsere humanitären Ansprüche aufzugeben." [553]

PETER ALTMAIER

Bundeskanzleramtsminister und Flüchtlingskoordinator der Bundesregierung (CDU)

Der Merkel-Vertraute Altmaier lobt den zweifelhaften Deal mit dem türkischen Machthaber Erdoğan in den höchsten Tönen. Die Lage auf den Migrantenrouten nach Europa hat unterdessen jemand anderer deutlich entspannen können. Gegen den Widerstand Merkels und Altmaiers. Es ist der österreichische Außenminister Sebastian Kurz. Mit Hilfe der Balkanstaaten hat Kurz die sogenannte Balkanroute geschlossen, was Merkel und Altmaier, aus gekränktem Stolz und Eitelkeit, bis heute bestreiten.

MÄRZ

10

2016

„Die Türkei verhält sich europäischer als manches EU-Land.“

554

PETER ALTMAIER

Bundeskanzleramtsminister und Flüchtlingskoordinator der Bundesregierung (CDU)

Altmaier entblödet sich nicht, Erdoğan moralisch über die Regierungschefs in Osteuropa zu stellen, weil sich diese standhaft weigern, sich dem multikulturellen Imperialismus Deutschlands zu unterwerfen. Das tut die Türkei zwar auch nicht, doch Merkel und Altmaier müssen den Deal, bei dem sie Erdoğan über den Tisch gezogen hat, ihren Bürgern als großen Erfolg verkaufen.

Wie europäisch Erdoğan ist, beweist er noch im selben Jahr, als er im ganzen Land nach einem dubiosen Putsch Massenentlassungen und -verhaftungen durchführen lässt.

MÄRZ
19
2016

„Die Menschen kommen doch nicht, weil man sie einlädt, sondern weil man sie zu Hause umbringt oder ihre Häuser bombardiert."

[555]

MICHAEL LANDAU

Caritas-Präsident (A)

Naivität oder Lüge? Diese völlig falsche Darstellung vom Chef der Caritas wird in diesem Gespräch vom damaligen Außenminister Sebastian Kurz (ÖVP) sofort richtiggestellt: „Wir wissen beide, dass nicht nur Kriegsflüchtlinge kommen und selbst diese aus Lagern in der Türkei, Libanon und Jordanien, wo es zwar schlechte Lebensbedingungen gibt, aber keine Verfolgung."

Im Jahr 2015 suchen in Österreich mehr Afghanen als Syrer um Asyl an[556], obwohl sich viele Afghanen und andere Armutsmigranten als syrische Flüchtlinge ausgeben.

MÄRZ

22

2016

„Wir haben keine Hinweise auf eine Sicherheitsgefährdung und wir wollen – wenn es irgendwie geht – unser freiheitliches Leben nicht durch den Terror beeinflussen lassen."

557

THOMAS DE MAIZIÈRE

Bundesinnenminister (CDU)

Statement des Innenministers einige Tage vor dem Fußballländermatch Deutschland gegen England in Berlin.

MÄRZ

24

2016

„Es hat nichts mit sexueller Belästigung zu tun."

558

MITTELDEUTSCHE REGIOBAHN (MRB)

Im Frühling 2016, als die Auswirkungen der unkontrollierten Masseneinwanderung immer offener zutage treten und das Sicherheitsgefühl bei Frauen zunehmend schwindet, führt die MRB Zugabteile nur für Frauen ein. Nachdem diese Ankündigung für heftige Debatten in den soziale Medien sorgt, gibt der Betreiber gegenüber der Presse diese wenig glaubhafte Erklärung ab.

MÄRZ

26

2016

„Es ist uns gegenüber ausgesprochen unfair. Merkels Politik kann dazu führen, dass Österreich Schaden nimmt. Wir wollen aber nicht die Pufferzone für Deutschland sein.“

559

WERNER FAYMANN

Österreichischer Bundeskanzler (SPÖ/A)

Von der politischen Freundschaft Faymann/Merkel ist nach Monaten der ungebremsten Masseneinwanderung nicht mehr viel übrig. Keine Rede mehr von der „Koalition der Willigen“[560].

Faymann kommt für seine Politik der offenen Grenzen immer mehr unter Druck, die Stimmung in Österreich dreht sich. Er versucht einen Kurswechsel, will sich von Merkels Politik distanzieren und wird dafür vom linken SPÖ-Flügel heftig kritisiert. Bei der 1.-Mai-Kundgebung am Wiener Rathausplatz wird er von der Parteibasis ausgebuht. Wenige Tage später löst ÖBB-Chef Christian Kern Faymann als Bundeskanzler und Parteichef ab.

APRIL

11

2016

„Ich würde es nicht ausschließlich als Belastung interpretieren, sondern auch als Chance für Österreich, hier junge, intelligente Arbeitskräfte im Laufe der Zeit zu integrieren."

561

ALEXANDER VAN DER BELLEN

Bundespräsidentschaftskandidat (A)

Der spätere österreichische Bundespräsident ist für seine Trägheit und Langsamkeit berühmt und berüchtigt. Auch im April 2016 begreift er noch nicht, was diese Einwanderungsbewegung für Österreich langfristig bedeuten wird. Der Traum von den nach Österreich massenhaft geflüchteten „intelligenten Arbeitskräften" ist zu diesem Zeitpunkt längst geplatzt.

APRIL

12

2016

„Wir haben es uns einfach gemütlich gemacht und uns gedacht, alles andere geht uns nichts an, wir kommen irgendwie so durch bis zum Schluss. Und jetzt sagt uns aber die Welt und die Gesellschaft: ‚Ne das is so nich.' (…) Ich seh das sogar soweit, dass darin ein Geschenk steckt, dass wir einfach noch einmal die Gelegenheit haben, umzudenken."

562

HERBERT GRÖNEMEYER

Musiker

Grönemeyer in der SRF-Sendung „Sternstunde Philosophie" über die Flüchtlingskrise. Aus der privilegierten Position eines Entertainmentmillionärs mit steuergünstigem Wohnsitz in einem Londoner Nobelviertel lässt es sich trefflich über das „Geschenk" Massenmigration und „unsere" Schuld philosophieren.

APRIL

18

2016

„Die politisch korrekten Sprachpolizisten werden immer strenger. Früher durfte man noch ‚Neo-Nazi' sagen, heute muss es heißen ‚Identitärer'." 563

FLORIAN SCHEUBA

Kleinkünstler (A)

Bemüht lustiges Twitter-Posting eines in Österreich hofierten Kabarettisten. Wer sich kritisch mit Einwanderung beschäftigt und sich für Heimat und Identität einsetzt, ist in staatlich geförderten Kleinkunstkreisen automatisch Neo-Nazi.

APRIL

19

2016

„Aufklärung bedeutet zum Beispiel, dass es zum ersten Mal seit Hitlerdeutschland eine Partei gibt, die erneut eine ganze Religionsgemeinschaft diskreditiert und sie existenziell bedroht. Das müssen wir feststellen und auch so betonen."

564

AIMAN A. MAZYEK

Vorsitzender des Zentralrates der Muslime in Deutschland (ZMD)

Mazyek stellt die AfD mit der NSDAP auf eine Stufe. Das ist eine unverantwortliche Verharmlosung und politische Instrumentalisierung der Massenmorde der Nationalsozialisten, die dazu dient, Kritiker zu desavouieren und mundtot zu machen. Einen schlimmeren Vorwurf gibt es im rezenten Deutschland nicht, es kommt einem politischen Todesurteil gleich.

Derselbe Mann, der jeglichen Zusammenhang zwischen Islam und Islamismus leugnet, setzt gleichzeitig die AfD mit der NSDAP gleich. Ebenso verwerflich wie diese Strategie ist der Umgang der politisch korrekten Elite mit dieser NS-Verharmlosung und AfD-Verteufelung, die damit kein Problem hat, da sie sich in diesem Macht- und Kulturkampf derselben Mittel bedient.

APRIL
24
2016

„Die Vorschläge der AfD-Parteispitze, finde ich, die kann man nicht ernst nehmen. Diese nennt den Islam eine politische Ideologie, die nicht mit unserem Grundgesetz vereinbar sei. (Lacht) So, so. Das muss man sich auf der Zunge zergehen lassen."

565

RAINER MARIA KARDINAL WOELKI

Erzbischof von Köln

Die katholische Kirche gehört so wie die Feministinnen zu den wichtigsten Propagandisten der Open-Border-Politik. Dass der Islam weit mehr als nur eine Religion ist, eher eine Ideologie, die das gesamte Dasein der Muslime regelt, von der Nahrungsaufnahme über soziale Kontakte und der Wissensvermittlung bis hin zum Sexualleben, sagt nicht nur die AfD, sondern viele Wissenschaftler wie etwa Hamed Abdel-Samad oder der Soziologe Michael Ley, die mehr von der Materie verstehen als ein Herr Woelki.

Ley hat den vom deutsch-amerikanischen Politologen Eric Voegelin (1901-1985) in den 1930er-Jahren geprägten Begriff der „politischen Religionen", zu denen er Kommunismus, Faschismus und Nationalsozialismus zählt, auf den politischen Islam erweitert.[566]

Dass die strengen und für Muslime verbindlichen islamischen Glaubensvorschriften und Normenlehre in vielen Punkten nicht mit dem Grundgesetz (Verfassung) eines westlichen Staates vereinbar sind, ihm diametral gegenüberstehen, ist alles andere als lächerlich, zumal die Mehrheit der Muslime in Europa diese Glaubensvorschriften über die Gesetze stellt.[567]

APRIL

27

2016

„Die Verschärfung des Asylgesetzes wird sich auch als ungeeignetes Instrument gegen den Rechtsruck in Österreich erweisen."

568

GERDA SCHAFFELHOFER

Präsidentin der Katholischen Aktion Österreich (KAÖ)

Wenn die Regierung mit mehrmonatiger Verzögerung auf die öffentliche Meinung, sprich: auf katastrophale Umfragewerte, reagiert, halbherzig und widerwillig umsetzt, was die Mehrheit der Bevölkerung fordert, mahnen die Herz-Jesu-Marxisten und ihre atheistischen linken Kollegen, nicht auf die Forderungen der bösen „Rechten" einzugehen. Sie stellen damit ihre Moral, ihren Glauben über den Willen den Mehrheit der Bevölkerung, sprich: über Demokratie und Rechtsstaat.

MAI

8

2016

„Fakt bleibt, man muss Positionen und Personal der Rechtspopulisten attackieren, weil sie gestrig, intolerant, rechtsaußen und gefährlich sind!"

569

RALF STEGNER

Stellvertretender Vorsitzender (SPD)

Via Twitter ruft Stegner auf, „Rechtspopulisten" zu attackieren, weil sie „gefährlich" seien. Wie man diese Menschen attackieren soll, lässt Stegner bewusst offen, seine Genossen von der Antifa wissen ohnehin, was er meint.

Wenige Wochen nach Stegners Hetz-Tweet schreibt die FAZ: „Die Gewalt gegen AfD-Mitglieder durch Linksextreme hat erschreckende Ausmaße angenommen. Doch eine öffentliche Debatte darüber findet nicht statt."[570]

MAI
13
2016

„Wir wollen den Frauen ein gutes Gefühl geben und einen Ort bieten, um zur Ruhe zu kommen.“ [571]

MICHAEL NISSEN

Ehrenamtlicher Helfer beim Arbeiter Samariter Bund

Bei der Bergkirchweih in Erlangen, einem großen Volksfest, werden 2016 erstmals Rettungsinseln für Frauen installiert. Hier soll Frauen geholfen werden, die sexuell belästigt oder vergewaltigt worden sind. Trotzdem bestreiten die Stadt, die Initiatoren dieser Aktion und die Helfer, dass diese Maßnahme etwas mit den Vorfällen in Köln und der unkontrollierten Massenzuwanderung zu tun hätten. „Deshalb ist es aus Sicht der Verantwortlichen auch wichtig, dass die Kampagne nicht als Folge der Silvesternacht von Köln einzuordnen ist“[572], schreibt ein lokales Blatt, obwohl alle wissen, dass dem nicht so ist.

MAI

15

2016

„Das nimmt auch Angst“

[573]

ANGELIKA REDDER

Linguistin (Universität Hamburg)

Die Linguistin empfiehlt, dass deutsche Kinder künftig verpflichtend Arabisch lernen sollen. Das würde die Angst vor „Flüchtlingen“ nehmen. Interessant an solchen Aussagen ist, dass das linke geistes- und sozialwissenschaftliche Prekariat Spezialist für die Ängste des kleinen deutschen Mannes zu sein scheint.

Dieses Überlegenheitsgefühl ist für dieses Milieu essentiell, um sich von der unteren Mittelschicht abgrenzen zu können, weil es über das Finanzielle, also über klassische Statussymbole, oftmals nicht möglich ist. Für offene Grenzen einzutreten ist für viele dieser Menschen gar nicht so sehr eine politische Frage, sondern eine des sozialen Status. Ihr Selbstwert- und Überlegenheitsgefühl basiert nicht auf Wissen, auf Leistung, Bildung oder Intellekt, sondern auf der Zugehörigkeit zur politisch korrekten Gruppe mit ihren für die autochthone Gesamtgesellschaft verbindlichen Moralvorstellungen. Der Autor Jürgen Pock: „Warum weicht der sachorientierte Verstand einem moralisierenden Idealismus, der zunehmend als totalitäre Zivilreligion in Erscheinung tritt und sich als unangreifbarer Normierungsfaktor versteht?“[574]

MAI

16

2016

„Der Kreativität sind keine Grenzen gesetzt, nur nicht kriminell werden – also nicht sehr.“

575

KATHARINA STEMBERGER

Schauspielerin (A)

Die bekannte österreichische Schauspielerin ruft während des Bundespräsidentschaftswahlkampfs zu kriminellen Aktionen auf, um Kandidat Norbert Hofer, der sich für ein Ende der Multikulti-Politik einsetzt, zu verhindern. Alles, was (Neo-)Sozialsten im Namen ihrer Ideologie fordern und machen – bis hin zum Massenmord –, ist gut und notwendig, weil es der Erreichung höherer Ziele, der Verwirklichung der linken Utopie, dient.

Deshalb darf, ja soll man auch kriminell werden, um einen rechten Bundespräsidenten zu verhindern. Aber „nicht sehr“. Auch die linken Medien finden an solchen Aufforderungen zu Straftaten nichts Verwerfliches. Schließlich gilt auch für sie: Der linke Zweck heiligt die Mittel.

MAI
17
2016

„Wenn zudem ein ‚unterdurchschnittliches Bildungsniveau' von Muslimen behauptet wird und wegen des Geburtenreichtums von Muslimen vor einem ‚ethnisch-kulturellen Wandel' gewarnt wird, dann ist die Grenze zum biologistischen Rassismus klar überschritten."

576

HEIKO MAAS

Bundesjustizminister (SPD)

Maas hetzt in einem Gastbeitrag für den Spiegel einmal mehr gegen die AfD. Abgesehen davon, dass „Muslime" keine Rasse sind, sondern Anhänger einer Politreligion, gibt es durch den Zuzug aus Afrika und Asien und die hohe Geburtenrate von Muslimen selbstverständlich einen „ethnisch-kulturellen Wandel". Der ist offenkundig. Das abzustreiten, ist Realitätsverweigerung.

Weil sich im Laufe der Flüchtlingskrise die negativen Folgen der offenen Grenzen nicht mehr leugnen lassen, beginnt die politisch korrekte Elite sich immer weiter von der Realität zu entfernen und ihre eigene idealisierte multikulturelle Blasenwelt über die Großmedien, die sich gerne als Meinungsprojektoren zu Verfügung stellen, von oben über die Lebenswirklichkeit der Bürger zu stülpen, sprich: deren Alltagserfahrungen zu reframen, sie in einen neuen Bedeutungsrahmen zu stellen.

Zwei Jahre später, als nach einem Messermord Bürger in Chemnitz gegen die importierte Gewalt demonstrieren, ist dieser Prozess schon so weit fortgeschritten, dass Medien tagelang über rechte Hetzjagden berichten, die nie stattgefunden haben.[577]

MAI
20
2016

„Die Rechten versuchen über Angstmache Punkte zu gewinnen. Sie haben aber keine Lösungen.“

578

HARALD KRASSNITZER

Schauspieler (A)

Der Unterschied zu den Linken: Diese haben nicht nur keine Lösungen, sie haben die Probleme auch noch selbst verursacht. Es ist Chuzpe, dass diejenigen, die mit ihren fatalen politischen Fehlentscheidungen, welche auf einer inkonsistenten Ideologie und falschen bzw. hundertfach widerlegten Annahmen sowie auf ökonomischem Unverständnis beruhen, Europa in eine tiefe Krise gestürzt haben, nun jene politischen Kräften angreifen, die das von Anfang an zu verhindern versucht haben.

MAI

20

2016

„Und dann ist es für Populisten einfach, das an den Schwächsten der Schwächsten, den Flüchtlingen, auszutragen und die Schwächsten gegen die Schwachen, die Arbeitslosen, auszuspielen. Das ist nur keine Lösung.“

579

HARALD KRASSNITZER

Schauspieler (A)

Ob voller Hass oder paternalistisch, jeder Linke, auch wenn sich sein geistiges Niveau auf das Nachplappern von Stehsätzen und Parolen beschränkt, glaubt, Rechten geistig und moralisch überlegen zu sein. Das liegt unter anderem daran, dass die Linken in allen relevanten gesellschaftlichen Bereichen, in der Wissenschaft, den Medien oder der Kunst, seit Jahrzehnten unangefochten den Ton angeben.

Es reicht, ein paar linke Kollektivgewissheiten in ein Mikrophon zu sprechen und den politischen Gegner abzuwerten, um als kluges und mutiges Mitglied der sogenannten Zivilgesellschaft zu gelten. Solche linken 08/15-Statements sind für Schauspieler und andere Menschen, die in diesen von Linken dominierten gesellschaftlichen Bereichen ihr Brot verdienen, de facto verpflichtend.

MAI

25

2016

„Ohne jeden Zweifel ging, wie ich schon oft gesagt habe, mit der Schließung der griechisch-mazedonischen Grenze die Zahl der in Deutschland ankommenden Flüchtlinge deutlich zurück. Eine nachhaltige Lösung aber war das nicht."

580

ANGELA MERKEL

Bundeskanzlerin (CDU)

Der österreichische Außenminister Sebastian Kurz (ÖVP) schließt gemeinsam mit den Balkanstaaten gegen den Widerstand von Merkel und trotz der Unkenrufe aus Brüssel die sogenannte Balkanroute für Flüchtlinge.

Der Einwanderungsstrom geht dramatisch zurück. Merkel erweist sich als schlechte Verliererin und versucht, diesen politischen Erfolg kleinzureden, obwohl er Deutschland extrem entlastet und von Merkels sinnlosem Deal mit Erdoğan ablenkt. Aber Dankbarkeit ist bekanntlich keine politische Kategorie.

MAI

25

2016

„Der Satz ist einerseits richtig, weil wir uns als Union stets so verstehen müssen, dass wir zur Mitte hin integrieren, auch indem wir zum Beispiel als Partei der Sicherheit Lösungen für die innere und äußere Sicherheit anbieten, Ordnung und Steuerung in als ungeordnet empfundene Zustände bringen. Damit geben wir konkrete Antworten auf reale Sorgen und Anliegen der Menschen. Wenn der Satz von Strauß aber andererseits auch so verstanden werden kann, dass im Ergebnis Prinzipien relativiert oder gar aufgegeben werden müssten, damit Menschen sich nicht von der Union abwenden, Prinzipien, die für unser Land wie auch die Union konstitutiv sind, die den Kern unserer Überzeugungen ausmachen, dann gilt dieser Satz für mich nicht."

581

ANGELA MERKEL

Bundeskanzlerin (CDU)

Merkel auf die Frage, was für sie – im Zusammenhang mit der Flüchtlingspolitik – die politische Leitlinie von Franz Josef Strauß bedeutet, dass rechts von der Union keine demokratisch legitimierte Kraft entstehen dürfe. Merkel bricht mit dieser Unions-Doktrin, was eine weitere Entfremdung von CDU und CSU bedeutet.

JUNI

2

2016

„Deutschland und Österreich haben in einer humanitären Notlage entschieden, unsere Grenze nicht zu schließen, sodass diese Menschen zu uns kommen konnten, so wie in den Monaten zuvor schon Hunderttausende andere über Ungarn gekommen waren.“

582

ANGELA MERKEL

Bundeskanzlerin (CDU)

Merkel verteidigt einmal mehr ihre Entscheidung, Anfang September 2015 die Grenzen für Zehntausende Einwanderer geöffnet zu haben.

JUNI

2

2016

„Unsere Gesellschaft hat sich immer verändert und verändert sich jeden Tag weiter. Das hat ganz unterschiedliche Ursachen, Stichwort Digitalisierung. Schauen Sie mal 30 Jahre zurück und vergleichen Sie, wie wir damals gelebt haben und wie wir heute leben.“

583

ANGELA MERKEL

Bundeskanzlerin (CDU)

Merkel mit einer ihrer gewohnt ausweichend-unkonkreten Antworten auf die Frage: „Wird der Zuzug von rund einer Million Menschen die deutsche Gesellschaft nicht nachhaltig verändern?“

Das hat zwar mit Digitalisierung nichts zu tun, ist aber eine gute Ablenkung von den Problemen, auf die diese Frage abzielt. Es ist ein Ding der Unmöglichkeit, von Merkel konkrete Antworten auf Fragen in Bezug auf die Probleme der Masseneinwanderung zu bekommen, einmal schwurbelt sie von Bibelfestigkeit, dann von Digitalisierung, ein anderes Mal vom Singen von Weihnachtsliedern, und sie kommt mit dieser lachhaften Strategie bei der linken Mainstreampresse durch.

JUNI
7
2016

„Früher waren Prügeleien als Ende vieler Dorffeste durchaus nicht ungewöhnlich (...).“

584

DIRK LINCZMAJER

Leiter eines Polizeireviers in Görlitz

Um das Problem der importierten Gewalt kleinzureden, müssen immer wieder Dorffeste, Schulhofrempeleien und Wirtshausraufereien aus einer mythischen Vergangenheit herhalten, nach dem Motto: Das war schon immer so. Hier versucht ein Polizeioberrat, die außer Kontrolle geratenen Auseinandersetzungen und Massenschlägereien zwischen verschiedenen Migrantengruppen in der Görlitzer Innenstadt als etwas Normales, Alltägliches darzustellen.

Diese von Politik und Behörden angewandte Strategie, die durch Politik und Einwanderung verursachten Probleme und Fehlentwicklungen zu relativieren, anstatt die Ursachen zu bekämpfen, ist äußerst kurzsichtig, zumal sie sich angesichts der anhaltenden Zuwanderung (Familiennachzug etc.) und der unterschiedlichen Geburtenraten nicht von alleine lösen, sondern im Gegenteil immer größer werden.

JUNI
8
2016

„Die Abschottung ist doch das, was uns kaputt machen würde, was uns in Inzucht degenerieren ließe.“
[585]

WOLFGANG SCHÄUBLE
Bundesfinanzminister (CDU)

Zu den zentralen Mythen, oder besser: Scheinargumenten, der Multikulturalisten gehört, dass eine Gesellschaft, ein Land, eine Region permanente Zuwanderung brauchen würde, um sich entwickeln, entfalten und prosperieren zu können. Dass diese These völlig aus der Luft gegriffen ist, zeigt etwa Südkorea, das eine homogene Bevölkerungsstruktur[586] aufweist und zu den innovativsten und aufstrebenden Nationen der Welt gehört, im Gegensatz zu Europa, wo man den umgekehrten Weg eingeschlägt. Während das Bildungsniveau in Südkorea extrem hoch ist, kämpfen die neuen Einwanderungs- bzw. Multikulti-Länder Deutschland und Österreich mit steigenden Analphabetenraten.

Auch das Nachkriegsdeutschland, Nachkriegsösterreich, Japan oder China sind Beispiele, die diese Behauptung widerlegen. Schäuble treibt es hier auf die Spitze und behauptet, Europa – allein die EU hat über 500 Millionen Einwohner, davon Deutschland über 80 Millionen – würden ohne Zuwanderung in Inzucht degenerieren. Eine völlig absurde These.

Egal, wie gewagt, abwegig und dumm eine Behauptung auch sein mag, solange sie der Sache dient, kommt der Multikulti-Politiker damit durch, ohne dass sich die sonst auf jedes Wort und auf jeden Nebensatz achtende linke Presse darüber echauffiert oder lustig macht.

JUNI

8

2016

„Für uns sind Muslime in Deutschland eine Bereicherung unserer Offenheit und unserer Vielfalt. Schauen Sie sich doch mal die dritte Generation der Türken an, gerade auch die Frauen! Das ist doch ein enormes innovatorisches Potenzial!"

587

WOLFGANG SCHÄUBLE

Bundesfinanzminister (CDU)

Worin besteht dieses innovatorische Potential? Wie viele türkischstämmige Frauen arbeiten in den Forschungs- und Entwicklungsabteilungen deutscher Industrieunternehmen? Nur jeder zweite Türke bzw. jede zweite Türkin in Deutschland ist berufstätig. Die andere Hälfte ist „wirtschaftlich inaktiv".[588] In Österreich ist die Situation nicht besser. Die Presse schreibt: „Türken sind die Sorgenkinder am Arbeitsmarkt. Kaum eine andere ausländische Bevölkerungsgruppe ist in Österreich so schlecht integriert wie die Türken."[589] Auch bei der dritten Generation schaut es nicht besser aus. Im Gegenteil, 2017 schreibt der Spiegel: „Warum Schüler türkischer Herkunft schlecht abschneiden: Türkischstämmige Schüler glänzen im deutschen Bildungssystem selten, auch wenn sie hier geboren sind."[590]

JUNI

8

2016

„Wir möchten nicht, dass Flüchtlinge diskriminiert werden, wir möchten keine Menschen pauschal beschuldigen und auf keinen Fall böses Blut schüren.“

591

SCHÜLERINNEN DER HERDERSCHULE IN KASSEL

Drei Mädchen zwischen 16 und 18 Jahren werden auf ihrem Schulweg über einen langen Zeitraum fast täglich von „Südländern“ sexuell belästigt. In der Hessischen/Niedersächsischen Allgemeinen (HNA) erzählen sie, warum sie ihre Peiniger gedeckt und die Übergriffe so lange verschwiegen haben. Die Mädchen seien von der „politischen Korrektheit gelähmt gewesen“ und hätten deshalb die Übergriffe über einen langen Zeitraum über sich ergehen lassen, so die Zeitung.

JUNI

8

2016

„Ich empfehle jungen Damen, nicht unbegleitet in den Abendstunden diese Plätze zu besuchen.“

592

SIEGFRIED DEINEGE

Oberbürgermeister von Görlitz (parteilos)

Weil in Görlitz die Sicherheitslage aufgrund von andauernden Konflikten zwischen Zuwanderergruppen außer Kontrolle gerät, können sich Frauen nicht mehr frei in der Stadt bewegen, obwohl die Polizei wenige Tage zuvor (vgl. S. 451) behauptet, die Auseinandersatzung zwischen Zuwanderergruppen seien nichts anderes als fidele Dorffestrangeleien.

JUNI

11

2016

„Was die Flüchtlinge uns bringen, ist wertvoller als Gold“

593

MARTIN SCHULZ

EU-Parlamentspräsident (SPD)

Eine Aussage, die vor allem die boomende deutsche Asyl- und Sozialindustrie mit ihren Hunderttausenden Mitarbeitern bestätigen kann. All die Betreuer, Dolmetscher, Sprachlehrer, Rechtsanwälte, Sozialpädagogen, Psychologen etc. brauchen ständig Nachschub an möglichst vielen nicht integrierbaren Armutsmigranten.

Wer politische Kontakte hat, kann sich eine goldene Nase verdienen. Etwa gut vernetzte Miet-Haie oder Hotelbesitzer. So verwandelt etwa die Kölner CDU-Politikerin Andrea Horitzky ihr kleines Hotel in eine Flüchtlingsunterkunft und kassiert von der Stadt Köln für die Unterbringung von maximal 43 Flüchtlingen bis zu 549.325 Euro pro Jahr.[594] Nur ein Beispiel von vielen. Für sie und viele andere sind die Flüchtlinge tatsächlich Gold wert.

Es geht um gigantische Summen. Laut Angaben der Regierung gibt Deutschland 2017 über 20 Milliarden Euro nur für die Betreuung und Integration von Flüchtlingen aus.[595] Da sind die vielen Nebenkosten und sonstigen Ausgaben noch nicht mitgerechnet. Aufkommen muss für diese von Jahr zu Jahr steigenden Kosten der deutsche Steuerzahler. Irgendwoher muss das Gold ja kommen.

JUNI

11

2016

*„Diese wunderschönen Bilder,
als die Menschen an den Bahnhöfen waren –
so hätte es weitergehen können.“*

596

KONSTANTIN WECKER

Liedermacher

Aber die rechten Miesepeter müssen dem Alt-68er und seinen ältlichen weiblichen Fans die buntfröhliche Partystimmung auf den Bahnhöfen ja verderben.

JUNI

11

2016

„Nicht gut ist zum Beispiel, dass die Vermögensschere zugunsten der Superreichen immer weiter aufgeht, weshalb die Finanzierung des Sozialstaats an den mittleren Einkommensschichten hängenbleibt. (…) Aber klar ist auch, wer dafür nicht verantwortlich ist: die Flüchtlinge. Die Rothaarigen. Die Wassertrinker."

597

ELFRIEDE HAMMERL

Journalistin (Profil/A)

Wer braucht Fakten, wenn er eine Meinung hat. In Österreich erwirtschaften die obersten zehn Prozent der Einkommensbezieher 33 Prozent der Einkommen, tragen aber 57 Prozent der Steuerleistungen.[598] Dass die Ausgaben des Sozialstaates explodieren, ist eine direkt Folge der unkontrollierten Einwanderung von – im Falle Österreichs – vielen Zehntausenden „Flüchtlingen". Bis 2020 budgetiert Deutschland 94 Milliarden[599] für Flüchtlinge. Das ist aber nur die offizielle Zahl. Der tatsächliche Aufwand mit allen Neben- und Folgekosten dürfte um ein Vielfaches höher liegen.

JUNI

18

2016

„Es gibt Situationen, zum Beispiel wenn ich allein jogge, in denen ich denke: Hoffentlich begegnet mir keine Gruppe Nazis."

600

KATRIN GÖRING-ECKARDT

Fraktionsvorsitzende (Die Grünen)

Nachdem in Köln und vielen anderen deutschen Großstädten Frauen von zumeist jungen muslimischen Männern sexuell belästigt werden, fürchtet sich Frau Göring-Eckardt vor Nazigruppen, die alten Damen beim Joggen auflauern. Vermutlich fürchtet sie sich beim Joggen auch vor entlaufenen Zoo-Löwen und aus dem Osten eingewanderten Wolfsrudeln.

JUNI

19

2016

„Die Eliten sind gar nicht das Problem, die Bevölkerungen sind im Moment das Problem.“

601

JOACHIM GAUCK

Bundespräsident

Joachim Gauck bringt das Politikverständnis der herrschenden politmedialen Klasse und das zentrale Problem Deutschlands und der EU in einem ZDF-Interview kurz vor der Brexit-Abstimmung auf den Punkt.

Zweites Halbjahr 2016:

Die Stimmung dreht

Anfang des Sommers startet die Regierung von Bundeskanzlerin Merkel die Aktion „Deutschland kann das“. Da klingt bereits Verzweiflung durch. Zu Recht. Es kommt nämlich noch schlimmer. Der Juli in Deutschland wird blutig: Am 18., einem Montag, attackiert bei Würzburg ein sogenannter Flüchtling, der sich als minderjährig registrieren hat lassen, mit einer Axt und einem Messer die Fahrgäste eines Regionalzugs. Fünf Menschen werden dabei schwer verletzt. Der Mann wird von der Polizei erschossen, dafür werden die Beamten von der grünen Spitzenpolitikerin Renate Künast kritisiert.

Vier Tage später erschießt der Sohn iranischer Asylwerber in München neun Menschen und verletzt fünf weitere schwer, nur zwei Tage danach versucht ein syrischer Asylwerber bei einem Musikfestival in Ansbach, möglichst viele Deutsche in die Luft zu sprengen. 15 Menschen werden bei dem Anschlag verletzt, der Attentäter kommt ums Leben. Im benachbarten Frankreich wüten die Islamisten in diesem Sommer noch schlimmer. In Nizza rast ein muslimischer Gotteskrieger mit einem LKW über die anlässlich der Feierlichkeiten zum französischen Nationalfeiertag gut besuchte Strandpromenade. Er tötet 86 Menschen und verletzt 400 weitere. Unter den Opfern viele Kinder.

Während wenige Monate zuvor das Foto eines toten Kindes am Strand von Bodrum ganz Europa entsetzt und die Refugee-Euphorie befeuert, veröffentlichen die großen Medien keine Bilder der toten Kinder, die von dem Islamisten mit seinem LKW zermatscht werden. Die Journalisten verstehen sich trotz der Kritik an ihrer Arbeit und an ihrem Berufsverständnis weiterhin als Polit-Aktivisten, als Multikulti-Claqueure und Merkels mediale Helfershelfer, die mit ihrer Arbeit die neosozialistische Zuwanderungspolitik völlig unkritisch propagieren.

In diesem Sommer müssen sie all ihre Fähigkeiten aufbieten, damit die Stimmung in der Bevölkerung nicht kippt. Ebenfalls im Juli köpfen extremistische Muslime in einer Kirche in Saint-Etienne-du-Rouvray in der Normandie einen 84-jährigen Priester. In der deutschen Presse werden sie beinahe liebevoll als „Kirchen-Angreifer“ bezeichnet. Das klingt nett und harmlos, wie zwei Lausbuben, die mit Farbe versaute Schimpfwörter an die Kirchenmauer schreiben. Das ist durchgängig die Tonalität, wie die Großmedien über islamistischen Terror und die anderen Folgen der unkontrollierten Massenzuwanderung berichten.

Von solchen blutigen Kollateralschäden lassen sich die deutsche Multikulti-Utopisten die Laune nicht verderben. Nach wie vor herrscht Goldgräberstimmung in der Asylindustrie mit ihren vielen Nebenzweigen. Warum all diese Bluttaten nichts mit ihrer Politik zu tun haben, mit den außer Kraft gesetzten Grenzen und der unkontrollierten Massenzuwanderung aus dem islamischen Raum sowie der Islamisierung Europas, versuchen sie den Menschen mit immer absurderen Ausreden und akrobatisch-argumentativen Verrenkungen zu erklären.

Die Realität hält sich auch nach diesem blutigen Juli nicht an das politische Drehbuch von Merkel und nicht an die Heilsversprechen linker Utopisten. Am 16. Oktober wird im als besonders bunt, tolerant und weltoffen bekannten Freiburg, grüner Bürgermeister inklusive, eine 19-jährige Medizinstudentin von einem afghanischen „Flüchtling", selbstredend als unbegleitet und minderjährig geführt, vergewaltigt und ermordet.

Der nächste Rückschlag für die Multikulti-Apologeten, deren Es-hätte-genauso-gut-ein-Deutscher-sein-können-Argumentation zunehmend die Wirkung verfehlt und die Bürger nicht mehr einlullt, sondern noch mehr aufregt.

Die ARD-Tageschau versucht die Tat, so wie die Silvesternacht von Köln, zu ignorieren, was ihr, so wie nach der Silvesternacht in Köln, aufgrund des Drucks, den die Menschen über die Social-Media-Kanäle aufbauen, misslingt. Und wie nach der Silvesternacht in Köln versucht man auch in diesem Fall, den gescheiterten Vertuschungsversuch mit fadenscheinigen Ausreden und Begründungen zu rechtfertigen. Die öffentlich-rechtliche ARD beweist damit, stellvertretend für die anderen linken Großmedien, einmal mehr, dass man entgegen aller Versprechungen und Ankündigungen nach der Silvesternacht von Köln nichts dazugelernt hat. Man versucht, die Menschen auch weiterhin ungeniert durch Desinformation, Auslassungen, Trickse- reien und Manipulation zu beeinflussen und in die gewünschte politische Richtung zu drängen.

Von der einstigen Flüchtlingseuphorie ist im Land wenig geblieben. Die versprochenen Rentenbeitragszahler, die kulturellen Bereicherer, die Goldstücke, Techniker, Wissenschaftler und Fachkräfte, die ein zweites deutsches Wirtschaftswunder auslösen sollen, kommen nicht, es gibt sie außer in der Phantasie der Multikulti-Utopisten nicht. Stattdessen muss sich Deutschland nun mit Islamisten, Terroristen, Sozialfällen, Vergewaltigern, Intensivtätern, kriminellen Clans und Messerstechern herumschlagen. Selbst der politisch korrekte Meinungsbrei, den die öffentlich-rechtlichen und die anderen Mainstreammedien unablässig produzieren, kann die Problemlage nur mehr ungenügend zukleistern.

Trotzdem sind Politik, Medien, Kulturbetrieb und NGOs nicht bereit, umzudenken. Sie haben sich schon zu weit vorgewagt, zu tief reingeritten, sie haben zu viel versprochen, zu einseitig berichtet, zu viel gelogen: Ein Zurück gibt es nicht mehr, zumal auch viele der Open-Border-Aktivisten von den Flüchtlinsgströmen indirekt oder direkt profitieren und leben. Es entsteht eine riesige unproduktive von Flüchtlingen und Steuergeldern getriebene Asylindustrie. Allein der deutsche Caritasverband hat über 600.000 Mitarbeiter. Die Diakonie Deutschland über 450.000. Diese Giganten der Asyl- und Sozialindustrie sind nur zwei von unzähligen Profiteuren der Armutsmigration. Deshalb muss der Zustrom von möglichst ungebildeten, leistungsfernen und integrationsunwilligen Menschen, um die man sich gegen Bezahlung möglichst lange und intensiv kümmern muss, aufrechterhalten werden.

Mit Vietnamesen, Chinesen oder Osteuropäern kann dieser Wirtschaftszweig kein Geld verdienen, diese Menschen integrieren sich und verdienen sich ihren Lebensunterhalt ohne steuergeldfressendes deutsches Betreuungsheer selbst. Die Asylindustrie braucht betreuungsintensive Migranten aus Afrika und dem islamischen Raum.

Die Profiteure dieses wahnwitzigen Pyramidenspiels ignorieren die dunklen Wolken am Multikulti-Himmel und diffamieren die berechtigten Sorgen und Ängste der Menschen als unberechtigt, irrational und phobisch, also geisteskrank.

Mit der sexuellen Massenbelästigung in Köln beginnt das Jahr, mit islamistischem Terror geht es zu Ende. Der tunesische „Bootsflüchtling“ Anis Amri steuert einen Sattelschlepper in einen Weihnachtsmarkt am Berliner Breitscheidtplatz. Zwölf Menschen sterben, 55 werden verletzt. Der Umgang des offiziellen Deutschland mit Opfern und Hinterbliebenen kann nur als schäbig und widerwärtig bezeichnet werden. Weil man den Toten keine Namen und keine Gesichter geben möchte, sie dürfen gemäß der Multikulti-Doktrin gar nicht existieren, kommen sie in den Berichten der Medien und den heuchlerischen Reden der Politiker nicht vor. Einige Angehörige der Opfer schreiben später einen offenen Brief an Merkel: „In Bezug auf den Umgang mit uns Hinterbliebenen müssen wir zur Kenntnis nehmen, Frau Bundeskanzlerin, dass Sie uns auch fast ein Jahr nach dem Anschlag weder persönlich noch schriftlich kondoliert haben.“[602]

Die Opfer der Merkel'schen Open-Border-Politik dürfen keine Namen und keine Gesichter haben. Sie existieren in der von den Großmedien inszenierten und arrangierten Realität ebenso wenig wie die vielen Vergewaltigungsopfer, die unzähligen gemobbten, beschimpften und verprügelten autochthonen Jugendlichen. Die Multikulturalisten ziehen sich in ihre Medien-Zitadelle zurück. Von diesem abgesicherten Bereich aus verwalten sie den Untergang bis zum bitteren Ende.

JULI
2
2016

„Deutschland kann das"
603

DEUTSCHE BUNDESREGIERUNG

Unter dem Motto „Deutschland kann das" startet die Regierung im Sommer 2016 eine PR-Kampagne, um weiter Stimmung für die Armutsmigranten aus der Dritten Welt zu machen. Da sich „Wir schaffen das" innerhalb eines Jahres abnutzt und nunmehr negativ konnotiert ist, ersetzt man es mit „Wir können das".

Die Open-Border-Euphorie verfliegt, jetzt geht es um Schadensbegrenzung. In der Pressemeldung zum Start der Deutschland-kann-das-Webseite heißt es: „Die Bundesregierung ist überzeugt, dass die Integration der Flüchtlinge, die in Deutschland bleiben können, gelingt."[604] Das klingt völlig anders als die blumigen Versprechen, die die selbe Regierung ein Jahr zuvor abgegeben hat. Gelogen ist es trotzdem.

JULI
9
2016

„Aber die Toleranz gehört schon dazu, dass wir uns in unseren Essgewohnheiten jetzt nicht verändern müssen."

605

ANGELA MERKEL

Bundeskanzlerin (CDU)

Im Jahr 2016 wird von jenen Politkern, deren Politik die deutsche Gesellschaft völlig verändert und gewaltige Verwerfungen auslöst, betont, dass die Deutschen ihre Lebensgewohnheiten beibehalten dürfen. Dabei wird, um Volksnähe zu suggerieren, zumeist auf das Essen und die Ernährungsgewohnheiten verwiesen.

Dass die Deutschen auch weiterhin – zumindest noch ein paar Jahre – Schweinefleisch essen dürfen, ohne dafür vor ein Schariagericht gestellt zu werden, wird als große politische Errungenschaft, als gestrenge Forderung an die muslimischen Sozialmigranten präsentiert. Dass es sich aber selbst bei solchen lächerlichen Minimalzugeständnissen nur um Lippenbekenntnisse handelt, zeigt, dass die Deutschen ihre Essgewohnheiten sehr wohl an die sittenstrengen Neubürger anpassen müssen, da etwa in vielen öffentlichen Einrichtungen aus „Rücksichtnahme" auf die muslimischen Glaubensvorschriften kein Schweinefleisch mehr angeboten wird.

JULI

11

2016

„Und das macht die Situation heute so brisant: Wer früher den Massenmedien nicht glaubte, hatte keine Alternative. Jetzt schon."

606

ARD

In der Sendung „Die Story im Ersten" beschäftigt sich die ARD mit dem dramatischen Vertrauensverlust der Bürger in die linken Mainstreammedien. Dabei lassen die öffentlich-rechtlichen Medienmacher jegliche Selbstkritik vermissen. Es fällt dieser entlarvende Satz einer ARD-Redakteurin.

Alternative Medien und die Social-Media-Kanäle haben das Informations- und Meinungsmonopol der klassischen Medien aufgeweicht und gefährden damit die symbiotische Beziehung, die linke Politiker und Mainstreammedien miteinander eingegangen sind. Dieses Macht- und Meinungskartell wird von politischen Blogs, Internetforen, Facebook-Gruppen oder Tweets bedroht.

Auch die Verteufelung der Konkurrenten als Verbreiter von Fake News und Hate Speech, kann den Vertrauens- und Bedeutungsverlust der klassischen Medien bestenfalls bremsen. Wie die Silvesternacht in Köln zeigt, gelingt es den alternativen Medien, die Schweigemauer der klassischen Medien zu durchbrechen, und sie sind in der Lage, Politik und Medien Themen und Debatten aufzuzwingen und vor sich herzutreiben.

Vor allem öffentlich-rechtliche Medien spielen bei der Beeinflussung der öffentlichen Meinung eine immer geringere Rolle, da sie mit ihrem Angebot vor allem Senioren ansprechen. Bei der ARD sehnt man deshalb offenbar jene Zeiten zurück, als es noch ein Rundfunkmonopol für öffentlich-rechtliche Sender gegeben hat.

JULI

15

2016

„Europa mit seinen rund 500 Millionen Menschen muss in der Lage sein, mehr Geflüchtete aufzunehmen, als wir es bislang tun.“

607

CLAUDIA ROTH

Bundestagsvizepräsidentin (Die Grünen)

Das Jahr 2015 ist der grünen Berufspolitikerin Claudia Roth noch zu wenig. Da geht noch mehr. Es ist das Wesen der Gutmenschen, Engagement und Gutsein von anderen einzufordern und selbst nichts Substantielles beizutragen, sondern im Gegenteil, von der Leistung anderer zu leben und zu profitieren.

Basis und Legitimation für eine solche Existenz und für solche Forderungen ist das politisch korrekte Glaubenssystem, dem sich, so wie seinerzeit dem christlichen Glauben, die Menschen – bzw. der autochthone Teil der Bevölkerung – zu fügen haben. Frau Roth ist eine Art Multikulti-Priesterin, die sich wie die Kirchenfürsten von einst qua ihrer Stellung und ihrer Gruppenzugehörigkeit berechtigt und legitimiert fühlt, solche Belastungen von der dummen Bevölkerung einfordern zu können.

JULI

15

2016

„Der Terror kann uns schlagen – besiegen kann er uns nicht"[608]

STEFAN ULRICH

Journalist (Süddeutsche Zeitung)

Nach islamistischen Terroranschlägen schlägt die Stunde der politisch korrekten Schwätzer und Phrasendrescher, die von ihren Schreibtischen aus linke Stehsätze, pathetisches Geschwurbel und gut klingende Binsenweisheiten von sich geben. Brauchbare Lösungsvorschläge, kluge Analysen oder Strategien sind hingegen Mangelware. Nach dem islamistischen Massaker in Nizza[609] am 14. Juli 2016, bei dem mindestens 86 Menschen getötet und über 400 verletzt werden, darunter zahlreiche Kinder, schreibt Ulrich diesen dümmlichen Multikulti-Stammbuchspruch als Schlagzeile für die Süddeutsche Zeitung. Man moderiert und kommentiert den importierten Terror und heuchelt Mitleid, obwohl die westlichen Opfer von islamistischem Terror in Medien wie der Süddeutschen Zeitung zumeist gesichts- und namenlos bleiben.

Solche Statements, wie das hier zitierte, dienen vor allem dazu, die Bürger bei der multikulturellen Stange zu halten und das (sicherheits)politische Versagen und die mangelnde Verteidigungsbereitschaft Deutschlands bzw. Europas als Toleranz und Klugheit zu verkaufen, also den Niedergang und Kontrollverlust den Menschen als moralische Überlegenheit und notwendige Weltoffenheit schmackhaft zu machen.

JULI

16

2016

„Das Attentat von Nizza fand am französischen Nationalfeiertag statt. Frankreich steht für Freiheit, Gleichheit und Brüderlichkeit. Diese Werte leiten auch uns und wir werden diese Werte aufrichtig und stolz weiter leben."

610

THOMAS DE MAIZIÈRE

Bundesinnenminister (CDU)

Nach Terrorattacken bzw. kriegerischen Handlungen wie in Nizza schwingen auch Politiker gerne pathetisch-schwülstige Reden und appellieren an westliche Werte wie Demokratie und Freiheit.

Es handelt sich dabei ausschließlich um Lippenbekenntnisse, denen niemals konkrete Taten, die die Sicherheitslage spürbar verbessern oder das Problem bei der Wurzel packen würden, folgen. Es ist nie mehr als Geschwurbel: Dialog, Integration, Willkommenskultur, Nächstenliebe und anderes politisch korrektes Gedöns wird aufgefahren, um den Bürgern Handlungskompetenz vorzutäuschen.

Statt für Freiheit und Demokratie zu kämpfen, schränkt man sie aus Feigheit, Bequemlichkeit, vorauseilendem Gehorsam oder auch aus politischer Überzeugung immer weiter ein. Und je mehr Freiheit und Demokratie beschnitten werden, desto mehr preisen Politiker sie an.

JULI

19

2016

„Tragisch und wir hoffen für die Verletzten. Wieso konnte der Angreifer nicht angriffsunfähig geschossen werden???? Fragen!"

611

RENATE KÜNAST

Bundestagsabgeordnete (Die Grünen)

Künast reagiert via Twitter auf ein Attentat in einem Regionalzug bei Würzburg, bei dem ein als minderjährig registrierter Flüchtling mit einer Axt unter „Allahu Akbar"-Rufen fünf Menschen zum Teil schwer verletzt. Als der Mann die alarmierten Polizeibeamten mit seiner Axt und einem Messer angreifen will, wird er erschossen.

Künasts größte Sorge nach dem blutigen Attentat und dem Angriff auf die Polizeibeamten ist es, ob man den Terroristen nicht hätte „angriffsunfähig" schießen können. Sprich: Künast würde einen oder mehrere tote oder schwer verletzte Polizisten in Kauf nehmen, nur um das Leben des Attentäters zu schützen. Das sind die Prioritäten von Frau Künast und vielen Grünen. Dieses Twitter-Posting sagt viel über das Verhältnis, das Künast, das die Grünen insgesamt zum Staat und seinen Exekutivorganen einerseits und zu islamistischen Terroristen und anderen Staatsfeinden anderseits haben.

Zudem schaut Künast offenbar zu viele schlechte Krimis. Wer auch nur die geringste Ahnung von Schusswaffen und deren Gebrauch hat, weiß, dass die Forderung, jemanden „angriffsunfähig zu schießen", in einer solchen Situation unmöglich und viel zu gefährlich ist. Polizeigewerkschafter Wendt: „Zur Demokratie gehört wohl auch, dass sich Politiker mit kindlichen Fragen zu Wort melden. (…) Frau Künast hat schlicht keine Ahnung von Polizeiarbeit, aber da ist sie ja nicht alleine."[612]

JULI

20

2016

„Wenn wie jetzt in Würzburg etwas Schlimmes passiert, zeigt man mit den Fingern auf uns Muslime."

613

AIMAN A. MAZYEK

Vorsitzender des Zentralrates der Muslime in Deutschland (ZMD)

Die wahren Opfer jedes islamistischen Terroranschlags sind nach Darstellung der meisten Islamvertreter in Deutschland und der Multikulti-Politiker die Muslime.

Die politisch korrekte Elite stimmt dieser Argumentation in einer Mischung aus Feigheit, vorauseilendem Gehorsam und Unterwerfung zu. Jeder islamistische Terroranschlag wird so zu einem Geschenk für Islam/Islamismus-Lobbyisten, da die halbe Republik, von Politik, Medien, Kirchen bis NGOs, verlässlich wie ein Uhrwerk darauf hinweist, dass Muslime friedlich sind, sie nicht unter Generalverdacht gestellt werden dürfen – was ohnehin kaum jemand macht – und jetzt noch mehr Dialog, Entgegenkommen, Geldmittel und Verständnis angesagt sind.

JULI

20

2016

„Denn stets nach solchen Ereignissen erleben die Muslime, dass ihr Glauben sofort unter Generalverdacht gerät. Das war so nach Nizza. Inzwischen weiß man, dass in Nizza ein Drittel der Opfer selber Muslime waren.“

614

AIMAN A. MAZYEK

Vorsitzender des Zentralrates der Muslime in Deutschland (ZMD)

Mayzeks seltsame Logik: Weil auch Muslime unter den Terrortoten sind, hat der Terroranschlag von Nizza nichts mit dem Islam zu tun. Dieses Argument ist gleich in doppelter Hinsicht falsch, oder besser: durchtrieben. Nach Mazyeks Argumentation habe auch ein Anschlag von sunnitischen Extremisten auf Schiiten (oder umgekehrt) nichts mit dem Islam zu tun. Außerdem wäre es für einen Islamisten eine unmögliche Aufgabe, bei einem derartig hohen Anteil an Muslimen an der französischen Gesamtbevölkerung[615], mit einem LKW durch eine Promenade in Frankreich zu pflügen, ohne dabei auch ein paar Rechtgläubige zu töten.

JULI

22

2016

„Der Fall hat das Potenzial, noch mal sehr kräftig den Populismus anzuheizen.“

616

RALF STEGNER

Stellvertretender Vorsitzender (SPD)

Was linke Politiker an solch blutigen islamistischen Attentaten erregt, sind nicht die Opfer und das Leid, es ist die Angst, dass die Bürger naheliegende Schlüsse ziehen, erkennen, dass der linke Multikulti-Kaiser nackt ist, den Verantwortlichen auf die Schliche kommen und Parteien wählen, die vor diesen Entwicklungen seit Langem warnen. All das gefährdet die Macht und die Zukunft linker Berufspolitiker massiv. Es geht um Wählerstimmen, Posten, Geld und Bedeutungsverlust.

JULI
24
2016

„Es ist dieser asymmetrische Krieg von Habenichtsen, dessen Taten der IS so gerne für sich reklamiert und der das Zeug dazu hat, eine Gesellschaft zu zermürben."

617

PETER PAULS

Journalist (Berliner Zeitung)

Nach dem islamistischen Terror in Ansbach und Würzburg versuchen sich Journalisten wie Pauls, aus der Verantwortung zu stehlen und die Taten für ihre politischen Ziele zu instrumentalisieren, sie möchten ihre Position als Meinungsführer absichern. Es ist die Mainstreampresse, die mit ihrem Meinungsjournalismus neben der Regierung zum wichtigsten Akteur der Open-Border-Politik wird. Ohne die Mitwirkung und den Druck von Presse und den Grünen hätte Merkel ihre wahnwitzige Politik niemals umsetzen können und wollen.

Es seien „Habenichtse", also sozial Benachteiligte, und keine radikalen Muslime, die unschuldige Menschen attackieren und töten. Mit Islam, mit Religion habe das nichts zu tun, die Deutschen bzw. der Westen müssten nur noch mehr Geld für Integration, Entwicklungshilfe und sonstige Transferleistungen lockermachen, schon würden sich die Gotteskrieger in Müll trennende, Frauen achtende und sich vegetarisch ernährende Grünwähler verwandeln. Das ist tatschlich die Vision, die hinter dieser Politik und Meinungsmache steht, zumindest bei den subalternen Multikulti-Freunden.

Es ist perfide: Jene, die den importierten islamischen Extremismus mitzuverantworten haben, missbrauchen die Opfer der Gotteskrieger für ihre Sache. Eine Win-win-Situation, für alle, die von der Multikulti-Politik profitieren. Nur der Bürger bleibt auf der Strecke. Jeder neue Terroranschlag wird politisch korrekt vermarktet und verwertet, um noch mehr Geld in die prallen Kassen der Asylindustrie zu spülen.

Dieses Geld kommt nicht nur den Mitarbeitern dieser Branche zugute, es dient auch als Schutzgeld für den sozialen Frieden. Nur wenn die Deutschen oder Österreicher kontinuierlich zahlen, können sie weiter in Frieden leben. Es ist eine neue Form der islamischen Kopfsteuer[618], die Dhimmis (nichtmuslimische Schutzbefohlene) zu entrichten haben, um nicht getötet zu werden, nur mit etwas marxistischem Weihrauch (soziale Gerechtigkeit etc.) vernebelt.

JULI

25

2016

„Wir sprechen aktuell von 59 Ermittlungsverfahren wegen eines Verdachts der Verwicklung in terroristische Strukturen, und das bei vielen Hunderttausend neu angekommenen Menschen."

619

THOMAS DE MAIZIÈRE

Bundesinnenminister (CDU)

Auch nach der dritten Terrorattacke in Bayern innerhalb weniger Tage versucht der Innenminister mit den üblichen Beschwichtigungen, die Wogen zu glätten. Selbstverständlich warnt auch er davor, „Asylbewerber generell unter Terrorverdacht zu stellen". Das macht ohnehin niemand, es geht aber darum, von den Ursachen, den Verursachern und den politischen Helfershelfern und Komplizen solcher terroristischer Attacken abzulenken und der Bevölkerung ein schlechtes Gewissen einzupflanzen.

Wer die Ursache islamistischen Terrors nicht nur nicht bekämpft, sondern ignoriert, leugnet, die Gefahr für die Gesellschaft und das Land herunterspielt und damit die Terroristen und ihre Hintermänner zumindest indirekt unterstützt, macht sich mitschuldig, schützt die Täter, nicht die Opfer.

JULI

26

2016

„Wir sehen ja, dass die Probleme eigentlich eher so gelöst werden können dass das Umfeld der jungen Menschen achtsamer sein muss, wenn es Veränderungen gibt dass man da Unterstützung und Hilfe zu Rate zieht. Weil das sind einfach Dinge, die können wir nicht per Gesetz verändern.“

620

CEMILE GIOUSOUF

Integrationsbeauftragte (CDU)

Nach dem blutigen Terror-Juli in Bayern haben die Vertreter aller Parteien gute Ideen und Ratschläge, wie man die islamistische Gewalt bekämpfen kann. Sie haben alle eines gemeinsam, sie sind weltfremd, wirkungslos und haben bestenfalls Symbolcharakter, weil sie den Kern des Problems aufgrund politischer Korrektheit und ideologischer Verblendung nur umkreisen.

So lange Islam-Lobbyisten aus Kalkül und Sozialisten aus politischer Beschränktheit Islamismus nicht als das begreifen, was er ist, nämlich als eine faschistische Ideologie[621] oder Politreligion, solange kann es keine brauchbaren Konzepte gegen islamistischen Terror geben. Ohne die richtige Diagnose ist jede Therapie sinnlos.

Die Renaissance des Islamismus lässt sich mit einem beschränkten vulgärmarxistischen Instrumentarium nicht begreifen und erfassen. Es ist immer wieder überraschend, wie wenig Ahnung linke Politiker und andere „Experten", die sich mit diesem Themenkomplex befassen, von der Geschichte des Islam bzw. des politischen Islam haben. Etwa: Der Islamismus wird in Ägypten zur selben Zeit wie der Nationalsozialismus groß. Die damaligen Spitzen haben überdies beste Verbindungen zu den Nazis.[622] Die Experten wissen auch auffallend wenig über die heiligen Schriften des Islam und welche Rolle sie für das Leben, Denken und Handeln der Muslime spielen.

JULI

26

2016

„Was wir eigentlich tun müssten, was wir versuchen müssen die ganze Zeit ist, dieses Ängste schüren, dem entgegenzustehen, indem wir aufklären, indem wir die Menschen bekannt machen, indem wir versuchen, in einer noch extremeren Form der Offenheit und der Nächstenliebe und der Kommunikation und der Verbindlichkeit dagegen anzuwirken." [623]

KAI SCHUMANN

Schauspieler

Im paternalistischen Tonfall erklärt der Schauspieler die Kritiker der Einwanderungspolitik zu unmündigen Kindern, die man erst aufklären, anleiten und erziehen müsse, damit sie den Weg in das bunte, weltoffene Paradies der Gutmenschen finden. Dieses Paradies existiert aber nur in den Köpfen von Menschen wie Schumann. Es ist nur ein widersprüchliches Gedankenkonstrukt, das auf falschen Annahmen aufbaut, nur eine infantile Utopie.

Solche an Predigten oder Beschwörungsformeln erinnernde Apelle legen die mystischen, religiösen und missionarischen Elemente der Multikulti-Ideologie offen. Diese formelhafte, inhaltsleere, stereotype Sprache, die ganz ohne rationale Argumente auskommt, erinnert an magische Beschwörungsformeln, an das mystisch-prälogische Denken, wie es der französische Ethnologe und Philosoph Lucien Lévy-Bruhl bei indigenen Völkern beschreibt. Die Wahrnehmungen solcher Völker inkorporieren nicht nur mystische Vorstellungen, sondern die mystischen Vorstellungen rufen die Wahrnehmungen hervor.[624]

Da in den Glaubensvorstellungen und im Weltbild der Multikulturalisten der Migrant, der „edle Wilde“, eine unverrückbare Rolle mit genau festgelegten Funktionen und Merkmalen hat, prägt das auch die Wahrnehmung dieser Gläubigen. Daran ändern auch bestimmte Ereignisse, etwa sexuelle Massenbelästigungen in Köln oder die Axtattacke in Würzburg, nichts, sie bringen dieses System nicht ins Wanken, lösen keinen Zweifel aus. Die Multikulturalisten interpretieren diese Gräueltaten nicht nur anders als Menschen mit einem rationalen Weltbild, sie nehmen diese auch völlig anders wahr. Sie können das Verbrechen, das Negative in diesen Taten nicht erkennen, das lässt dieses starre, mystische Weltbild nicht zu.

JULI

29

2016

„Der Zusammenhang Migration und Gewalt besteht so nicht."

625

CHRISTIAN PFEIFFER

Kriminologe und ehemaliger niedersächsischer Justizminister (SPD)

Diesen kausalen Zusammenhang stellt auch niemand her. Es ist der immer gleiche argumentative Trick der Linken, den Kriminologe Pfeiffer hier anwendet. Er unterstellt den Kritikern der Multikulti-Ideologie indirekt etwas, das sie ohnehin nicht als Argument gegen die unkontrollierte Masseneinwanderung verwenden. Kaum jemand vertritt die These, dass zwischen Migration im Allgemeinen und Gewalt ein direkter Zusammenhang besteht. Diese Gleichung wäre zu einfach, zumal viele weitere Faktoren eine Rolle spielen.

Wenn etwa Hundertausende Österreicher, Norweger oder Japaner nach Deutschland auswandern würden, so würde das auf die Gewaltstatistik wohl kaum Auswirkungen haben. Es geht also nicht um Migration per se, sondern wer wann in welchem Ausmaß wohin wandert. Es spielen also viele Faktoren eine Rolle. Pfeiffer hat damit nur sich selbst und seine Karikatur des dämlichen Rechten widerlegt.

AUGUST

1

2016

„Kirchen-Angreifer"

626

DIE ZEIT, DIE WELT, ORF UND ANDERE MEDIEN

Als „Kirchen-Angreifer" bezeichnen die linke Wochenzeitung Die Zeit und viele andere Medien jene beiden Islamisten, die in der Kirche von Saint-Étienne-du-Rouvray einem 84-jährigen Priester den Kopf abgeschnitten haben. Wie bei praktisch allen islamistischen Terrorattacken in Europa versuchen die machtloyalen Großmedien, diese Taten möglichst harmlos und als bedauerliche Einzelfälle darzustellen, die Verbindung zu Islam und Islamismus werden verwischt und geleugnet, um so einen Zustand zu simulieren, wie er vor der Jahrtausendwende und der Massenzuwanderung aus dem islamischen Raum in Europa noch weitgehend geherrscht hat. Man versucht, den Bürgern eine Realität zu verkaufen, die die Medien im Verbund mit Politik, Kultur und Geisteswissenschaft längst zertrümmert haben.

Die Bezeichnung „Kirchen-Angreifer" ist besonders irreführend, sie klingt relativ harmlos, nach einem Lausbubenstreich in der französischen Provinz, nach angesprayten Kirchenmauern oder umgeworfenen Heiligenfiguren. Dabei handelt es ich um einen besonders bestialischen und symbolträchtigen Terrorakt, um eine eindeutige Kriegserklärung an das Christentum und an Europa. Aber genau das sollen die Leser dieser Medien keinesfalls denken.

AUGUST

3

2016

„Wir dürfen die Integrationsdebatte nicht mit der Diskussion über Muslime und Islam oder Religion insgesamt vermengen. Mein Vater ist ein frommer Muslim, spricht kaum Deutsch, kann weder lesen noch schreiben, ist aber integrierter als viele Funktionäre der AfD, die unsere Verfassung in Frage stellen."

627

SAWSAN CHEBLI

Stellvertretende Außenamtssprecherin (SPD)

Die spätere sozialdemokratische Staatssekretärin mit palästinensischen Wurzeln entwirft hier die schöne neue Multikulti-Welt Deutschlands, in der analphabetische, streng gläubige und von Hartz IV lebende Muslime die neue Mitte der Gesellschaft bilden und AfD-Anhänger, sprich: die biodeutschen Steueresel, als Dhimmis am Rand der Gesellschaft existieren. Im neuen multikulturalisierten, sprich: im islamisierten Deutschland, gelten völlig neue gesellschaftliche Übereinkünfte. Politikerinnen und Islam-Lobbyisten wie Chebli treiben mit dem Segen und der Unterstützung von Merkel und der Mainstreammedien diese Entwicklungen kontinuierlich voran.

AUGUST

3

2016

„Die Realität ist doch, dass Frauen mit Kopftuch als potentiell unterdrückt gelten, als Frauen, die man aus den Zwängen ihrer Väter oder Ehemänner befreien muss. Meine Mutter und meine fünf Schwestern tragen ein Kopftuch, einige auch gegen den Willen ihrer Männer, und berichten von wachsenden Anfeindungen auf der Straße."

628

SAWSAN CHEBLI

Stellvertretende Außenamtssprecherin (SPD)

Die Umkehrung der Verhältnisse, die Umkehrung von Täter und Opfer, von Ursache und Wirkung beherrschen viele Muslime mindestens genauso gut wie Sozialisten. Es gehört viel Chuzpe dazu, kopftuchtragenden Frauen als rebellische und mutige Frauenrechtlerinnen zu verkaufen.

Weil die politisch korrekten Politiker und Medien das glauben wollen, ihrer Ideologie folgend sogar müssen, wird solcher hanebüchener Unsinn unhinterfragt akzeptiert und kolportiert. Genau diesen Umstand wissen die Islam- und Zuwanderungs-Lobbyisten für ihre Zwecke und Vorteile auszunutzen. Selbst die haarsträubendsten Umdeutungen, Widersprüchlichkeiten und Übertreibungen werden von der Mainstreampresse brav apportiert. Deshalb weiß in Deutschland jedes Kind, dass Islamismus nichts mit dem Islam zu tun hat, das Kopftuch ein Symbol der Freiheit ist, dass der Islam eine Religion des Friedens ist etc.

Die angeblich wachsenden Anfeindungen sind ebenfalls ein politisches Instrument. Der Rassismus gegen Deutsche nimmt drastisch zu. Vor allem in den Schulen herrschen zum Teil dramatische Zustände, die aber von Medien, Behörden so gut es geht totgeschwiegen werden. Nur ab und an wagen es Medien, darüber zu berichten, so wie bereits im Jahr 2010 die FAZ: „Zu lange wurde geduldet, zu lange auf multikulturelle Beschwörungsrituale gesetzt, zu lange die Debatte vermieden und das Problem rhetorisch verbrämt: Es gibt einen Rassismus in sozialen Brennpunkten, der von muslimischen Schülern ausgeht."[629] Der Präsident des Deutschen Lehrerverbandes, Heinz-Peter Meidinger, spricht 2018 von einem Kontrollverlust an Brennpunktschulen, also an Schulen mit sehr hohem muslimischen Migrantenanteil.[630] Die Bild-Zeitung berichtet: „Besonders an Einrichtungen mit einem extrem hohen Migranten-Anteil von mehr als 70 Prozent nehme die Bewaffnung mit Messern und CS-Gas zu. Vorfälle wie Verbal-Attacken und Übergriffe auf Lehrer oder Mitschüler seien dort inzwischen keine Seltenheit mehr."[631] Ja, die wachsenden Anfeindungen gibt es tatsächlich, davon sind aber nicht muslimische Frauen, sondern vor allem deutsche, jüdische bzw. alle „ungläubigen" Schüler betroffen.

AUGUST

3

2016

„Für mich und für die allermeisten Muslime gilt das Grundgesetz ohne Wenn und Aber.“

[632]

SAWSAN CHEBLI

Stellvertretende Außenamtssprecherin (SPD)

Diese Behauptung wird durch mehrere repräsentative Umfragen und Studien widerlegt. Dass das Gegenteil der Fall ist, zeigt unter anderem eine große europäische Studie des Wissenschaftszentrums Berlin für Sozialforschung. Bereits 2013 erschienen, kommt sie zu dem Schluss: „Religiöser Fundamentalismus unter Muslimen ist in Westeuropa kein Randphänomen. Migrationsforscher Ruud Koopmans hat die repräsentativen Befragungen von Einwanderern und Einheimischen in sechs europäischen Ländern ausgewertet. Zwei Drittel der befragten Muslime halten demnach religiöse Gesetze für wichtiger als die Gesetze des Landes, in dem sie leben. Drei Viertel von ihnen finden, es gebe nur eine mögliche Auslegung des Korans.“[633]

AUGUST

6

2016

„(…) jetzt merkt jeder, dass sich die Krisen der Welt nicht mehr nur dort abspielen, wo sie gerade stattfinden.“

634

HEIKO MAAS

Bundesjustizminister (SPD)

Und warum ist das so? Weil Maas, Merkel und Co. die Träger dieser Konflikte und Auseinandersetzungen hunderttausendfach und ohne jede Not bzw. Notwendigkeit nach Deutschland einwandern haben lassen. Kein Wunder, dass Maas versucht, diese Entwicklung als ein unvermeidliches globales Phänomen darzustellen. Es ist nur eine Schutzbehauptung.

Was man unter anderem daran erkennt, dass in Ländern wie der Slowakei oder Ungarn, die nicht Zigtausende Menschen aus islamischen Konfliktregionen ins Land holen, von diesen Entwicklungen verschont bleiben.

Was ein Grund dafür ist, warum Deutschland die Politik der Visegrád-Staaten so heftig attackiert. Sie zeigen nämlich, dass die deutsche Open-Border-Politik, also das Importieren von Konflikten, Kriegen, Armut, Gewalt und anderen Problemen, zu keiner Zeit alternativlos ist.

AUGUST

6

2016

„Es muss wieder Debatten über die großen Fragen unserer Gesellschaft geben (…)“

635

HEIKO MAAS

Bundesjustizminister (SPD)

Rund ein Jahr später beschließt der Bundestag das von Maas initiierte Netzwerkdurchsetzungsgesetz, das viele Experten als Einschränkung der Meinungsfreiheit, als Zensur kritisieren.

Die herrschende politmediale Klasse schafft es, den Meinungsfreiraum immer weiter einzuengen. Es darf nur noch in einem abgesteckten Terrain diskutiert werden. Wer diesen politisch korrekten Meinungskorridor verlässt, dieses enge Meinungskorsett sprengt, wird sofort auf mehreren Ebenen – politisch, medial, sozial etc. – attackiert und ausgegrenzt. Die Liste jener, die von dieser herrschenden Klasse sozial vernichtet werden, ist mittlerweile lange. Zunehmend werden abweichende Meinungen auch kriminalisiert. Echte Diskussionen, ein Diskurs im Sinne von Jürgen Habermas – der zwanglose Zwang des besseren Arguments – wird von der übergestülpten linken Hypermoral erstickt.

Es werden nur noch politische Scheindebatten geführt, grundlegende Fragen dürfen nicht gestellt, die Dogmen der Multikulti-Ideologie nicht angezweifelt werden. Dass ausgerechnet Maas, der für diese Entwicklungen in Deutschland maßgeblich verantwortlich ist, nun fordert, es müsse wieder Debatten zu den großen Fragen geben, ist ein Schlag ins Gesicht all jener, die das seit Jahren gegen den erbitterten Widerstand des Establishments versuchen.

AUGUST

6

2016

„Wir hatten in den vergangenen Jahren eine Art diskursives Wachkoma in unserer Gesellschaft."

636

HEIKO MAAS

Bundesjustizminister (SPD)

Maas, der alle Kritiker der neosozialistischen Multikulti-Politik als Hetzer, Hasser, Rassisten und Nazis diffamiert und somit jede sinnvolle nach allen Richtungen offene Debatte verunmöglicht, beklagt ein „diskursives Wachkoma". Alle Meinungen und Ansichten, die das enge politisch korrekte Korsett sprengen, zu verfolgen, zu diffamieren und gleichzeitig ein „diskursives Wachkoma" zu beklagen, ist heuchlerisches politisches Schmierentheater.

AUGUST
17
2016

Viele Unternehmenschefs haben „vor einem Jahr die Ankunft der Flüchtlinge als eine Chance für unsere Gesellschaft begrüßt. Ich erwarte jetzt, dass diesen Worten auch Taten folgen."

637

THOMAS OPPERMANN

Fraktionschef (SPD)

Noch vor einem Jahr haben Politiker und Konzernchefs von den großen Chancen, die die Masseneinwanderung aus der Dritten Welt bringen würde, geschwärmt. So verkündet Daimler-Boss Dieter Zetsche öffentlichkeitswirksam, dass man solche Leute bei Mercedes brauchen würde. Mittlerweile sind die Multikulti-Träumereien geplatzt, die Realität holt die Träumer aus Politik und Wirtschaft langsam ein. Ganze 54 Flüchtlinge werden von deutschen DAX-Konzernen eingestellt.[638]Jetzt versuchen Politik und Wirtschaft, einander gegenseitig den Schwarzen Peter zuzuschieben.

Die Erkenntnis, dass bildungs- und leistungsferne Armutsmigranten für qualifizierte Arbeitsplätze in großen, hoch entwickelten Industrieunternehmen ungeeignet sind, kommt um circa ein Jahr zu spät.

AUGUST

18

2016

Allerdings ist „das Phänomen des islamistischen Terrorismus des IS nicht ein Phänomen, das durch die Flüchtlinge zu uns gekommen ist, sondern das wir auch schon vorher hatten."

639

ANGELA MERKEL

Bundeskanzlerin (CDU)

Merkel leugnet einmal mehr den Zusammenhang zwischen ihrer Politik, sprich: der unkontrollierten Masseneinwanderung aus dem islamischen Raum, und der Terrorgefahr auf einer Wahlkampfveranstaltung in Neustrelitz (Mecklenburg-Vorpommern).

AUGUST

19

2016

„No“

640

TEXT EINES KLEBE-TATTOOS

Die Massenzuwanderung von jungen Männern aus dem islamischen Raum verändert das Leben und den Alltag aller Deutschen. Immer wieder kommt es zu sexuellen Belästigungen, vor allem in öffentlichen Freibädern. Um junge Frauen vor solchen Übergriffen zu schützen, hat die Frauen- und Familienbeauftragte der Stadt Tettnang eine grandiose Idee: Mädchen sollen sich ein Pickerl mit einem großen „No“ auf den Oberarm kleben. Diese Maßnahme ist so durchdacht und sinnvoll wie der Ratschlag von Kölns Oberbürgermeisterin Henriette Reker, eine Armlänge Abstand zu fremden Männern zu halten.

AUGUST

31

2016

„Wir hätten vielleicht in den Jahren 2008 bis 2015 dafür sorgen müssen, dass die europäische Außengrenzsicherung besser vorankommt."

641

PETER ALTMAIER

Bundeskanzleramtsminister und Flüchtlingskoordinator der Bundesregierung (CDU)

Weil sich die Stimmung langsam dreht, müssen die für diese Zustände verantwortlichen Politiker halbherzig und pro forma kleine Fehler und Versäumnisse eingestehen. Eine Kursänderung, ein Paradigmenwechsel kommt für sie weiterhin nicht infrage, weshalb solche Aussagen völlig wert- und belanglos sind, zumal sie keinerlei Verhaltensänderungen und Entscheidungen mit messbaren Ergebnissen für das Land und seine Bürger nach sich ziehen.

Es ist wie bei einem Zauberkünstler, mit solchen Sonntagsreden und Eingeständnissen lenken die Multikulti-Politiker die Aufmerksamkeit der unzufriedener werdenden Bürger ab, während ohne viel Aufhebens durch andere Maßnahmen, etwa Familiennachzug, dieselbe Politik nicht nur ungeniert weiter fortgesetzt, sondern zumeist sogar intensiviert wird.

SEPTEMBER

17

2016

„Es ist nicht leicht zu sagen, was eigentlich die Symptome dieser Krise sein sollen."

642

PATRICK BAHNERS

Journalist (Frankfurter Allgemeine Zeitung)

Bahners kann im Herbst 2016 noch immer keine Flüchtlingskrise erkennen. Greifbar sei sie nur als „Phänomen des öffentlichen Diskurses".[643] Was sich in nur wenigen Monaten auf den Straßen, im öffentlichen Raum, in der Gesellschaft, den Schulen, beim Sicherheitsgefühl der Menschen etc. verändert, scheint an vielen Journalisten spurlos vorüberzugehen.

Prozesse und Veränderungen, die nicht ins eigene Weltbild passen, werden ausgeblendet und ignoriert. Die Mainstreampresse entfernt sich immer weiter von den Bürgern, was sich auch in den Auflagenzahlen der Zeitungen und Magazine dramatisch niederschlägt. Mediale Wirklichkeit und die Alltagserfahrungen der Bürger haben kaum noch etwas miteinander zu tun.

SEPTEMBER

17

2016

„Das Thema haben wir so dringend gebraucht wie einen Kropf."

644

CHRISTINE NÖSTLINGER

Kinderbuchautorin

Die Autorin und Feministin antwortet auf die Frage, was sie von der Debatte über ein Vollverschleierungsverbot in Österreich halte. Diese Diskussion ist für die linke Intelligenzija äußert unangenehm, weil sie als Multikulti-Anhänger zur „Toleranz" gegenüber allen islamischen Vorschriften, Traditionen und Bräuchen, selbst wenn sie noch so menschenverachtend sind und den europäischen Werten diametral entgegenstreben, verpflichtet sind. Gleichzeitig tut man sich als linker Intellektueller argumentativ schwer, ein solches Verbot abzulehnen, weil die Vollverschleierung allem widerspricht, wofür Europa steht.

Deshalb drückt sich Nöstlinger vor der Beantwortung dieser Frage. Sie erklärt das Problem für nicht relevant. Für die unterdrückten Frauen, für die Nöstlinger stets vorgegeben hat, einzutreten, ist dieses Problem allerdings relevant.

Linke Intellektuelle wie Nöstlinger tun sich damit so schwer, weil man an solchen Fragen gut erkennen kann, wie groß die Überschneidungen von Islam und Sozialismus mit all seinen modernen Derivaten wie Feminismus, Multikulti, Genderismus etc., wie antidemokratisch, kulturrelativistisch und freiheitsfeindlich Feministinnen und Gutmenschen sind.

SEPTEMBER
23
2016

„Die Erhebungen zeigen, dass insbesondere die Befragten aus den Bürgerkriegsländern Syrien und Irak verglichen mit der Bevölkerung im jeweiligen Heimatland gut gebildet sind, wenig traditionelle Werteinstellungen vertreten und überwiegend aus Familien der Mittelschicht stammen."

645

ISABELLA BUBER-ENNSER / JUDITH KOHLENBERGER

Demographin an der Österreichischen Akademie der Wissenschaften / Kulturwissenschaftlerin (A)

Mit einer Studie versucht die Österreichische Akademie der Wissenschaften zu beweisen, dass die Flüchtlinge auch gesellschaftlich und wirtschaftlich ein Gewinn für Europa sind. Diese Studie hat allerdings einen entscheidenden Haken: Sie basiert ausschließlich auf der Befragung von „Flüchtlingen".

Überprüft werden deren Angaben nicht. Damit ist diese Studie wissenschaftlich unbrauchbar, das einzige was sie aussagt: Die einströmenden Sozialmigranten nehmen es bei solchen Befragungen mit der Wahrheit nicht sehr genau. Trotzdem wird diese Studie immer wieder herangezogen, um zu beweisen, wie sehr Europas Wirtschaft von diesen Migrationsbewegungen profitieren würde.

SEPTEMBER
23
2016

„Die weit verbreitete öffentliche Annahme, Asylsuchende und Geflüchtete seien ungebildet oder gar AnalphabetInnen konnte in unseren Befragungen nicht bestätigt werden"
[646]

ISABELLA BUBER-ENNSER

Demographin an der Österreichischen Akademie der Wissenschaften (A)

Mit zweifelhaften Befragungen[647] versucht man, Stimmung für Flüchtlinge zu machen und die berechtigten Zweifel der Kritiker zu zerstreuen. Wie schon in den dunklen Zeiten des vergangenen Jahrhunderts macht sich hier die Wissenschaft zum Handlanger der herrschenden Klasse und ihrer Ideologie. Die dubiose Studie dient allein dem Zweck, die Dogmen der dominanten Multikulti-Ideologie wissenschaftlich zu untermauern, damit sich die Multikulti-Politiker wiederum auf sie berufen können. Es ist ein verantwortungsloses Wechselpassspiel.

SEPTEMBER
26
2016

„Scheißt du auf gesellschaftlichen Fortschritt,
sag der freien Welt ade und geh
Wähl die AfD.
Aber nur die dümmsten Kälber
Wähl'n ihren Metzger selber
Willst du ‚ne Partei, die ihre Wähler manipuliert?
Dann wähl die AfD, wähl die AfD.
Die deren Ängste instrumentalisiert
Dann wähl die AfD, wähl die AfD.
Eine Religion als Feindbild, rechter Terror
und was weiß ich.
Das alles riecht verdammt nochmal nach 1933.
Du willst, dass sich was ändert in dem Land und
zwar zum Guten, na dann geh und wähl.
Nur bitte diesen Scheiß nicht"

648

„JENNIFER ROSTOCK"
Rockband

Auszug eines Songs gegen die AfD und ihre „geisteschwachen" Wähler. Je größer und offensichtlicher die Kollateralschäden der Open-Border-Politik werden, desto aggressiver, menschenverachtender und schriller werden die Kritik und die Attacken gegen die, die vor den Folgen dieser Politik warnen. Wer die linke Multikulti-Ideologie nicht als Erlösung und als Segen begreift, ist dämlich, ängstlich und hasszerfressen.

OKTOBER

3

2016

„Dieser offen gezeigte, organisierte und brutale Hass machte vor keiner Obszönität mehr Halt, und es war nur ein kleiner Schritt bis hin zur physischen Gewalt.“

649

CLAUDIA ROTH

Bundestagsvizepräsidentin (Die Grünen)

Bei den Feiern zum Tag der Deutschen Einheit protestieren Menschen lautstark gegen die Politik der Regierung. Zu Handgreiflichkeiten oder anderen Zwischenfällen kommt es nicht. Es wird nicht einmal mit Eiern geworfen, nur lautstark, aber friedlich protestiert und „Volksverräter", „Haut ab" und „Merkel muss weg" skandiert.[650]

Das überfordert die anwesenden Politiker, allen voran Claudia Roth, völlig. Man inszeniert sich als Opfer eines rechtsradikalen Mobs, dem man einfach unterstellt, beinahe gewalttätig zu sein. Mit diesem Attribut kann man jeden anpatzen, ohne dass sich der Attackierte etwas zu Schulden kommen hat lassen, sich wehren kann. Das sind Methoden, wie man sie aus totalitären Systemen kennt, diese sind für die höchsten Vertreter dieses demokratischen Staats absolut inakzeptabel.

Mit der Strategie, seine Gegner und Kritiker in die rechtsextreme, gewalttätige Ecke zu stellen, erspart man sich nicht nur eine inhaltliche Auseinandersetzung mit deren Anliegen, sondern kann völlig unbescholtene Bürger mit gesetzlichen und polizeilichen Maßnahmen im „Kampf gegen rechts“ einschüchtern.

OKTOBER

3

2016

„Heute in Dresden konnten alle sehen, dass wir ein echtes Demokratie-Problem in diesem Land haben."

651

CLAUDIA ROTH

Bundestagsvizepräsidentin (Die Grünen)

Weil Menschen gegen die Politik der Regierung demonstrieren, hat Deutschland nach Ansicht von Claudia Roth ein „Demokratieproblem". Dass Demonstrationen, auch lautstarke, zu einer demokratischen Gesellschaft gehören, ja, gerade der Bewies für eine funktionierende und lebendige Demokratie sind, scheint die linksgrüne Bundestagsvizepräsidenten nicht begriffen zu haben.

Nicht Deutschland bzw. die Demonstranten in Dresden, sondern Roth hat offensichtlich ein Demokratieproblem. Das zeigt sich unter anderem auch daran, dass sie gerne bei Demonstrationen mitmarschiert, wo gewaltbereite Linksextremisten „Deutschland verrecke" oder „Deutschland, du mieses Stück Scheiße" grölen.

OKTOBER

3

2016

„Ich habe Angst, dass europäische Grundrechte ausgehöhlt werden. Flüchtlinge zurückzuschicken, angeblich, um die Schlepperbanden nicht noch mehr zu ermutigen, ist ein Verbrechen, denn man schickt sie in den Tod. Und die Schlepperbanden werden trotzdem weitermachen. Würde ganz Europa Flüchtlinge aufnehmen wie Österreich, Deutschland oder Schweden, wäre das Problem viel weniger groß."

652

RAINHARD FENDRICH

Schlagermusiker (A)

Wie unredlich die „Flüchtlingsdebatte" von Multikulti-Utopisten geführt wird, zeigt Rainhard Fendrich. Obwohl zu diesem Zeitpunkt längst bekannt ist, dass viele der Einwanderer keine Flüchtlinge gemäß der Genfer Konvention sind, spricht er weiterhin verallgemeinernd von Flüchtlingen, die man in den Tod zurückschicken würde. Viele dieser angeblich Verfolgten, fliegen sogar, obwohl verboten, auf Urlaub in ihr Heimatland.[653]

Menschen wie Fendrich sind zwar Heuchler und Opportunisten, aber nicht dumm. Man wirft alle, die aus Afrika und dem islamischen Raum nach Europa strömen, als Flüchtlinge in einen Topf. Menschen, die das Problem differenzierter und verantwortungsbewusster sehen und deshalb für eine geregelte Einwanderung eintreten, werden so als herzlose Unmenschen kritisiert. Und sollte die Sache völlig aus dem Ruder laufen, kann man sich immer noch darauf berufen, man habe ja ohnehin nur von „echten" Flüchtlingen gesprochen. Wie Opportunisten eben sind.

OKTOBER
5
2016

„Wenn wir uns die Gegebenheiten dort anschauen,
dann muss man sagen,
dass viel Arbeit auf uns und natürlich auch
auf die afrikanischen Länder selbst wartet."

654

ANGELA MERKEL

Bundeskanzlerin (CDU)

Obwohl, oder gerade weil Merkel mit den Problemen im eigenen Land völlig überfordert ist, versucht sie neben Europa auch noch ganz Afrika zu retten. Es sind infantile Weltrettungsphantasien einer Politikerin, die zwischen Ohnmacht und Größenwahn oszilliert.

OKTOBER

5

2016

„Da werden entsprechende Kommentare über Twitter und Facebook verbreitet – und anschließend will man es nicht so gemeint haben. Da ist das Öl aber bereits ins Feuer gegossen, das hat offensichtlich Prinzip bei der AfD“

655

HEIKO MAAS

Bundesjustizminister (SPD)

Die sozialen Netzwerke werden 2016 für die Multikulti-Apologeten zum immer größeren Problem, weil sie den Kritikern der Einwanderungspolitik als alternative Informations- und Meinungsplattformen dienen. Ohne Facebook wären die Ereignisse von Köln oder Freiburg nicht an die breite Öffentlichkeit gelangt, ohne diese Kanäle gäbe es für Dissidenten praktisch keine Möglichkeiten, ihre Meinungen und Kritik zu verbreiten.

Die alternativen Medien im Internet sind das, was man im kommunistischen Ostblock als Samisdat bezeichnet hat, „die Verbreitung von alternativer, nicht systemkonformer ‚grauer' Literatur über nichtoffizielle Kanäle, zum Beispiel durch Abschreiben mit der Hand oder der Schreibmaschine oder durch Fotokopie und das Weitergeben der so produzierten Exemplare“.[656]

Diese alternativen medialen Kanäle der Jetztzeit untergraben die Meinungsmacht und gefährden die Deutungshoheit der sich im Niedergang befindlichen alten Großmedien. Weshalb die politisch korrekte Elite unter dem Vorwand von Hass (Hate Speech) und Hetze eine Kampagne gegen Facebook und Twitter startet, mit dem Ziel, dass diese US-Unternehmen politisch unliebsame Inhalte selbstständig löschen, damit sich Maas und Genossen die Hände nicht selbst schmutzig machen müssen. Vor allem Facebook wird von Maas und den Großmedien so lange unter Druck gesetzt, bis das Unternehmen private Löschteams einsetzt, um politisch unangenehme und politisch unkorrekte Inhalte zu löschen. Der Mitarbeiterstab dieser Teams wird immer weiter aufgestockt.[657]

Der Medienanwalt Joachim Steinhöfel, der sich intensiv mit dem Thema beschäftigt: „Dass der eine oder andere der 200 bei Berlin an den Löschtasten sitzenden ‚Zensoren' nicht die gebotene weltanschauliche Neutralität bei der Ausübung seiner Tätigkeit mitbringt, kann ich mir allerdings auch vorstellen. Das Gros der Löscherei läuft unter ‚Kampf gegen Rechts', während es scheint, als segelten Aufrufe zu Straftaten bei ‚Indymedia links unten', ‚Antifa Kampfausbildung e.V.' sowie krasser Antisemitismus usw. relativ unbehelligt."[658]

„Rechtsfreie Räume existieren nicht in Nordrhein-Westfalen."

659

RALF JÄGER

Innenminister von Nordrhein-Westfalen (SPD)

Nach mehreren beunruhigenden Zwischenfällen mit Migrantenbanden und zunehmender Gewalt gegen Polizisten muss sich NRW-Innenminister Jäger in einer aktuellen Stunde im Landtag kritischen Fragen zur Sicherheitslage in seinem Bundesland stellen. Unter anderem, ob No-go-Areas existieren. Jäger weiter: „Es gibt aber keine Bereiche in Nordrhein-Westfalen, die die Polizei meidet, kein Quartier, in dem sie das Gewaltmonopol anderen überlässt."

OKTOBER

6

2016

„In Teilen hat diese undifferenzierte Debatte den Eindruck einer faktenfreien No-Brain-Area bei mir hinterlassen."

660

RALF JÄGER

Innenminister von Nordrhein-Westfalen (SPD)

Der überforderte SPD-Innenminister – bereits nach der Silvesternacht von Köln fordert die Opposition seinen Rücktritt – versucht, auf die Vorwürfe der Opposition, der Staat verliere sein Gewaltmonopol, mit patzig-aggressiven Antworten zu kontern. Und es gibt entgegen der Jäger'schen Darstellung in NRW immer mehr und immer größere No-go-Areas.

Der NRW-Chef der Polizeigewerkschaft GdP, Arnold Plickert, zu Jägers Aussagen: „Natürlich gibt es No-Go-Areas in NRW."[661] Die Rheinische Post schreibt: „In NRW werden ganze Stadtviertel von Clans beherrscht, Bürger trauen sich dort kaum noch hin. Der Polizei bereiten diese ‚No-Go-Areas' Sorgen. Doch Innenminister Jäger bestreitet, dass es sich um rechtsfreie Räume handelt. Offenbar eine Frage der Definition."[662]

OKTOBER

7

2016

„Es ist vieles nicht in Ordnung bei uns, aber alles auf Flüchtlinge zu schieben, ist ungerecht." [663]

RAINHARD FENDRICH

Schlagermusiker (A)

So wie viele Willkommenseuphoriker zeichnet Fendrich ein Schwarz-Weiß-Bild. Weder die FPÖ noch die meisten anderen Kritiker der Open-Border-Politik schieben alles auf die Flüchtlinge, ganz abgehsehen davon, dass die meisten Zuwanderer keine Flüchtlinge sind.

Was Fendrich hier sagt, ist eine Unterstellung, eine Projektion seiner eigenen simplen Weltsicht auf seine politischen Gegner, er argumentiert gegen einen Pappkameraden: Nur weil Fendrich vieles auf die Rechten schiebt, heißt das nicht, dass „die" Rechten alles auf die Flüchtlinge schieben.

Wie der Schelm denkt, so ist er: Fendrich unterstellt Andersdenkenden eine simple Geisteshaltung, gegen die er ebenso simpel argumentieren kann, weil er einer sachlichen Diskussion intellektuell und argumentativ nicht gewachsen ist.

OKTOBER
7
2016

„Ich lasse mir keine Angst machen, aber ich verstehe Menschen, die mit Mindestgehältern auskommen müssen, dass man denen Angst machen kann."
664

RAINHARD FENDRICH

Schlagermusiker (A)

Der Austropopper lässt in diesem Interview kein linkes Klischee und Vorurteil aus. Menschen, die die FPÖ wählen, sind ängstlich, dumm und verführbar. Die rechtspopulistische FPÖ verführe Menschen am unteren Rand der Gesellschaft und mache die Flüchtlinge für alles verantwortlich.

Dass auch Menschen, die wenig Geld verdienen, in der Lage sind, selbst zu denken und die Ursachen für aktuelle Probleme und Fehlentwicklungen zu erkennen und die entsprechenden Schlüsse daraus zu ziehen, wie etwa bestimmte Parteien zu wählen, kommt dem Musiker nicht in den Sinn. Zu groß ist sein Ego, die multikulturelle Realität hat seine Lebenswelt, seine Wahrnehmungsblase noch zu wenig durchdrungen.

OKTOBER
9
2016

„Es kostet sogar sehr viel, Milliardenbeträge, die jetzt schon aufgewendet werden. Ich hab´nur darauf hingewiesen, das ist niemandem weggenommen worden. Wir haben nirgendwo irgendeine Leistung gekürzt gegenüber irgendjemandem, der hier ist. Insofern kann man die Menschen, die hierher kommen nicht ausspielen gegen die Menschen, die schon hier sind. (…) Die Milliarden werden in Deutschland erwirtschaftet.“

665

HEIKO MAAS

Bundesjustizminister (SPD)

In der ZDF-Sendung „Maybrit Illner“ entpuppt sich Maas als ökonomisches Genie. Die Euro-Milliarden, die Deutschland für seine Sozialmigranten aus der Dritten Welt aufbringt und aufbringen wird müssen, werden keinem weggenommen! Interessant, woher kommen die vielen Milliarden, die der deutsche Staat ausgibt?

Die geniale Antwort von Maas: Weil in Deutschland erwirtschaftet, wird das Geld keinem weggenommen. Steuern wachsen demnach auf Bäumen. Das ist selbst für einen Sozialisten ein erbärmliches Ökonomieverständnis.

OKTOBER

10

2016

„Linke sollten sich gegen jegliche Einwanderungskontrollen wenden und für den gemeinsamen Widerstand von Deutschen und Migranten auftreten. Es gibt keine ‚Grenzen der Aufnahmekapazitäten'. Nicht Flüchtlinge oder Zuwanderer plündern die Sozialkassen, sondern Reiche und Konzerne. Die Aufgabe von Linken ist es, jetzt offensiv die soziale Frage in die Flüchtlingsdebatte einzubringen."

[666]

NETZWERK MARX21

Das gesamte sozialistische Wissen der vergangenen[667] 150 Jahre in vier Sätzen.

OKTOBER
25
2016

„In Köln gehört natürlich der Weihnachtsmarkt dazu, aber auch der Karneval, Martinsumzüge, Currywurst, Schweinebraten, aber längst auch Döner und Falafel. All das bleibt nach wie vor Bestandteil unseres Lebens."
668

THOMAS DE MAIZIÈRE
Bundesinnenminister (CDU)

Der Innenminister versucht, die Ängste der deutschen Bürger vor der Islamisierung zu zerstreuen und verspricht, dass der Schweinebraten weiterhin Bestandteil ihres Lebens bleiben darf. Aber selbst diese lächerliche Minimalzusage, dieses politische Versprechen des Innenministers ist wertlos. In immer mehr Kantinen im öffentlichen Bereich wird aus Rücksichtnahme auf Muslime Schweinefleisch von der Karte gestrichen.[669]

Verfassungen, Gesetze und Regeln sind wertlos, wenn es niemanden gibt, der deren Einhaltung kontrolliert und Verstöße sanktioniert. Und dazu ist der deutsche Staat immer weniger in der Lage. Er lässt die Bildung von Parallelgesellschaften, No-go-Areas zu, und die Justiz misst, weil sich Richter und Staatsanwälte von Clans bedroht fühlen, mit zweierlei Maß. Härte zeigt er vor allem gegen die autochthone Bevölkerung. Der Rechtsstaat befindet sich überall auf dem Rückzug, in dieses Vakuum stoßen vor allem kriminelle arabische Clans und islamistische Gruppierungen vor.

So schreibt die Welt bereits 2015: „Zeugen werden eingeschüchtert, Anzeigen zurückgezogen: Laut einer Studie ziehen Clan-Oberhäupter in Teilen Berlins die Fäden. Staatliche Behörden würden diese Milieus noch unzureichend kontrollieren."[670]

„Die Justiz wirkt oft machtlos. Da Zeugen von Clan-Mitgliedern eingeschüchtert werden, sind belastbare Aussagen in Prozessen oft Mangelware"[671], schreibt der Berliner Kurier.

OKTOBER

30

2016

„Hört mal zu, hier kommen Leute her, die verlieren ihre Existenz, das sind Ärzte, das sind Ingenieure, das sind Architekten, die wollten nicht weg aus ihrer Heimat, die hatten ein gutes Leben, bis der Krieg anfing.“

672

MARIUS MÜLLER-WESTERNHAGEN

Musiker

Der Musiker scheint, dank seines Lebens im Elfenbeintum, nicht ganz up to date zu sein. Im Oktober 2016 müssen sich selbst hartgesottene Multikulti-Utopisten eingestehen, dass unter den Hunderttausenden Eingewanderten kaum Ärzte, Architekten oder Elektrotechniker zu finden sind, es dafür aber jede Menge Analphabeten gibt.

NOVEMBER
1
2016

„Mehr fände ich besser, wenn mehr Leute was machen, sich positionieren würden, auch aus der Schlagerecke. Wenn von Helene Fischer auch mal ein Statement käme gegen Rechtspopulismus.“

673

UDO LINDEBERG

Musiker

Im Kultur- und Entertainmentbereich herrscht, noch mehr als in der Medienbranche, ein brutaler linker Gruppendruck: Alle müssen sich offen zur Multikulti-Politik bekennen. Wer das nicht tut, wer sich nicht äußert, keine Meinung dazu hat – offene Kritik bedeutet de facto ein Berufsverbot und die Vernichtung der sozialen Existenz[674] –, macht sich verdächtig.

Weshalb er von den politisch korrekten Blockwarten wie Udo Lindenberg dazu aufgefordert wird, dies endlich zu tun. Auch Thomas Spitzer und Klaus Eberhartinger von der EAV (Erste Allgemeine Verunsicherung) fordern 2018 Andreas Gabalier und Helene Fischer auf, endlich ihren Kotau vor dem Multikulti-Zeitgeist zu machen.[675]

Autor Michael Klonovsky: „Zu meinen zugegeben wenigen, von mir seit vielen Jahren da und dort verbreiteten Überzeugungen gehört, dass die Nazi-Mentalität – das, was Adorno, der freilich selber einiges davon zumindest in seinen Duktus geschleppt hat, den ‚autoritären Charakter‘ nannte – in diesem Land keineswegs ausgestorben ist, sondern bloß die Seiten gewechselt hat.“[676]

NOVEMBER

15

2016

„Wollen wir Österreich sehen, als ein freundliches, offenes, helles Land (…) oder wollen wir Österreich als ein Land sehen, das von Verschwörungen bedroht ist, in dem die Ängste überwiegen, in dem alles furchtbar ist (…) so eine Art Alpen-Mordor."

677/678

ALEXANDER VAN DER BELLEN

Bundespräsidentschaftskandidat (A)

Der ehemalige Grünen-Parteichef Alexander Van der Bellen inszeniert die Bundespräsidentschaftswahl als schicksalshaften Kampf zwischen Gut und Böse. Auf der einen Seite der Willkommensprediger Van der Bellen, auf der anderen Seite der populäre Kritiker der unkontrollierten Masseneinwanderung, der FPÖ-Kandidat Norbert Hofer. Van der Bellen versteigt sich, davor zu warnen, dass sich Österreich in ein Mordor[679] der Alpen, also in ein Reich des Bösen verwandeln würde, sollte Norbert Hofer, sprich: Sauron, die Wahl gewinnen.

Van der Bellen entmenschlicht damit alle Hofer-Wähler, also rund die Hälfte der Österreicher, degradiert sie zu Orks, zu geistig unterentwickelten Kreaturen, aus Dreck erschaffen.[680] Dem Degenerierten, dem Bösen, also Sauron und seinen Orks, stehen diesem von Van der Bellen gezeichneten Bild, der weise und gütige Zauberer Gandalf (Van der Bellen) und die übermenschlichen Elben (seine Sympathisanten und Wähler) gegenüber.

Dass Van der Bellens menschenverachtender Vergleich in den Medien keine nennenswerte Resonanz und Kritik hervorruft, wirft ein grelles Licht auf die österreichischen Medien, die praktisch ausnahmslos und entgegen allen journalistischen Grundregeln offen Van der Bellen unterstützen. Es zeigt, dass die Meinungsmacher in Presse und Rundfunk dieselbe simple Weltsicht mit Van der Bellen teilen und in Hofer bzw. FPÖ-Wählern gefährliche und degenerierte Kreaturen sehen.

NOVEMBER

20

2016

„Keine andere Möglichkeit“

681

ALEXANDER VAN DER BELLEN

Bundespräsidentschaftskandidat (A)

Van der Bellen in einem Interview mit der Welt am Sonntag zur Grenzöffnung im Herbst 2015. So wie Merkel ist auch für ihn die Masseneinwanderung aus der Dritten Welt für Europa alternativlos.

NOVEMBER
25
2016

„Hin und wieder darf man nicht mit Emotionen wählen und sagen, der ist so nett und so lieb und am Stock geht er auch noch. Hin und wieder muss man mit Hirn wählen“

682

HANS PETER HASELSTEINER

Industrieller (A)

Multimillionär Haselsteiner, der den linksgrünen Van der Bellen bei der Bundespräsidentenwahl unterstützt, macht sich über die Behinderung des freiheitlichen Kandidaten lustig. Bei diesem Richtungswahlkampf zwischen Welcome-Refugee-Mann Van der Bellen und Hofer sind alle Mittel erlaubt.

Es ist in Ordnung, sich über die Behinderung des Gegners und die „Hirnlosigkeit“ seiner Sympathisanten lustig zu machen. Die Linke hat diesen Wahlkampf als schicksalhaft und als richtungsweisend inszeniert und eine Einheitsfront gebildet, in die sich praktisch alle Medien, Prominenten und Kulturschaffenden des Landes einreihen. Trotzdem geht sich nur eine hauchdünne Mehrheit[683] für den medial gepushten Kandidaten aus. Obwohl Van der Bellen in ganz Europa als großer Sieger gefeiert wird, ist es eine schwere Niederlage für die Linke in Österreich.

DEZEMBER

1

2016

„Wenn Menschen, die sich für andere Menschen einsetzen, als Gutmenschen beschimpft werden, so ist das absurd und gefährdet unsere Gesellschaft."

684

RAINER MARIA KARDINAL WOELKI

Erzbischof von Köln

In Gutmenschenkreisen wird die Bezeichnung „Gutmensch" stets (absichtlich?) falsch gedeutet. Ein Gutmensch ist kein guter Mensch, sondern ein Heuchler. Was einen Gutmenschen auszeichnet: Er fordert das Gute von anderen. Der Gutmensch ist ein Gesinnungsethiker, der sich keine Gedanken über die Folgen seines Tuns bzw. seines Gutseins macht.

Er kämpft etwa gegen eine Obergrenze bei der Armutsmigration, ohne sich der dramatischen Folgen einer solchen Politik bewusst zu sein, ohne sich die Mühe zu machen, nachzudenken und nachzurechnen, was das konkret bedeutet, welche weitreichenden Folgen das nach sich zieht, zu welchen Verwerfungen es in der Gesellschaft kommt. Seine Gedanken und Analysen bewegen sich ausschließlich in einer sozialromantisch-esoterischen Sphäre, auch wenn die kitschige Multikulti-Utopie immer mehr zur Dystopie verkommt.

Das ist Gutmenschen egal, es geht um den guten Willen, um die richtige Gesinnung, um Moral. Die massenhafte Zuwanderung von unqualifizierten Migranten läuft zwingend auf den Zusammenbruch des Sozialstaates und in weiterer Folge auf blutige Konflikte und Verteilungskämpfe hinaus. Bis es so weit ist, so lange sich die Vorboten dieser Katastrophe noch ignorieren lassen, können Kardinal Woelki und seine Freunde im Geiste noch von ihrer infantilen Multikulti-Welt träumen, sich als Gutmenschen über die anderen moralisch erheben.

DEZEMBER

2

2016

„Nur gemeinsam mit ihren Frauen und Kindern werden diese Männer bei uns Heimat finden und neuen Boden unter den Füßen gewinnen."[685]

CHRISTIAN PFEIFFER

Kriminologe und ehemaliger niedersächsischer Justizminister (SPD)

Die verquere Logik des linken Kriminologen: Am besten bekämpft man importierte Kriminalität, indem man noch mehr Menschen aus ebendiesen Regionen einwandern lässt. Um Kriminelle integrieren zu können, muss auch noch der Clan des Kriminellen auf Kosten der Steuerzahler nachgeholt werden.

Auf die wesentlich naheliegendere, billigere und sichere Variante, die Kriminellen abzuschieben, kommt er nicht. Zudem ist es immer wieder aufschlussreich, dass zwar immer von Flüchtlingen gesprochen wird, aber niemand erwähnt, dass Flüchtlinge nur solange im Land bleiben können und dürfen, bis sich die Lage in ihrer Heimat wieder stabilisiert. Es ist eine stille Übereinkunft aller Multikulti-Kräfte, die „Flüchtlinge" in Wahrheit als Migranten zu behandeln.

DEZEMBER

5

2016

„So bitter es ist: Solche abscheulichen Morde gab es schon, bevor der erste Flüchtling aus Afghanistan oder Syrien zu uns gekommen ist.“

686

SIGMAR GABRIEL

Vizekanzler und Parteichef (SPD)

Am 16. Oktober 2016 vergewaltigt und ermordet der Afghane Hussein Khavari in Freiburg die 19-jährige Medizinstudentin Maria Ladenburger. Der offensichtlich erwachsene Khavari ist 2015 als minderjähriger unbegleiteter Flüchtling nach Deutschland gekommen. Nachdem er als Täter ausgeforscht wird, versuchen linke Medien und Politiker, die Tat zu verharmlosen, wie etwa Gabriel mit klassischem linken „Whataboutism“.

DEZEMBER
5
2016

„Die Tat ist nicht schlimmer, weil sie ein Flüchtling begangen hat. Wäre es ein Deutscher gewesen, wäre ich nicht weniger entsetzt. Es ist die abscheuliche Tat eines Einzelnen, die er nicht begangen hat, weil er ein Flüchtling ist, aus einer anderen Kultur, oder weil er Afghane ist.“[687]

DIETER SALOMON

Oberbürgermeister von Freiburg (Die Grünen)

Ein Gedankenspiel: Stellen Sie sich vor, ein deutscher Mann, gar ein AfD-Sympathisant, würde ein Migrantenmädchen vergewaltigen und ermorden. Wie würde Herr Salomon, wie würden die Politiker, die Medien, Kirchen und die sogenannte Zivilgesellschaft reagieren? Zugegeben, das ist eine rhetorische Frage.

Denn jeder weiß es: Es wäre die Spitzenmeldung in den Mainstreammedien über Tage hinweg. Vom Bundespräsidenten abwärts würden Hunderte Politiker den Angehörigen der Toten kondolieren und sich für das angetane Leid entschuldigen, eine eigene Stiftung mit dem Namen des Mädchens würde gegründet, eine Arbeitsgruppe gegen sexuelle Gewalt durch deutsche Männer würde eingerichtet werden und im ganzen Land würden Menschen bei Trauermärschen mit Kerzen durch die Straßen ziehen, irgendwelche Grünpolitiker würden sich zur Aussage versteigen, die AfD habe mitgemordet und der Ruf gegen rechts würde unüberhörbar durch ganz Deutschland hallen.

Der Fall würde von den Multikulti-Utopisten für deren politische Zwecke ausgeschlachtet. Aber im Fall der ermordeten deutschen Medizinstudentin lauten Devise und Strategie: kleinreden, nur das absolut Notwendige berichten, und die Geschichte möglichst schnell wieder unter den Teppich kehren, wie nachfolgendes Zitat eindrücklich beweist.

DEZEMBER

5

2016

„Die Tagesschau berichtet über gesellschaftlich, national und international relevante Ereignisse. Da zählt ein Mordfall nicht dazu."

688

KAI GNIFFKE

Chefredakteur (ARD)

Gniffke versucht zu erklären, warum die Tageschau, die wichtigste TV-Nachrichtensendung Deutschlands, nicht über die Verhaftung Hussein Khavaris, der die 19-jährige Medizinstudentin Maria Ladenburger vergewaltigt und ermordet hat, berichtet. Die ARD muss reagieren, nachdem Tausende gegen die Vertuschung im Internet und den sozialen Medien protestieren. So wie nach Köln muss die ARD mit fadenscheinigen Ausreden ihre Desinformationspolitik rechtfertigen.

DEZEMBER

6

2016

„Zu diesem Zeitpunkt allerdings hatte der ‚Gesprächswert' nicht nur in den digitalen Kloaken seinen Höhepunkt erreicht. (…) Als wäre die ‚Tageschau' verpflichtet, ihre traditionellen Kriterien fahren zu lassen, damit der fremdenfeindliche Mob seine Vorurteile nun auch offiziell bestätigt sieht."

689

ARNO FRANK

Journalist (Der Spiegel)

Frank rechtfertigt den missglückten Vertuschungsversuch der ARD im Fall Ladenburger und verdeutlicht damit, wie weit sich Medien wie die öffentlich-rechtliche ARD oder der Spiegel bereits vom klassischen Journalismus entfernt haben. Ihnen geht es nicht mehr darum, über Ereignisse, die für die Rezipienten von Bedeutung sind, neutral zu informieren, sondern darum, abzuwägen, was eine solche Information bei den Bürgern auslösen könnte und ob die Ereignisse im Widerspruch oder im Einklang mit der dominanten Multikulti-Ideologie stehen. Das sind die Kriterien, nach denen Nachrichtenmeldungen ausgewählt und für das Publikum aufbereitet werden. Die meisten Journalisten verstehen sich als Politaktivisten. Dass man Andersdenkende entmenschlicht und als Kloake bezeichnet, verdeutlicht, aus welchem ideologischen Sumpf diese Geisteshaltung gekrochen kommt.

„Das Gute hat das Böse besiegt"

690

MICHAEL HÄUPL

Wiener Bürgermeister (SPÖ/A)

Häupl kommentiert den Wahlausgang der Bundespräsidentenwahl. Er bezeichnet den knapp unterlegenen FPÖ-Kandidaten und seine Wähler als das Böse, weil sich Hofer als Gegner der linken Multikulti-Politik positioniert. Hier zeigt sich einmal mehr die linke Faschismus-Obsession im Verbund mit moralischer Selbstüberhöhung.

DEZEMBER

7

2016

„Die Taten sind abscheulich und grausam, aber daraus einen direkten Zusammenhang zu der Flüchtlingswelle herzustellen, missbraucht die Opfer ein zweites Mal“

691

OLIVER MALCHOW

Bundesvorsitzender der Gewerkschaft der Polizei

Der Polizeigewerkschafter warnt nach dem Mord in Freiburg und zwei Vergewaltigungen[692] in Bochum durch „Schutzsuchende“, falsche Schlüsse zu ziehen. Es ist immer dieselbe Platte. Wer nach grausamen von Schutzsuchenden verübten Taten darauf hinweist, dass der unkontrollierte Import von Menschen aus vormodernen tribalistischen Gesellschaften eine der Ursachen für solche Taten ist, dem wird umgehend vorgeworfen, er „instrumentalisiere“ die Taten und „missbrauche“ die Opfer für seine politischen Zwecke.

Der Vorwurf des Instrumentalisierens ist genauso nichtssagend und beliebig wie der Vorwurf, jemand schüre Emotionen oder spiele mit Ängsten, weil das erstens alles legitim ist und zweitens zum politischen Handwerk gehört, das alle Lager gleichermaßen beherrschen. Dass die Multikulti-Apologeten fast nie auf böse deutsche Täter und Migrantenopfer zurückgreifen können, um sie zu instrumentalisieren, mag für sie zwar ärgerlich sein, zeigt aber, wohin sich Deutschland entwickelt.

DEZEMBER

7

2016

„Es ist merkwürdig, dass auch jetzt nicht schwerpunktmäßig über sexualisierte Gewalt und besseren Schutz von möglichen Opfern, sondern über Flüchtlinge gesprochen wird.“

693

ULRIKE SCHWARZ

Referentin beim Bundesfachverband Unbegleitete Minderjährige Flüchtlinge (BumF)

Ablenken, täuschen, vernebeln: Frau Schwarz will über vieles reden, nur nicht über die Täter, deren Herkunft, Prägung, deren Verhältnis zu Frauen und zur Gewalt und wer sie ins Land lässt.

Das ist aus ihrer Warte sogar verständlich. Dass sie dabei die Interessen ihrer Geschlechtsgenossinnen verrät, schon weniger. Die Umsetzung linker Ideologien ist noch nie unblutig und ohne Opfer vonstattengegangen, das gilt auch für diesen x-ten Anlauf.

DEZEMBER
7
2016

„So ist die schwarze Christenunion: Erst Merkel mit fast 90% wählen, dann die letzten Reste ihrer humanitären Flüchtlingspolitik abmerkeln. (...) Advent, Advent: Bei Christdemokraten Jens Spahn& Co würde der „Wirtschaftsflüchtling" + Doppelstaatler Jesus sicher konsequent abgeschoben."

694

RALF STEGNER

Stellvertretender Vorsitzender (SPD)

Selbst kleinste geplante und noch so verhaltene Kurskorrekturen in der Flüchtlingspolitik rufen beim Koalitionspartner SPD Empörung hervor. Jeder, der nicht für offene, unkontrollierte Grenzen eintritt, wird als unmenschlich diffamiert. Zudem lieben es Linke, Christlichsozialen zu erklären, wie sich aus ihrer sozialistischen Perspektive christliches Verhalten definiert.

DEZEMBER
8
2016

„Die von mir beschriebenen Prozesse der ‚Schwarmdummheit' treffen zweifellos auch auf Akteure und Unterstützer des rechtspopulistischen Spektrums zu. Anders könnte man kaum begreifen, warum ausgerechnet einkommensschwache Bürgerinnen und Bürger Politiker wählen, die den Sozialstaat massiv zurückfahren wollen. (…) Oder dass man den islamischen Fundamentalismus am besten dadurch bekämpft, dass man einen christlichen Fundamentalismus forciert."

695

MICHAEL SCHMIDT-SALOMON
Philosoph

Unterstützer des rechtspopulistischen Spektrums sind offenbar weit weniger dumm als der kluge Philosoph. Je marktwirtschaftlicher eine Gesellschaft, desto höher der allgemeine Wohlstand. Das Zurückfahren des Sozialstaates bringt allen etwas, auch den unteren Schichten, nur Philosophen und das akademische Prekariat, die von staatlichen Zuwendungen leben, leiden darunter, weil sie nichts anzubieten haben, wofür jemand am freien Markt freiwillig Geld ausgeben würde. Weshalb sich linke Intellektuelle immer den Mächtigen andienen müssen, weil sie von ihnen existenziell abhängig sind.

Und natürlich ist die größte Stärke der Islamisten die Schwäche der Europäer. Und wer von den Rechtspopulisten will Islamismus mit christlichem Fundamentalismus bekämpfen? Einen gewissen Realitätsbezug sollten Argumente auch bei Philosophen haben.

DEZEMBER

19

2016

„Immer noch Hoffnung, dass es eine Unfalltragödie war und kein Terroranschlag auf den Weihnachtsmarkt am Berliner Breitscheidplatz."

696

RALF STEGNER

Stellvertretender Vorsitzender (SPD)

Am 19. Dezember verübt ein als unbegleiteter minderjähriger Flüchtling nach Italien und später Deutschland eingereister Tunesier einen Terroranschlag auf einen Berliner Weihnachtsmarkt. Er fährt mit einem Sattelschlepper, dessen Fahrer er zuvor ermordet hat, durch diesen Markt. Dabei kommen zwölf Menschen ums Leben, 55 weitere werden zum Teil schwer verletzt.

Dieser islamistische Terroranschlag reiht sich in eine lange Serie von Anschlägen, bei denen Islamisten mit LKWs oder Autos in Menschenmengen rasen (Dijon/2014[697] , Nantes/2014[698] , Graz/2015[699], Nizza/2016[700], etc.). Stegner hofft bis zuletzt, dass es sich bei dieser islamistischen Attacke vielleicht doch um einen Unfall handelt.

DEZEMBER

19

2016

„Absolute Sicherheit gibt es in einer freiheitlichen Demokratie niemals.“

701

RALF STEGNER

Stellvertretender Vorsitzender (SPD)

Auch nach diesem blutigen islamistischen Terroranschlag, verübt durch einen „Flüchtling“, der es nur aufgrund der offenen Grenzen und der fehlenden Kontrollen bis nach Deutschland geschafft hat, fallen Stegner nichts als die üblichen Gemeinplätze, Plattheiten und dümmliche Phrasen ein.

DEZEMBER

20

2016

„Terroristen sind feige."

702

JULIA KLÖCKNER

Vizechefin (CDU)

Zur Gutmenschenfolklore nach einem islamistischen Terrorakt gehört, die Terroristen als feige und die Bürger als mutig darzustellen, die mit jedem Anschlag nur noch solidarischer, moralischer und weltoffener werden.

DEZEMBER

20

2016

„Ich weiß, dass es für uns alle besonders schwer zu ertragen wäre, wenn sich bestätigen würde, dass ein Mensch diese Tat begangen hat, der in Deutschland um Schutz und Asyl gebeten hat. Dies wäre besonders widerwärtig gegenüber den vielen, vielen Deutschen, die tagtäglich in der Flüchtlingshilfe engagiert sind, und gegenüber den vielen Menschen, die unseren Schutz tatsächlich brauchen und die sich um Integration in unser Land bemühen."

703

ANGELA MERKEL

Bundeskanzlerin (CDU)

Merkel reagiert mit den üblichen Worthülsen, Mitleidsbekundungen und Phrasen auf diesen islamistischen Anschlag. Das Magazin Cicero beschreibt Merkels Rede so: „Angela Merkel wirkt nach dem Anschlag in Berlin wie eine Pastorin, nicht aber wie eine Regierungschefin. (...) Die gesamte Rede lenkt gekonnt und systematisch davon ab, dass hier jemand absichtlich ein ungeheures Verbrechen begangen hat und dass es für diese Tat Vorbilder gibt."[704]

DEZEMBER
21
2016

„Es gibt in freien Gesellschaften keine vollkommene Sicherheit.“

705

MICHAEL MÜLLER

Regierender Bürgermeister von Berlin (SPD)

Auch die Rede des SPD-Bürgermeisters zum Terroranschlag auf dem Breitscheidplatz ist vollgestopft mit Gemeinplätzen und Binsenweisheiten, die die Opfer verhöhnen und das vielschichtige Versagen von Politik und Behörden verschleiern. Bemerkenswert ist auch, was er und viele andere Politiker nicht sagen: Worte wie „Islam“, „Islamismus“ oder „islamistischer Terror“ kommen in praktisch keiner dieser Reden vor!

Der Terror wird zumeist als höhere Gewalt, als normales Verbrechen oder die Tat eines psychisch Kranken dargestellt. Man nennt viele Gründe und Ursachen für diese Tat, nur das Offensichtliche, das Naheliegende wird ausgeklammert. Die für diese Terrorattacken politisch Verantwortlichen werfen Nebelgranaten und verschanzen sich hinter Phrasen und geheuchelten Mitleidsbekundungen, es ist ein entwürdigendes Schauspiel.

DEZEMBER

21

2016

„Medien und Flüchtlinge, Gutmenschen und Merkel – zack, zack, zack. Schnell und zielgerichtet verbindet die AfD den Anschlag mit ihren Feindbildern, beantwortet die Schuldfrage, bevor die Hintergründe klar sind, und tritt dabei scharf und drohend auf."

706

OLIVER DAS GUPTA

Journalist (Süddeutsche Zeitung)

Journalistische Routine nach einem islamistischen Terroranschlag. Nicht der Anschlag und die Hintergründe, sondern die „Instrumentalisierung" durch Rechtspopulisten wird in den Mittelpunkt der Berichterstattung und Analysen gerückt. Nicht mordende Islamisten, sondern Rechtspopulisten sind gefährlich, so die immer gleiche Botschaft.

DEZEMBER

21

2016

„Wir selbst haben es in der Hand, unsere weltoffene Stadt friedlich zu gestalten. Respekt, Toleranz, Gewaltfreiheit: Das sind unsere gemeinsamen Werte. Machen wir uns jeden Tag dafür stark, dass sie auch die Zukunft Berlins prägen."

707

MICHAEL MÜLLER

Regierender Bürgermeister von Berlin (SPD)

Der SPD-Bürgermeister kämpft gegen den tödlichen islamistischen Terror mit hohlen Floskeln und infantilen „Konzepten".

DEZEMBER

25

2016

„Die terroristische Bedrohung ist keine Unterabteilung der Flüchtlingspolitik. Wir hatten mit der RAF und dem NSU auch deutsche Abteilungen des Terrorismus."

708

RALF STEGNER

Stellvertretender Vorsitzender (SPD)

Wie nach jedem islamistischen Terroranschlag rücken linke Politiker aus, um gebetsmühlenartig zu betonen, dass diese oder jene Bluttat im Namen des Propheten nichts mit dem Islam/Islamismus und nichts mit der von ihnen selbst goutierten und befeuerten unkontrollierten Masseneinwanderung von Muslimen zu tun hat. Ganz im Gegenteil: Die Leidtragenden an islamistischen Terroranschlägen sind in erster Linie die Muslime, weil sie von „Rechtspopulisten" unter „Generalverdacht" gestellt würden.

DEZEMBER

25

2016

„Transitzonen sind nicht verfassungskonform und man kann doch nicht allen Ernstes glauben, ein Terrorist, der sich einschmuggeln will, melde sich brav in der Transitzone."

709

RALF STEGNER

Stellvertretender Vorsitzender (SPD)

Anis Amri, der Attentäter vom Berliner Breitscheitplatz, der 12 Menschen ermordet und über 50 zum Teil schwer verletzt, kommt 2011 per Boot nach Lampedusa. Dort wird seine illegale Einreise in die EU von der Polizei registriert. Amri gibt ein falsches Geburtsdatum an, um als minderjähriger unbegleiteter Flüchtling zu gelten. Er reist während der Flüchtlingswelle 2015 illegal nach Deutschland ein und meldet sich auf dem Polizeirevier Freiburg-Nord an. Dort gibt er an, er komme aus Tunesien und wolle Asyl beantragen.

DEZEMBER

29

2016

„Das australische Modell: Kaltherzig und sehr kostspielig“

710

MICHAEL BOCHENEK

Senior Counsel in der Kinderrechtsabteilung von Human Rights Watch

Australien kann mit einem radikalen Kurswechsel seiner Grenzpolitik die illegale Einwanderung stoppen (vgl. S. 272). Weil die Armutsmigranten wissen, dass sie keine Chance haben, Australien per Boot zu erreichen, kommt der Zustrom zum Erliegen, während 2015 rund eine Million Menschen über das Mittelmeer nach Europa strömen. Nach UN-Angaben kommen dabei 3.771 Menschen ums Leben.[711]

Trotzdem stößt das australische Modell, dessen Umsetzung in Europa der damalige österreichische Außenminister Sebastian Kurz immer wieder anregt, auf breite Ablehnung. Die EU-Kommission lässt zu den Vorstößen von Kurz verlauten: „Das Vorgehen Australiens gegen Flüchtlinge ist nicht ein Modell für uns.“

Die Vertreter der Willkommenskultur lehnen das australische Modell nicht ab, weil es „kaltherzig“ oder „kostspielig“ ist, die Folgekosten der unkontrollierten Masseneinwanderung sind um ein Vielfaches höher, sondern weil es funktioniert!

Epilog

APRIL
10
2017

„Es ist offenkundig, dass der Islam inzwischen unzweifelhaft zu Deutschland gehört.“ [712]

ANGELA MERKEL
Bundeskanzlerin (CDU)

APRIL

25

2017

„Und wenn das so weitergeht bei dieser tatsächlich um sich greifenden Islamophobie, wird noch der Tag kommen, wo wir alle Frauen bitten müssen, ein Kopftuch zu tragen. Alle!“

713

ALEXANDER VAN DER BELLEN

Bundespräsident (A)

JUNI

11

2017

„Wir werden auf lange Zeit mit der terroristischen Bedrohung leben müssen."

714

THOMAS DE MAIZIÈRE

Bundesinnenminister (CDU)

NOVEMBER

18

2017

„Natürlich gehört der Islam zu Deutschland, und natürlich gehören Muslime zu Deutschland. Und ich finde, darüber können wir ganz schön froh sein. Es wäre sehr langweilig, wenn wir nur mit uns zu tun hätten.“
715

KATRIN GÖRING-ECKARDT

Spitzenkandidatin (Die Grünen)

DEZEMBER
4
2017

„Es konnte mir noch niemand erklären, warum es so wahnsinnig von Vorteil ist, potenzielle Terroristen abzuschieben. Was ist denn gewonnen, wenn sie andernorts schwere Verbrechen begehen?"

716

KATINA SCHUBERT

Berliner Landeschefin (Die Linke)

OKTOBER

6

2018

„Die Bundeskanzlerin hat ja nicht gesagt: Wir schaffen das mit links.“ [717]

THOMAS DE MAIZIÈRE

Bundesinnenminister (CDU)

MÄRZ

31

2018

„Wir können nicht den Gang der Geschichte aufhalten. Alle müssen sich damit auseinandersetzen, dass der Islam ein Teil unseres Landes geworden ist."

718

WOLFGANG SCHÄUBLE

Bundestagspräsident (CDU)

Endnoten

Die Internet-Quellen wurden im Zeitraum Mai bis Oktober 2018 aufgerufen.

1 Murray, Douglas: Der Selbstmord Europas, München 2018, Seite 92

2 Verteidigungsministerin Ursula von der Leyen hat die deutsche Bundeswehr erfolgreich abgerüstet und weitgehend kampfunfähig gemacht. Siehe etwa hier: https://www.zeit.de/politik/deutschland/2018-02/bundeswehr-waffensysteme-einsetzbar-verteidigungsministerium-eurofighter

3 „Rassismus unter den Migrantengruppen gehört zum Alltag. Tunesier und Syrer schauen verächtlich auf Schwarzafrikaner herab, und das nicht nur metaphorisch. Die besten Plätze auf dem Boot, vorne und auf Deck, werden von diesen ‚besseren' Gruppen aus dem Nahen Osten und Nordafrika belegt. Eritreer, Somalier und andere sitzen oder stehen im Laderaum. Geht das Boot unter, werden diese Menschen als erste ertrinken." Siehe Murray, Douglas, 2018, Seite 80

4 Das inkludiert auch physische Gewalt. Die Welt schrieb 2016: „Erschreckendes Ausmaß der Gewalt gegen die AfD" siehe: https://www.welt.de/politik/deutschland/article155979969/Erschreckendes-Ausmass-der-Gewalt-gegen-die-AfD.html

5 Siehe dazu: https://www.achgut.com/artikel/pappkameraden_und_denkfehler_des_asyldiskurses_teil_1

6 Die Datumsangaben zu den jeweiligen Zitaten beziehen sich auf den Tag, an dem sie gemacht wurden. In einzelnen Fällen, wo das nicht zweifelsfrei geklärt werden konnte, bezieht sich das Datum auf die Veröffentlichung des Statements im zitierten Medium. Das heißt, es kann auch ein oder zwei Tage zuvor, bei einem Interview oder Auftritt, getätigt worden sein. Diese Fälle sind aber die Ausnahme.

7 https://www.cicero.de/innenpolitik/leitbild-der-friedrichebertstiftung-der-umbau-von-deutschland

8 http://www.spiegel.de/politik/deutschland/neujahrsansprache-angela-merkel-2014-im-wortlaut-a-1010884.html

9 http://www.spiegel.de/politik/deutschland/pegida-25-000-teilnehmer-in-dresden-grosse-gegendemo-in-leipzig-a-1012650.html

10 Pegida steht für „Patriotische Europäer gegen die Islamisierung des Abendlandes"

11 „Je suis Charlie" franz. für „Ich bin Charlie"

12 https://www.stuttgarter-nachrichten.de/inhalt.no-Pegida-demo-in-stuttgart-kuhn-diskriminierende-hetze.89597c1e-29e4-41aa-bdcf-03a1426a6b52.html

13 Broder, Henryk M.: Das ist ja irre!, 2017, Seite 24

14 *https://www.bild.de/politik/inland/Pegida/promis-sagen-nein-zu-Pegida-39208948.bild.html*

15 *Einzig das europäische Albanien kann als halbwegs entwickelte Demokratie bezeichnet werden*

16 *https://de.wikipedia.org/wiki/Organisation_f%C3%BCr_Islamische_Zusammenarbeit*

17 *https://www.bild.de/politik/inland/Pegida/promis-sagen-nein-zu-Pegida-39208948.bild.html*

18 *https://www.bild.de/politik/inland/Pegida/promis-sagen-nein-zu-Pegida-39208948.bild.html*

19 *https://www.addendum.org/kindergaerten/reportage/*

20 *http://www.faz.net/aktuell/politik/inland/joseph-schuster-raet-zu-verzicht-auf-kippa-in-problemvierteln-13451306.html*

21 *https://www.bild.de/politik/inland/Pegida/promis-sagen-nein-zu-Pegida-39208948.bild.html*

22 *https://www.bild.de/politik/inland/Pegida/promis-sagen-nein-zu-Pegida-39208948.bild.html*

23 *https://www.welt.de/politik/ausland/article136129370/Ein-Angriffskrieg-gegen-die-gesamte-freie-Welt.html*

24 *https://de.wikipedia.org/wiki/Anschlag_auf_Charlie_Hebdo*

25 *https://www.n-tv.de/politik/CDU-warnt-AfD-und-Pegida-article14277801.html*

26 *https://www.youtube.com/watch?v=jBI6bOm3yZI*

27 *http://www.faz.net/aktuell/politik/kommentar-zum-anschlag-auf-satiremagazin-charlie-hebdo-13358326.html*

28 *https://www.tagesspiegel.de/kultur/fatwa-gegen-schriftsteller-iranische-hardliner-erhoehen-kopfgeld-auf-salman-rushdie/13011998.html*

29 *http://www.haz.de/Nachrichten/Politik/Deutschland-Welt/Axt-Attacke-auf-daenischen-Islam-Kritiker*

30 *https://www.welt.de/kultur/article133887433/Nun-wisst-ihr-auch-was-euch-erwartet.html*

31 *https://www.tagesanzeiger.ch/sonntagszeitung/fast-drei-viertel-aller-srgjournalisten-sind-links/story/17411512*

32 *https://diepresse.com/home/kultur/medien/436098/Ein-Drittel-der-Journalisten-fuehlt-sich-gruen*

33 *https://de.statista.com/statistik/daten/studie/163740/umfrage/parteipraeferenz-von-politikjournalisten-in-deutschland/*

34 *https://www.bz-berlin.de/berlin/neukoelln/heiko-maas-besucht-sehitlik-moschee*

35 *https://www.bz-berlin.de/berlin/neukoelln/heiko-maas-besucht-sehitlik-moschee*

36 *https://www.bild.de/politik/inland/margot-kaessmann/wie-gehe-ich-als-christ-mit-dem-terror-um-39282776.bild.html*

37 *https://www.welt.de/newsticker/news1/article136270430/Justizminister-Maas-nennt-Pegida-Anhaenger-Heuchler.html*

38 *https://www.n-tv.de/politik/CDU-warnt-AfD-und-Pegida-article14277801.html*

39 *https://www.augsburger-allgemeine.de/politik/Justizminister-Maas-ueber-Pegida-Ihr-seid-alle-Heuchler-id32615427.html*

40 *https://www.zeit.de/digital/internet/2017-03/heiko-maas-gesetzentwurf-soziale-netzwerke-hass-falschnachrichten*

41 *https://derstandard.at/2000010206251/NGO-Aufruf-zur-EU-Asylpolitik-Staaten-mit-weniger-Fluechtlingen-sollen*

42 *https://www.wir-treten-ein.de/mitmachen/*

43 *https://www.wir-treten-ein.de/mitmachen/*

44 *https://www.wir-treten-ein.de/mitmachen/*

45 *https://www.proasyl.de/pressemitteilung/kampagnenstart-wir-treten-ein-fuer-fluechtlingsschutz-gegen-dublin-iii/*

46 *https://www.welt.de/newsticker/dpa_nt/infoline_nt/boulevard_nt/article170823144/Campino-fordert-Merkel-zum-Durchhalten-auf.html*

47 *https://www.tichyseinblick.de/kolumnen/alexander-wallasch-heute/das-war-claus-kleber-zuviel/*

48 *https://www.wir-treten-ein.de/mitmachen/*

49 *https://www.welt.de/print/die_welt/debatte/article165675355/Sozialstaat-oder-Einwanderung.html*

50 *https://www.wir-treten-ein.de/mitmachen/*

51 *https://www.wir-treten-ein.de/mitmachen/*

52 *https://www.proasyl.de/pressemitteilung/kampagnenstart-wir-treten-ein-fuer-fluechtlingsschutz-gegen-dublin-iii/*

53 *https://bazonline.ch/schweiz/standard/unomigrationspakt-nein-danke/story/16907973*

54 https://www.wir-treten-ein.de/mitmachen/
55 http://www.un.org/depts/german/migration/A.CONF.231.3.pdf
56 https://www.wir-treten-ein.de/mitmachen/
57 https://www.wir-treten-ein.de/mitmachen/
58 https://www.morgenpost.de/politik/article213215633/Merkel-antwortet-in-Davos-nur-vage-auf-Macrons-Europa-Plaene.html
59 https://www.antifa-berlin.info/news/797-gedenken-an-khalid-idress
60 https://www.antifa-berlin.info/news/797-gedenken-an-khalid-idress
61 http://www.spiegel.de/panorama/justiz/toter-fluechtling-in-dresden-volker-beck-zeigt-ermittler-an-a-1013145.html
62 http://www.faz.net/aktuell/politik/inland/angela-merkel-ueber-konsequenzen-der-pariser-anschlaege-13372282-p3.html
63 https://www.sz-online.de/sachsen/fluechtlinge-besorgt-ueber-wachsende-fremdenfeindlichkeit-3018132.html
64 https://www.zeit.de/gesellschaft/zeitgeschehen/2015-01/dresden-mannheim-demonstration-khaled-toleranz-vielfalt-no-Pegida
65 https://www.welt.de/politik/deutschland/article136479651/Wagenknecht-vergleicht-Pariser-Terror-mit-Drohnenkrieg.html
66 Broder, Henryk M.: Das ist ja irre!, 2017, Seite 55
67 https://www.sueddeutsche.de/politik/reaktionen-auf-dresdner-demonstrationsverbot-gebot-der-stunde-ist-aufmerksamkeit-1.2310607
68 Der Südkurier hat nach dem islamistischen Terror in Brüssel gleich eine ganze Liste erstellt, was gefährlicher als Terror ist: Blitzschläge, Ertrinken, Verkehrsunfälle etc. Siehe: https://www.suedkurier.de/ueberregional/panorama/Warum-vieles-wahrscheinlicher-ist-als-Opfer-eines-Terroranschlags-zu-werden;art409965,8657606
69 Broder, Henryk M.: Das ist ja irre!, 2017, Seite 65
70 https://de.wikipedia.org/wiki/Todesfall_Khaled_Idris_Bahray
71 https://www.ots.at/presseaussendung/OTS_20150211_OTS0077/reimon-zu-geplanten-eu-anti-terrorgesetzen-europa-braucht-keinen-patriot-act
72 https://www.tagesspiegel.de/politik/fluechtlinge-aus-dem-kosovo-diesen-leuten-geht-es-wirklich-dreckig/11360392.html
73 https://www.ots.at/presseaussendung/OTS_20150212_OTS0001/offener-brief-amnesty-caritas-rotes-kreuz-an-die-oesterreichische-bundesregierung-zu-geplanten-neuerungen-im-asylverfahren

74 Broder, Henryk M.: Das ist ja irre!, 2017, Seite 109

75 https://www.achgut.com/artikel/fluechtlinge_fuer_die_sozialsysteme

76 http://www.spiegel.de/panorama/gesellschaft/braunschweig-nach-absage-von-karnevalumzug-herrscht-trotz-a-1018796.html

77 Broder, Henryk M.: Das ist ja irre!, 2017, Seite 115

78 Broder, Henryk M.: Das ist ja irre!, 2017, Seite 120

79 Broder, Henryk M.: Das ist ja irre!, 2017, Seite 128

80 Broder, Henryk M.: Das ist ja irre!, 2017, Seite 128

81 https://www.welt.de/politik/ausland/article137485921/Der-neue-Exodus-der-europaeischen-Juden.html

82 http://www.maz-online.de/Lokales/Potsdam/Man-muss-die-Abschiebehaft-hinterfragen

83 https://www.ots.at/presseaussendung/OTS_20150318_OTS0076/korun-zu-fpoe-hasskampagnen-hetze-raus-aus-der-politik

84 https://diepresse.com/home/kultur/news/4690954/Thalheimer_Die-Buehne-ist-kein-Zoo

85 https://www.cicero.de/innenpolitik/leitbild-der-friedrichebertstiftung-der-umbau-von-deutschland

86 https://www.presseportal.de/blaulicht/pm/4971/2977852

87 https://www.br.de/puls/themen/welt/seawatch-fluechtlinge-retten-interview-ruben-neugebauer-100.html

88 https://www.ots.at/presseaussendung/OTS_20150419_OTS0029/aviso-204-kundgebung-in-gedenken-an-fluechtlingsopfer-im-mittelmeer

89 https://www.addendum.org/asyl/asyl-als-geschaeftsmodell/

90 https://diepresse.com/home/wirtschaft/economist/5071115/Gutes-tun-und-dabei-Gewinne-machen-darf-man-das

91 http://www.spiegel.de/politik/ausland/kommentar-fluechtlingssterben-im-mittelmeer-a-1029537.html

92 https://www.ots.at/presseaussendung/OTS_20150420_OTS0113/volkshilfe-fenninger-fordert-eu-zum-handeln-auf

93 https://www.bild.de/politik/inland/thomas-oppermann/ohne-merkel-geht-union-unter-40636994.bild.html

94 https://www.handelsblatt.com/politik/deutschland/mittelmeer-fluechtlinge-die-festung-europa-muss-ihre-tore-oeffnen/11669654-2.html

95 https://www.spdfraktion.de/themen/bundestag-debattiert-fluechtlingskatastrophe-mittelmeer

96 *https://www.spdfraktion.de/themen/bundestag-debattiert-fluechtlingskatastrophe-mittelmeer*

97 *https://diepresse.com/home/ausland/5489980/Wie-China-Afrika-veraendert*

98 *https://www.rollingstone.de/farin-urlaub-ueber-rassismus-das-komplette-interview-veroeffentlicht-754961/*

99 *https://www.express.de/duesseldorf/brand-in-duesseldorfer-fluechtlingsheim-kein-schoko-pudding--da-fackelte-er-die-halle-ab-24194482*

100 *https://kurier.at/chronik/oesterreich/brandstiftung-in-asylheim-richter-setzten-urteil-aus/287.762.858*

101 *https://www.boell.de/de/2015/04/27/wir-koennen-nicht-zulassen-dass-menschen-im-mittelmeer-ertrinken*

102 *https://www.sueddeutsche.de/projekte/landtagswahl-bayern-2018/muenchen-mitte/*

103 *https://www.boell.de/de/2015/04/27/wir-koennen-nicht-zulassen-dass-menschen-im-mittelmeer-ertrinken*

104 *https://www.boell.de/de/2015/04/27/wir-koennen-nicht-zulassen-dass-menschen-im-mittelmeer-ertrinken*

105 *https://www.zeit.de/politik/deutschland/2015-05/asylantraege-fluechtlinge-herkunftslaender-statistiken*

106 *In den USA bezeichnen konservative Kreise Fakten, die das linke Weltbild stören und deshalb von den Linken gehasst, abgestritten und ignoriert werden, ironisch als „Hate Facts". Im Laufe der Flüchtlingskrise wurden die Linken in Europa mit immer mehr solcher „Hate Facts" konfrontiert.*

107 *https://www.ots.at/presseaussendung/OTS_20150508_OTS0067/bischof-scheuer-das-massensterben-im-mittelmeer-ist-eine-niederlage-fuer-uns-alle*

108 *http://www.kath.net/news/61517*

109 *https://kurier.at/leben/katharina-stemberger-und-fabian-eder-ueber-ihr-integrationsprojekt-wir-alle-haben-verantwortung/141.848.512*

110 *https://kurier.at/leben/katharina-stemberger-und-fabian-eder-ueber-ihr-integrationsprojekt-wir-alle-haben-verantwortung/141.848.512*

111 *http://www.taz.de/!160486/*

112 *https://www.handelsblatt.com/politik/international/fluechtlinge-in-seenot-frontex-fischt-an-einem-tag-4000-aus-dem-meer/11846326.html?ticket=ST-1897778-5FUPlIEpM9PndedhHA9O-ap2*

113 Pranl, Heribert: Im Namen der Menschlichkeit, eBook 2015

114 Prantl, Heribert: Im Namen der Menschlichkeit, eBook 2015

115 Prantl, Heribert: Im Namen der Menschlichkeit, eBook 2015

116 Prantl, Heribert: Im Namen der Menschlichkeit, eBook 2015

117 https://www.welt.de/print/wams/politik/article146599617/Die-Ueberforderten.html

118 https://twitter.com/SawsanChebli/status/1044854026863616002

119 https://www.sjoe.at/themen/asyl-und-migration

120 https://www.sjoe.at/themen/asyl-und-migration

121 https://dbate.de/videos/zentrum-fuer-politische-schoenheit-fluechtlinge-sind-unsere-letzte-hoffnung/

122 https://www.zeit.de/2015/29/fluechtlinge-aufnahme-stadt-hamburg

123 https://www.xn--sterreich-z7a.at/chronik/Amokfahrt-in-Graz-Taeter-hatte-Psychose/193142261

124 https://www.xn--sterreich-z7a.at/chronik/Amokfahrt-in-Graz-Taeter-hatte-Psychose/193142261

125 https://www.andreas-unterberger.at/2016/09/das-grazer-lgenkonstrukt/

126 https://www.ots.at/presseaussendung/OTS_20150620_OTS0041/bundeskanzler-faymann-tief-bestuerzt-ueber-entsetzliche-amokfahrt

127 https://www.3sat.de/page/?source=/kulturzeit/themen/182336/index.html

128 Falter 26/15

129 https://www.ots.at/presseaussendung/OTS_20150620_OTS0042/hc-strache-zutiefst-betroffen-und-entsetzt-ueber-amokfahrt-in-graz

130 https://www.welt.de/politik/deutschland/article146754780/Orban-wirft-Deutschland-moralischen-Imperialismus-vor.html

131 http://www.faz.net/aktuell/politik/inland/fluechtlinge-viele-angeblich-minderjaehrige-sind-ueber-18-jahre-15305789.html

132 https://www.n-tv.de/politik/Fluechtling-erschlich-fast-22-000-Euro-article19690312.html

133 http://www.faz.net/aktuell/politik/inland/merkel-video-kanzlerin-und-das-weinende-maedchen-13705652.html

134 http://www.spiegel.de/politik/deutschland/s-p-o-n-der-schwarze-kanal-warum-sind-so-viele-journalisten-links-a-895095.html

135 http://www.krone.at/462606

136 https://derstandard.at/2000060944960/Erstmals-mehr-auslaendische-Mindestsicherungsbezieher-in-Wien

137 https://kurier.at/politik/inland/mindestsicherung-rechnungshof-kritisiert-mangelnde-kontrolle-in-wien/273.814.941

138 https://www.sosmitmensch.at/teilnehmerinnenrekord-bei-pass-egal-wahl-2017

139 https://www.dw.com/de/deutschland-mit-fl%C3%BCchtlingen-nicht-%C3%BCberfordert/a-18593481

140 http://www.spiegel.de/panorama/leute/til-schweiger-beschimpft-facebook-fans-a-1044386.html

141 http://www.faz.net/aktuell/politik/khola-maryam-huebsch-im-interview-ueber-den-islamischen-staat-13711449.html

142 Als Kuffar (auch Kuffār oder Kāfirūn).bezeichnen Muslime alle, die nicht an Allah glauben und nicht seinem Propheten folgen. Also alle Nichtmuslime, alle Ungläubigen.

143 https://www.huffingtonpost.de/2015/07/31/deutsche-fluechtlinge-huffington-post-willkommen_n_7903912.html

144 https://www.huffingtonpost.de/2015/07/31/deutsche-fluechtlinge-huffington-post-willkommen_n_7903912.html

145 https://www.welt.de/print-welt/article154640/Karl-Popper-ueber-Toleranz.html

146 https://www.welt.de/newsticker/news1/article115754530/Mehrheit-der-Muslime-weltweit-fuer-Anwendung-der-Scharia.html

147 https://www.huffingtonpost.de/2015/07/31/deutsche-fluechtlinge-huffington-post-willkommen_n_7903912.html

148 https://www.zeit.de/gesellschaft/zeitgeschehen/2017-02/sicherheit-deutschland-umfrage-frauen-sicherheitsgefuehl

149 https://www.huffingtonpost.de/2015/07/31/deutsche-fluechtlinge-huffington-post-willkommen_n_7903912.html

150 https://www.huffingtonpost.de/2015/07/31/deutsche-fluechtlinge-huffington-post-willkommen_n_7903912.html

151 https://www.huffingtonpost.de/2015/07/31/deutsche-fluechtlinge-huffington-post-willkommen_n_7903912.html

152 Siehe Team Stronach Akademie (Hg.): Stiefkind Wirtschaftskunde, Wien 2016

153 https://www.huffingtonpost.de/2015/07/31/deutsche-fluechtlinge-huffington-post-willkommen_n_7903912.html

154 https://www.huffingtonpost.de/2015/07/31/deutsche-fluechtlinge-huffington-post-willkommen_n_7903912.html

155 https://www.huffingtonpost.de/2015/07/31/deutsche-fluechtlinge-huffington-post-willkommen_n_7903912.html

156 https://www.huffingtonpost.de/2015/07/31/deutsche-fluechtlinge-huffington-post-willkommen_n_7903912.html

157 https://www.huffingtonpost.de/2015/07/31/deutsche-fluechtlinge-huffington-post-willkommen_n_7903912.html

158 https://www.huffingtonpost.de/2015/07/31/deutsche-fluechtlinge-huffington-post-willkommen_n_7903912.html

159 https://www.huffingtonpost.de/2015/07/31/deutsche-fluechtlinge-huffington-post-willkommen_n_7903912.html

160 https://www.huffingtonpost.de/2015/07/31/deutsche-fluechtlinge-huffington-post-willkommen_n_7903912.html

161 https://www.huffingtonpost.de/2015/07/31/deutsche-fluechtlinge-huffington-post-willkommen_n_7903912.html

162 https://www.huffingtonpost.de/2015/07/31/deutsche-fluechtlinge-huffington-post-willkommen_n_7903912.html

163 https://www.huffingtonpost.de/2015/07/31/deutsche-fluechtlinge-huffington-post-willkommen_n_7903912.html

164 https://www.huffingtonpost.de/2015/07/31/deutsche-fluechtlinge-huffington-post-willkommen_n_7903912.html

165 https://www.huffingtonpost.de/2015/07/31/deutsche-fluechtlinge-huffington-post-willkommen_n_7903912.html

166 https://www.huffingtonpost.de/2015/07/31/deutsche-fluechtlinge-huffington-post-willkommen_n_7903912.html

167 https://www.tagesspiegel.de/berlin/mobbing-in-berliner-schulen-vom-krankenwagen-aus-der-schule-abgeholt/21177512.html

168 https://www.zeit.de/gesellschaft/schule/2018-04/volker-kauder-meldepflicht-antisemisitmus-jude-schulen

169 https://diepresse.com/home/panorama/oesterreich/5448600/Brennpunkt-schulen_Wir-ziehen-eine-Generation-von-Analphabeten-heran

170 Wiesinger Susanne, Kulturkampf im Klassenzimmer. Wien, 2018, Seite 15

171 https://www.huffingtonpost.de/2015/07/31/deutsche-fluechtlinge-huffington-post-willkommen_n_7903912.html

172 https://www.huffingtonpost.de/2015/07/31/deutsche-fluechtlinge-huffington-post-willkommen_n_7903912.html

173 https://www.huffingtonpost.de/2015/07/31/deutsche-fluechtlinge-huffington-post-willkommen_n_7903912.html

174 https://www.huffingtonpost.de/2015/07/31/deutsche-fluechtlinge-huffington-post-willkommen_n_7903912.html

175 https://www.huffingtonpost.de/2015/07/31/deutsche-fluechtlinge-huffington-post-willkommen_n_7903912.html

176 https://www.huffingtonpost.de/2015/07/31/deutsche-fluechtlinge-huffington-post-willkommen_n_7903912.html

177 Bourdieu, Pierre: Die feinen Untershciede, Suhrkamp 1987

178 https://www.huffingtonpost.de/2015/07/31/deutsche-fluechtlinge-huffington-post-willkommen_n_7903912.html

179 https://www.huffingtonpost.de/2015/07/31/deutsche-fluechtlinge-huffington-post-willkommen_n_7903912.html

180 https://www.bundesfinanzministerium.de/Content/DE/Monatsberichte/2013/03/Inhalte/Kapitel-6-Statistiken/6-1-19-staatsquoten-im-internationalen-vergleich.html

181 https://www.huffingtonpost.de/2015/07/31/deutsche-fluechtlinge-huffington-post-willkommen_n_7903912.html

182 https://www.dasbiber.at/content/sugar-mamas-und-ihre-fluechtlinge

183 https://www.blick.ch/news/ausland/schwedinnen-und-migranten-liebes-abenteuer-mit-fluechtlingen-sorgen-fuer-schlagzeilen-id7888436.html

184 https://www.huffingtonpost.de/2015/07/31/deutsche-fluechtlinge-huffington-post-willkommen_n_7903912.html

185 http://www.faz.net/aktuell/wirtschaft/wirtschaftspolitik/diw-chef-marcel-fratzscher-claqueur-der-spd-15076061.html

186 https://www.huffingtonpost.de/2015/07/31/deutsche-fluechtlinge-huffington-post-willkommen_n_7903912.html

187 https://www.huffingtonpost.de/2015/07/31/deutsche-fluechtlinge-huffington-post-willkommen_n_7903912.html

188 https://www.huffingtonpost.de/2015/07/31/deutsche-fluechtlinge-huffington-post-willkommen_n_7903912.html

189 http://www.spiegel.de/politik/deutschland/umfrage-mehrzahl-der-tuerken-fuehlt-sich-in-deutschland-unerwuenscht-a-541136.html

190 https://www.huffingtonpost.de/2015/07/31/deutsche-fluechtlinge-huffington-post-willkommen_n_7903912.html

191 https://www.huffingtonpost.de/2015/07/31/deutsche-fluechtlinge-huffington-post-willkommen_n_7903912.html

192 https://www.huffingtonpost.de/2015/07/31/deutsche-fluechtlinge-huffington-post-willkommen_n_7903912.html

193 https://www.huffingtonpost.de/2015/07/31/deutsche-fluechtlinge-huffington-post-willkommen_n_7903912.html

194 https://www.huffingtonpost.de/2015/07/31/deutsche-fluechtlinge-huffington-post-willkommen_n_7903912.html

195 https://www.huffingtonpost.de/2015/07/31/deutsche-fluechtlinge-huffington-post-willkommen_n_7903912.html

196 https://www.huffingtonpost.de/2015/07/31/deutsche-fluechtlinge-huffington-post-willkommen_n_7903912.html

197 https://www.huffingtonpost.de/2015/07/31/deutsche-fluechtlinge-huffington-post-willkommen_n_7903912.html

198 https://www.huffingtonpost.de/2015/07/31/deutsche-fluechtlinge-huffington-post-willkommen_n_7903912.html

199 https://www.huffingtonpost.de/2015/07/31/deutsche-fluechtlinge-huffington-post-willkommen_n_7903912.html

200 https://rp-online.de/politik/deutschland/fluechtlinge-die-angst-vor-dem-fremden_aid-9546097

201 https://www.handelsblatt.com/politik/deutschland/promis-gegen-rechts-brauchen-keine-ewig-gestrigen-mit-dumpfen-parolen/12143116.html?ticket=ST-3410495-KcvMRvt7ZZ6vdpiicCzH-ap6

202 https://www.welt.de/debatte/henryk-m-broder/article117023550/Massenmoerder-bekamen-von-der-Justiz-Mengenrabatt.html

203 Falter Nr. 32/15

204 http://www.ortneronline.at/mediales-wahrheitssystem-wenn-vier-finger-fuenf-finger-sind/

205 Falter Nr. 32/15

206 https://www.welt.de/politik/deutschland/article144806363/Deutschland-geht-mit-Fluechtlingen-oft-inhuman-um.html

207 https://ef-magazin.de/2018/10/15/13760-waehlen-ohne-verantwortung-warum-unsere-demokratie-dysfunktional-ist

208 https://www.welt.de/politik/deutschland/article144806363/Deutschland-geht-mit-Fluechtlingen-oft-inhuman-um.html

209 https://www.youtube.com/watch?v=CfJawNZm-rQ

210 https://www.zeit.de/gesellschaft/zeitgeschehen/2015-08/asylmissbrauch-unwort-asylrecht-fluechtling

211 https://www.zeit.de/gesellschaft/zeitgeschehen/2015-08/asylmissbrauch-unwort-asylrecht-fluechtling

212 https://www.focus.de/politik/deutschland/bamf-skandal-im-news-ticker-bremer-bamf-noch-mehr-manipulierte-asylentscheide_id_9314064.html

213 https://www.focus.de/politik/deutschland/bamf-skandal-im-news-ticker-bremer-bamf-noch-mehr-manipulierte-asylentscheide_id_9314064.html

214 https://www.tt.com/panorama/verbrechen/12486877/asylmissbrauch-stellt-den-rechtsstaat-auf-harte-probe

215 https://www.aargauerzeitung.ch/kultur/musik/campino-ueber-fluechtlingshetze-da-muss-die-gesellschaft-dagegenhalten-129435112

216 https://www.aargauerzeitung.ch/kultur/musik/campino-ueber-fluechtlingshetze-da-muss-die-gesellschaft-dagegenhalten-129435112

217 derstandard.at/2000020718343/Soziologe-Erleben-qualifizierteste-Einwanderung-die-es-je-gab

218 http://orf.at/stories/2293570/2293569/

219 https://de.wikipedia.org/wiki/Fl%C3%BCchtlingstrag%C3%B6die_bei_Parndorf

220 Falter 34/15

221 https://www.youtube.com/watch?v=3SsFjj1IZZw

222 https://www.welt.de/geschichte/plus168163596/Ein-Tweet-oeffnet-die-deutsche-Grenze-dann-kommen-Geruechte-auf.html

223 Das sogenannte Dublin-Verfahren regelt, dass Asylbewerber in dem Land zu registrieren sind, in dem sie die Europäische Union betreten. Dieser EU-Staat ist auch für den Asylantrag zuständig. Dieses Verfahren soll sicherstellen, dass jeder Asylantrag nur von einem Mitgliedstaat inhaltlich geprüft wird. Stellt sich im Gespräch mit dem Asylsuchenden heraus, dass der Asylantrag in einem anderen Mitgliedstaat zu bearbeiten ist, wird dieser Staat gebeten, den Antragssteller zu übernehmen (sogenanntes Übernahme- oder Wiederaufnahmeersuchen). Stimmt der Mitglied-

staat zu, erhält der Antragsteller hierüber einen Bescheid. Anschließend vereinbaren beide Staaten, wie der Asylbewerber in den ersten Staat zurückkehrt. Rechtsgrundlage des Verfahrens ist die Dublin-III-Verordnung. Siehe dazu: https://www.bundesregierung.de/Content/DE/Lexikon/FAQ-Fluechtlings-Asylpolitik/1-was-muss-ich-ueber-fluechtlinge-wissen/500-was-ist-das-dublin-verfahren.html

224 *https://www.presseportal.de/pm/30621/3102165*

225 *https://www.merkur.de/politik/video-beweist-wir-schaffen-stammt-nicht-angela-merkel-sondern-sigmar-gabriel-zr-6710719.html*

226 *siehe Alexander, Robin: Die Getriebenen, aktualisierte Ausgabe 2018, Seite 73*

227 *http://www.sueddeutsche.de/politik/rechte-gewalt-in-heidenau-gabriel-man-darf-diesen-typen-keinen-millimeter-raum-geben-1.2619311*

228 *http://www.faz.net/aktuell/politik/inland/merkel-nennt-rechtsextreme-in-heidenau-abstossend-13766082.html*

229 *http://www.spiegel.de/politik/deutschland/heidenau-sigmar-gabriel-besucht-fluechtlingsunterkunft-a-1049582.html*

230 *https://www.zeit.de/2016/35/grenzoeffnung-fluechtlinge-september-2015-wochenende-angela-merkel-ungarn-oesterreich/seite-2*

231 *Falter 35/2015*

232 *https://www.zeit.de/politik/deutschland/2016-11/islamischer-staat-mossul-vereinte-nationen-bericht*

233 *https://www.n-tv.de/politik/IS-Frauen-foltern-mit-dem-Beisser-article14460851.html*

234 *https://www.zeit.de/gesellschaft/zeitgeschehen/2016-09/allensbach-umfrage-aengste-deutsche-materielle-zufriedenheit*

235 *https://www.n-tv.de/politik/Dank-an-jene-die-den-Hass-ertragen-article15800046.html*

236 *http://www.rp-online.de/politik/deutschland/joachim-gauck-es-gibt-ein-helles-deutschland-aid-1.5341451*

237 *https://kurier.at/politik/inland/van-der-bellen-warnt-vor-blauer-republik-und-alpen-mordor/230.876.039*

238 *https://www.youtube.com/watch?time_continue=117&v=tBHMzCOn2Sk*

239 *http://www.achgut.com/artikel/pappkameraden_und_denkfehler_des_asyldiskurses_teil_1*

240 https://www.zeit.de/politik/ausland/2015-08/fluechtlinge-hilfe-westbalkan-konferenz

241 Der Spiegel 36/2015

242 Der Spiegel 36/2015

243 https://www.achgut.com/artikel/pappkameraden_und_denkfehler_des_asyldiskurses_teil_1

244 http://www.spiegel.de/spiegel/print/d-138379315.html

245 https://www.bild.de/news/inland/wir-helfen/darum-muss-jeder-helfen-42369816.bild.html

246 https://www.n-tv.de/der_tag/Bild-Haltung-zu-Fluechtlingen-hat-viele-Leser-gekostet-article18997721.html

247 https://www.bild.de/news/inland/wir-helfen/darum-muss-jeder-helfen-42369816.bild.html

248 https://www.bild.de/news/inland/wir-helfen/darum-muss-jeder-helfen-42369816.bild.html

249 https://www.infratest-dimap.de/fileadmin/user_upload/dt1509_bericht.pdf

250 https://www.youtube.com/watch?v=l6VSr3l_v-Q (abgerufen am 30.3.2018)

251 http://wienerin.at/home/leben/4829189/Top_Die-besten-Zitate-zur-Fluechtlingskrise?gal=4829189&index=14&direct=&_vl_backlink=&popup=#frame

252 http://www.spiegel.de/politik/deutschland/fluechtlinge-die-wichtigsten-politiker-zitate-in-der-krise-a-1054103.html

253 https://www.bundesregierung.de/Content/DE/Mitschrift/Pressekonferenzen/2015/08/2015-08-31-pk-merkel.html

254 https://www.bundesregierung.de/Content/DE/Mitschrift/Pressekonferenzen/2015/08/2015-08-31-pk-merkel.html

255 https://www.zeit.de/politik/deutschland/2015-09/sachsen-stanislaw-tillich-regierungserklaerung-heidenau-rechtsextremismus

256 https://www.dasbiber.at/content/niemand-muss-mich-waehlen-0

257 https://www.wienerzeitung.at/nachrichten/oesterreich/politik/804411_88.912-Asyl-Antraege-im-Jahr-2015.html

258 https://www.stern.de/politik/deutschland/angela-merkel-beantwortet-frage-zur-angst-vor-islamisierung-6441522.html

259 https://www.stern.de/politik/deutschland/angela-merkel-beantwortet-frage-zur-angst-vor-islamisierung-6441522.html

260 *https://www.stern.de/politik/deutschland/angela-merkel-beantwortet-frage-zur-angst-vor-islamisierung-6441522.html*

261 *https://www.news.at/a/showyourfacechallenge-hirscher-gegen-hetze*

262 *http://www.fr.de/politik/flucht-zuwanderung/aylan-kurdi-warum-wir-dieses-foto-zeigen-a-415830*

263 *https://www.stern.de/politik/ausland/ailan-kurdi--das-kurze-leben-des-ertrunkenen-fluechtlingsjungen-6433688.html*

264 *https://www.krone.at/470643*

265 *https://wien.orf.at/news/stories/2731507/*

266 *https://derstandard.at/2000021757874/Die-Schutzflehenden*

267 *https://derstandard.at/2000064811103/Es-gibt-nur-ein-Thema-Muslimische-Zuwanderung*

268 *https://www.zeit.de/2016/35/grenzoeffnung-fluechtlinge-september-2015-wochenende-angela-merkel-ungarn-oesterreich/seite-2*

269 *https://www.welt.de/politik/deutschland/article169402779/Merkel-fuehlt-sich-unverstanden-Da-dringen-wir-nicht-durch.html*

270 *Alexander, Robin: Die Getriebenen, aktualisierte Ausgabe 2018, Seite 54*

271 *https://www.sn.at/panorama/international/viktor-orban-vom-rebellen-zum-rechtspopulisten-26452426*

272 *https://www.n-tv.de/politik/Nichts-verheimlicht-nicht-alles-erzaehlt-article10631536.html*

273 *Alexander, Robin: Die Getriebenen, aktualisierte Ausgabe 2018, Seite 64*

274 *ebenda*

275 *http://www.spiegel.de/politik/deutschland/martin-schulz-warnt-vor-scheitern-europas-in-der-fluechtlingskrise-a-1051440.html*

276 *https://www.theeuropean.de/juergen-fritz/11819-martin-schulz-der-multimilionaer*

277 *Alexander, Robin: Die Getriebenen, aktualisierte Ausgabe 2018, Seite 71*

278 *Alexander, Robin: Die Getriebenen, aktualisierte Ausgabe 2018, Seite 71*

279 *https://www.youtube.com/watch?v=aw_F_p4lrSw*

280 *https://www.profil.at/oesterreich/hilfe-fluechtlinge-meine-freundin-5845568*

281 *https://www.bild.de/politik/inland/bnd/chef-schindler-im-bild-interview-42475898.bild.html*

https://www.welt.de/politik/deutschland/article146099610/Keine-Hinweise-auf-Terroristen-unter-Fluechtlingen.html

282 https://www.abendzeitung-muenchen.de/inhalt.ueber-3500-festnahmen-grenzkontrollen-beim-g7-gipfel-polizei-kontrollierte-362-275-menschen.f1e90189-6ecc-46af-8ab5-644d9eb053c5.html

283 http://www.spiegel.de/politik/deutschland/fluechtlinge-gabriel-haelt-500-000-pro-jahr-fuer-verkraftbar-a-1051862.html

284 https://www.welt.de/kultur/article146087137/Wir-duerfen-die-Strasse-nicht-den-Nazis-ueberlassen.html

285 https://www.berliner-zeitung.de/politik/-zitate-politiker-2015-best-of-sote-23399554-seite3#

286 Falter 37/15

287 https://www.bundeskanzlerin.de/Content/DE/Rede/2015/09/2015-09-10-rede-deutscher-bundestag.html

288 https://www.bundeskanzlerin.de/Content/DE/Rede/2015/09/2015-09-10-rede-deutscher-bundestag.html

289 https://www.welt.de/politik/deutschland/article170952117/Deutschland-liegt-bei-Abschiebungen-europaweit-vorn.html

290 https://www.zeit.de/gesellschaft/2016-03/statistisches-bundesamt-migration-deutschland-abwanderung-zuwanderung

291 https://www.bild.de/politik/inland/sigmar-gabriel/vize-kanzler-traegt-bild-button-42506734.bild.html

292 https://www.gruene-bundestag.de/parlament/bundestagsreden/2015/september/katrin-goering-eckardt-haushalt-2016-generaldebatte.html

293 https://www.gruene-bundestag.de/parlament/bundestagsreden/2015/september/katrin-goering-eckardt-haushalt-2016-generaldebatte.html

294 https://www.gruene-bundestag.de/parlament/bundestagsreden/2015/september/katrin-goering-eckardt-haushalt-2016-generaldebatte.html

295 Alexander, Robin: Die Getriebenen, aktualisierte Ausgabe 2018, Seite 83

296 https://www.bundesregierung.de/Content/DE/Bulletin/2010-2015/2015/09/109-3-bmas-bt.html

297 https://www.welt.de/politik/deutschland/article146239250/Angst-vor-Islamisierung-Gehen-Sie-in-die-Kirche.html

298 https://rp-online.de/politik/deutschland/ein-selfie-mit-merkel-machte-shaker-alias-kedida-beruehmt_aid-18272855

299 https://rp-online.de/politik/deutschland/ein-selfie-mit-merkel-machte-shaker-alias-kedida-beruehmt_aid-18272855

300 https://www.trend.at/home/oebb-chef-christian-kern-fluechtlingen-es-alternative-5851920

301 Alexander, Robin: Die Getriebenen, aktualisierte Ausgabe, 2018, S. 15

302 Alexander, Robin: Die Getriebenen, aktualisierte Ausgabe, 2018, S. 16

303 http://www.spiegel.de/spiegel/vorab/kanzler-faymann-vergleicht-orbans-fluechtlingspolitik-mit-holocaust-a-1052439.html

304 https://www.youtube.com/watch?v=kOpVyLTe0NM

305 http://www.spiegel.de/politik/deutschland/fluechtlinge-kommentar-zu-grenzkontrollen-a-1052745.html

306 https://wien.orf.at/news/stories/2731507/

307 Alexander, Robin: Die Getriebenen, aktualisierte Ausgabe, 2018, S. 73

308 https://www.n-tv.de/politik/Merkel-Dann-ist-das-nicht-mein-Land-article15938301.html

309 https://www.tagesspiegel.de/politik/angela-merkel-rechtfertigt-fluechtlingspolitik-dann-ist-das-nicht-mein-land/12325248.html

310 http://www.spiegel.de/politik/deutschland/fluechtlinge-die-wichtigsten-politiker-zitate-in-der-krise-a-1054103.html

311 https://www.rkob.net/international/europa/resolution-refugees/

312 http://www.faz.net/aktuell/technik-motor/iaa/daimler-chef-zetsche-fluechtlinge-koennten-neues-wirtschaftswunder-ausloesen-13803671.html

313 https://www.youtube.com/watch?v=9DUWKNVGR54

314 http://www.faz.net/aktuell/technik-motor/iaa/daimler-chef-zetsche-fluechtlinge-koennten-neues-wirtschaftswunder-ausloesen-13803671.html

315 https://www.youtube.com/watch?v=9DUWKNVGR54

316 http://www.manager-magazin.de/politik/deutschland/29-dax-konzerne-stellen-vier-fluechtlinge-ein-a-1101204.html

317 Alexander, Robin: Die Getriebenen, aktualisierte Ausgabe 2018, Seite 74

318 https://www.rkob.net/wien-wahl-2015/rede-keiner-illegal/

319 http://www.spiegel.de/politik/deutschland/fluechtlinge-die-wichtigsten-politiker-zitate-in-der-krise-a-1054103.html

320 https://www.welt.de/politik/deutschland/article146520039/Buergermeister-lieber-Syrer-statt-Osteuropaeer.html

321 http://www.tt.com/politik/10527306-91/van-der-bellen-ich-bin-ein-gr%C3%BCner-und-ein-verkappter-liberaler.csp

322 http://www.spiegel.de/politik/deutschland/fluechtlinge-die-wichtigsten-politiker-zitate-in-der-krise-a-1054103.html

323 https://www.waz.de/panorama/fluechtlingsboot-als-altar-messe-in-koeln-mal-anders-id11859353.html

324 https://sezession.de/54168/kardinal-woelkis-hommage-an-das-heerlager-der-heiligen

325 https://www.ots.at/presseaussendung/OTS_20150921_OTS0131/bundeskanzler-faymann-oebb-haben-menschlichkeit-und-hilfsbereitschaft-an-der-richtigen-stelle-gezeigt

326 https://www.gruene.at/themen/europa/gruener-aktionsplan-fuer-fluechtlinge

327 https://www.welt.de/politik/deutschland/article146898053/Die-Union-verweigert-Merkel-die-Gefolgschaft.html (abgerufen am 23.3.2018) https://jungefreiheit.de/politik/deutschland/2015/nun-sind-sie-halt-da/ (abgerufen am 23.3.2018)

328 https://www.youtube.com/watch?v=JgrNB7qjHKA

329 http://www.spiegel.de/politik/deutschland/fluechtlinge-die-wichtigsten-politiker-zitate-in-der-krise-a-1054103.html

330 https://wienerin.at/top-die-besten-zitate-zur-fluchtlingskrise?_vl_backlink=&direct=&gal=4829189&index=10&popup=#slide--165614-6

331 http://wienerin.at/home/leben/4829189/Top_Die-besten-Zitate-zur-Fluechtlingskrise?gal=4829189&index=10&direct=&_vl_backlink=&popup=#frame

332 https://rp-online.de/kultur/musik/bap-chef-wolfgang-niedecken-im-interview-merkel-hat-alle-ueberrascht_aid-19882281

333 https://www.vol.at/helene-fischer-unterstuetzt-wirsindmehr-aktion-gegen-rechts/5914005

334 https://rp-online.de/kultur/musik/bap-chef-wolfgang-niedecken-im-interview-merkel-hat-alle-ueberrascht_aid-19882281

335 https://rp-online.de/kultur/musik/bap-chef-wolfgang-niedecken-im-interview-merkel-hat-alle-ueberrascht_aid-19882281

336 Falter 40/15

337 https://kurier.at/politik/inland/mindestsicherung-rechnungshof-kritisiert-mangelnde-kontrolle-in-wien/273.814.941

338 http://www.heute.at/oesterreich/wien/story/Wien--Mehr-muslimische-als-katholische-Schueler-58547509

339 https://www.landeskirche-hannovers.de/evlka-de/presse-und-medien/nachrichten/2015/09/2015_09_30_1

340 https://edition.cnn.com/2015/04/24/opinions/europe-australia-migrant-policy/index.html

341 ebenda

342 https://www.sjoe.at/sjoe/schutzfuernichtvorflchtlingen

343 https://www.sjoe.at/sjoe/schutzfuernichtvorflchtlingen

344 http://www.krone.at/474971

345 https://wien.orf.at/news/stories/2735083/

346 https://de.wikipedia.org/wiki/Voices_for_Refugees

347 https://www.deutschlandfunk.de/angela-merkel-sich-jetzt-wegzuducken-und-zu-hadern-das-ist.868.de.html?dram:article_id=332881

348 https://www.welt.de/vermischtes/article147202787/Fuer-Fluechtlinge-will-Groenemeyer-Reichen-ans-Geld.html

349 https://www.welt.de/politik/deutschland/article147197467/CSU-betreibt-die-Orbanisierung-der-Asylpolitik.html

350 https://www.noz.de/deutschland-welt/politik/artikel/624394/lauterbach-fluchtlinge-entlasten-gesundheitssystem

351 http://www.spiegel.de/politik/deutschland/angela-merkel-redet-bei-anne-will-ueber-fluechtlingskrise-klartext-a-1056730.html

352 http://www.spiegel.de/politik/deutschland/angela-merkel-bei-anne-will-a-1056726.html

353 http://www.spiegel.de/politik/deutschland/angela-merkel-bei-anne-will-a-1056726.html

354 Siehe Alexander, Robin: Die Getriebenen, aktualisierte Ausgabe 2018, Seite 112

355 https://www.berliner-zeitung.de/politik/-zitate-politiker-2015-best-of-sote-23399554-seite3#

356 https://www.sueddeutsche.de/politik/streit-in-der-koalition-justizminister-lehnt-transitzonen-fuer-fluechtlinge-vehement-ab-1.2688438

357 http://www.un.org/depts/german/migration/A.CONF.231.3.pdf

358 Alexander, Robin: Die Getriebenen, aktualisierte Ausgabe 2018, Seite 125

359 https://www.amadeu-antonio-stiftung.de/hetze/fakten-und-argumente-zur-debatte-ueber-fluechtlinge/ganz-afrika-steht-vor-den-toren-europas/

360 https://jungefreiheit.de/politik/deutschland/2018/geldsegen-in-millionenhoehe-fuer-amadeu-antonio-stiftung/

361 *https://www.proasyl.de/wp-content/uploads/2015/12/Pro_Menschenrechte_Contra_Vorurteile_2017_Webversion.pdf*

362 *http://www.heute.at/politik/news/story/Kriminalstatistik-fuer--sterreich--Zahl-der-Vergewaltigungen-steigt-Straftaten-insgesamt-aber-weniger-43322703*

363 *https://www.amadeu-antonio-stiftung.de/hetze/fakten-und-argumente-zur-debatte-ueber-fluechtlinge/fluechtlinge-aufzunehmen-koennen-wir-uns-nicht-leisten/*

364 *https://www.proasyl.de/wp-content/uploads/2015/12/Pro_Menschenrechte_Contra_Vorurteile_2017_Webversion.pdf*

365 *https://www.welt.de/politik/ausland/article131157709/2050-muss-Afrika-zwei-Milliarden-ernaehren.html*

366 *https://derstandard.at/2000074898543/Afrika-und-der-Ansturm-auf-Europa*

367 *https://www.tichyseinblick.de/kolumnen/bettina-roehl-direkt/anetta-kahane-wieviel-hass-braucht-ein-mensch-um-stasi-zu-werden/*

368 *http://www.sueddeutsche.de/politik/fluechtlinge-in-deutschland-die-maer-vom-eingeschlichenen-terroristen-1.2691972*

369 *https://www.welt.de/politik/article147621860/Bitte-Frau-Kanzlerin-machen-Sie-die-Grenzen-dicht.html*

370 *Alexander, Robin: Die Getriebenen, aktualisierte Ausgabe 2018, Seite 88*

371 *https://www.welt.de/politik/deutschland/article145792553/Der-Werbefilm-fuer-das-gelobte-Asylland-Germany.html*

372 *https://www.zeit.de/2015/42/fluechtlinge-zuwanderung-deutschland-integration-vorteile*

373 *https://www.zeit.de/2015/42/fluechtlinge-zuwanderung-deutschland-integration-vorteile*

374 *https://www.focus.de/kultur/medien/tagesschau-und-tagesthemen-ard-raeumt-falsches-fluechtlingsbild-ein_id_5001222.html*

375 *Alexander, Robin: Die Getriebenen, aktualisierte Ausgabe 2018, Seite 75*

376 *https://derstandard.at/2000022441270/Van-der-Bellen-Notfalls-darf-man-die-Unwahrheit-sagen*

377 *http://www.faz.net/aktuell/wirtschaft/eurokrise/nach-geheimtreffen-zu-griechenland-juncker-nach-falschen-dementis-in-der-kritik-1641525.html*

378 https://www.bundesregierung.de/Content/DE/Rede/2015/10/2015-10-21-rede-ig-metall.html

379 http://wienerin.at/home/leben/4829189/Top_Die-besten-Zitate-zur-Fluechtlingskrise?gal=4829189&index=14&direct=&_vl_backlink=&popup=#frame

380 http://orf.at/stories/2306741/2306742/

381 https://orf.at/stories/2306741/2306742/

382 https://www.ots.at/presseaussendung/OTS_20151028_OTS0125/aktion-der-jungen-gruenen-in-strassburg-fluechtlinge-willkommen-bild

383 http://menschliche-asylpolitik.at/2015/10/

384 https://info.arte.tv/de/oesterreich-ein-zaun-gegen-die-angst

385 https://www.welt.de/print/welt_kompakt/article148225011/Fluechtlinge-sind-Bereicherung.html

386 https://www.youtube.com/watch?time_continue=148&v=7ph2GnWMjhc

387 http://linkswende.org/banken-und-konzerne-bedrohen-das-sozialsystem-nicht-fluechtlinge/

388 Hörl, Michael: Die Armutsindustrie – Wie mit falschen Zahlen Politik gemacht wird, Wien 2018, Seite 103

389 https://www.deutschlandfunk.de/bdi-chef-grillo-zur-fluechtlingssituation-es-gibt-chancen.694.de.html?dram:article_id=335763

390 https://www.caritas.at/aktuell/news/detail/news/72904-caritas-zu-asyl-auf-zeit/

391 https://www.welt.de/wirtschaft/article148364620/Nach-sieben-Jahren-bringt-ein-Fluechtling-dem-Staat-Geld.html

392 DIW Wochenbericht Nr. 45.2015 (https://www.diw.de/documents/publikationen/73/diw_01.c.518252.de/15-45-4.pdf)

393 https://www.welt.de/wirtschaft/article148364620/Nach-sieben-Jahren-bringt-ein-Fluechtling-dem-Staat-Geld.html

394 https://www.wiwi.uni-muenster.de/cawm/sites/cawm/files/cawm/download/Beitraege/cawm_b37.pdf

395 https://jungefreiheit.de/politik/deutschland/2015/linken-abgeordnete-auf-we-love-volkstod-demonstration/

396 https://www.bayernkurier.de/inland/8411-claudia-roth-auf-abwegen/

397 https://jungefreiheit.de/politik/deutschland/2015/jusos-wollen-deutschlandhass-per-gesetz-billigen/

398 https://www.focus.de/politik/deutschland/bomber-harris-do-it-again-dieser-nackt-protest-gegen-pegida-schockt-dresden_id_4420184.html

399 Ley, Michael: Hitlers Kinder, Marburg an der Lahn 2018, Seite 7

400 Burckner, Pascal zitiert nach Ley, Michael: Die letzten Europäer – Das neue Europa, Osnabrück 2017, Seite 39

401 https://www.ots.at/presseaussendung/OTS_20151105_OTS0123/spielfeld-demonstration-gegen-naziaufmarsch-am-15-november

402 https://diepresse.com/home/wirtschaft/economist/4860147/OeBB-Chef-Kern-kritisiert-in-Fluechtlingskrise-Behoerden

403 https://www.noz.de/deutschland-welt/niedersachsen/artikel/1202220/gericht-gibt-buergen-aus-niedersachsen-im-streit-um-fluechtlingskosten-recht

404 https://www.kulturrat.de/themen/wertedebatte/eine-bereicherung-fuer-unsere-kultur/

405 https://www.ots.at/presseaussendung/OTS_20151108_OTS0004/korun-fluechtlingstransport-von-griechenland-wuerde-balkanroute-ueberfluessig-machen

406 https://www.focus.de/politik/deutschland/osten-fuer-auslaender-zu-gefaehrlich-extremismusexpertin-situation-fuer-fluechtlinge-in-ostdeutschland-ist-unzumutbar_id_5069537.html

407 https://www.welt.de/politik/deutschland/article1212415/Birthler-Behoerde-liess-Stasi-Spitzel-einladen.html

408 http://www.idea.de/gesellschaft/detail/fluechtlinge-machen-deutschland-religioeser-vielfaeltiger-und-juenger-92675.html

409 https://derstandard.at/2000025312203/Thomas-Maurer-Political-Correctness-ist-ein-Popanz-der-Rechten

410 https://www.ots.at/presseaussendung/OTS_20151111_OTS0117/nationalrat-schieder-ursachen-der-fluechtlingsbewegung-muessen-beseitigt-werden

411 https://www.ots.at/presseaussendung/OTS_20151113_OTS0068/diakonie-schluss-mit-der-politik-der-signale

412 https://www.bayernkurier.de/kultur/7502-ein-bambi-fuer-alle-ehrenamtlichen/

413 https://www.youtube.com/watch?v=qIl7bQqiFA4

414 https://www.welt.de/politik/deutschland/article148839190/Jeder-der-zu-uns-kommt-hat-einen-Grund-zu-fliehen.html

415 *https://derstandard.at/2000041783736/Mama-Merkel-haelt-nicht-was-sie-nie-versprochen-hat*

416 *https://www.welt.de/politik/deutschland/article148839190/Jeder-der-zu-uns-kommt-hat-einen-Grund-zu-fliehen.html*

417 *https://www.welt.de/politik/deutschland/article148839190/Jeder-der-zu-uns-kommt-hat-einen-Grund-zu-fliehen.html*

418 *https://www.youtube.com/watch?v=qIl7bQqiFA4*

419 *Alexander, Robin: Die Getriebenen, aktualisierte Ausgabe 2018, Seite 160*

420 *http://www.spiegel.de/politik/ausland/paris-reaktionen-auf-die-terrorattacken-von-obama-merkel-putin-a-1062800.html*

421 *Die islamistischen Terrorattacken richteten sich gegen die Zuschauer eines Fußballspiels im Stade de France, gegen die Besucher eines Rockkonzerts im Bataclan-Theater sowie gegen die Gäste zahlreicher Bars, Cafés und Restaurants. Es handelte sich um mehrere Schusswaffenattentate, ein Massaker mit Geiselnahme sowie sechs Detonationen, die von Selbstmordattentätern mit Sprengstoffwesten ausgelöst wurden. Siehe dazu: https://de.wikipedia.org/wiki/Terroranschl%C3%A4ge_am_13._November_2015_in_Paris*

422 *https://www.stern.de/politik/ausland/anschlag-in-paris--reaktionen-von-angela-merkel-6554658.html*

423 *https://diepresse.com/home/politik/aussenpolitik/4866310/Reaktionen-auf-Terror_Anschlaege-auf-die-gesamte-Menschheit#slide-4866310-5*

424 *https://diepresse.com/home/politik/aussenpolitik/4866310/Reaktionen-auf-Terror_Anschlaege-auf-die-gesamte-Menschheit#slide-4866310-6*

425 *https://www.mdr.de/nachrichten/reaktionen-auf-anschlag-paris100.html*

426 *Alexander, Robin: Die Getriebenen, aktualisierte Ausgabe 2018, Seite 173*

427 *Siehe Alexander, Robin: Die Getriebenen, aktualisierte Ausgabe 2018, Seite 173*

428 *https://twitter.com/MDRAktuell*

429 *https://www.landeskirche-hannovers.de/evlka-de/presse-und-medien/nachrichten/2015/11/2015_11_16_2*

430 *https://www.stern.de/politik/deutschland/markus-soeder--paris-aendert-alles---unkontrollierte-zuwanderung-beenden-6556632.html*

431 *https://rp-online.de/politik/eu/politiker-warnen-terroristen-nicht-mit-fluechtlingen-gleichsetzen_aid-20535563*

432 *http://www.oe24.at/welt/Paris-Terror-Opfer-schwerst-gefoltert/244534968*

433 *https://www.youtube.com/watch?v=lhj0eN0jB6g*

434 *Alexander, Robin: Die Getriebenen, aktualisierte Ausgabe 2018, Seite 173*

435 *https://www.welt.de/newsticker/news2/article148879888/Von-der-Leyen-Fluechtlinge-nicht-mit-Terroristen-gleichsetzen.html*

436 *https://www.tagesspiegel.de/politik/nach-anschlaegen-in-paris-amadeu-antonio-stiftung-sieht-Pegida-im-aufwind/12595300.html*

437 *http://menschliche-asylpolitik.at/2015/11/*

438 *Industriellenvereinigung (Hg.): Wohlstand, Armut & Umverteilung in Österreich Fakten und Mythen – vierte Auflage; https://www.iv.at/media/filer_public/9f/1b/9f1bb3ac-464d-4ef8-9f93-38e0a2a8f889/file_575.pdf*

439 *Hörl, Michael: Die Armutsindustrie – Wie mit falschen Zahlen Politik gemacht wird, Wien 2018, Seite 106*

440 *https://www.welt.de/politik/deutschland/article148969193/Ein-Teil-dieser-Antworten-wuerde-die-Bevoelkerung-verunsichern.html*

441 *http://www.faz.net/aktuell/politik/inland/teil-dieser-antworten-de-maiziere-bereut-seine-terror-aussage-14146259.html*

442 *https://www.ots.at/presseaussendung/OTS_20151117_OTS0234/gruenelebersorger-fluechtlingszuzug-bringt-neue-wirtschaftskraft-und-wohlstand-fuer-kaernten*

443 *https://www.derwesten.de/politik/heiko-maas-die-terroristen-sind-unter-uns-id11300813.html*

444 *https://www.derwesten.de/politik/heiko-maas-die-terroristen-sind-unter-uns-id11300813.html*

445 *https://www.derwesten.de/politik/heiko-maas-die-terroristen-sind-unter-uns-id11300813.html*

446 *https://www.derwesten.de/politik/heiko-maas-die-terroristen-sind-unter-uns-id11300813.html*

447 *https://www.ndr.de/nachrichten/niedersachsen/osnabrueck_emsland/Elf-Identitaeten-Haftstrafe-fuer-Asylbewerber,sozialbetrug234.html*

448 *https://kurier.at/politik/inland/fluechtlinge-sollen-nicht-fuer-terror-buessen/165.202.034*

449 *https://kurier.at/politik/inland/fluechtlinge-sollen-nicht-fuer-terror-buessen/165.202.034*

450 *https://diepresse.com/home/wirtschaft/unternehmen/5381038/Eva-Glawischnig-geht-zu-Novomatic*

451 *http://www.spiegel.de/politik/deutschland/gruener-parteitag-delegierte-bekennen-sich-zu-notwendigkeit-von-abschiebungen-a-1063923.html*

452 *https://www.ots.at/presseaussendung/OTS_20151126_OTS0211/gruene-schautzer-zur-fluechtlingsdebatte-registierung-ja-zaeune-nein*

453 *https://www.noz.de/deutschland-welt/politik/artikel/645277/islam-justizminister-maas-will-anerkennung-und-staatsvertrage#gallery&0&0&645277*

454 *https://www.sueddeutsche.de/digital/task-force-facebook-nutzer-sollen-nur-noch-stunden-hetzen-duerfen-1.2783749*

455 *https://www.handelsblatt.com/unternehmen/it-medien/zensur-vorwuerfe-deutsches-gericht-verbietet-facebook-erstmals-loeschung-eines-kommentars/21167750.html?ticket=ST-7453172-Cbg0BGmbNt7E7hMIzhtJ-ap2*

456 *https://www.steinhoefel.com/2018/01/schnelljustiz-in-der-loeschkaserne.html*

457 *https://www.ots.at/presseaussendung/OTS_20151204_OTS0026/bluemel-wie-glaubwuerdig-ist-die-zick-zack-argumentationslinie-des-ams-wien*

458 *https://www.bundeskanzlerin.de/Content/DE/Rede/2015/12/2015-12-07-rede-60-jahre-gastarbeiter.html*

459 *https://katholisches.info/2017/08/21/der-genozid-der-christen-des-nahen-ostens-ist-ein-angriff-gegen-die-menschheit/*

460 *https://www.ots.at/presseaussendung/OTS_20151208_OTS0017/margot-kaessmann-zaeune-sind-furchtbares-symbol*

461 *Das sind riesige Betonklötze, die an Legosteine erinnern und die zum Schutz vor Terroristen auf Straßenfesten, Weihnachtsmärkten etc. zum Einsatz kommen.*

462 *https://www.ots.at/presseaussendung/OTS_20151208_OTS0017/margot-kaessmann-zaeune-sind-furchtbares-symbol*

463 *https://www.ots.at/presseaussendung/OTS_20151209_OTS0202/evangelische-generalsynode-wir-wollen-fluechtlinge-annehmen-und-unsere-tueren-oeffnen*

464 *Diakonie Jahresbericht 2016: https://diakonie.at/sites/default/files/diakonie_oesterreich/publikationen/jb_2016-web.pdf*

465 *https://www.ots.at/presseaussendung/OTS_20151209_OTS0209/yilmaz-menschenrechte-gegen-rechte-kraefte-verteidigen*

466 https://www.welt.de/politik/deutschland/article156269271/Islam-Gebote-stehen-ueber-dem-Gesetz-findet-fast-die-Haelfte.html

467 https://www.ots.at/presseaussendung/OTS_20151216_OTS0074/junge-gruene-mikl-leitner-einzaeunen-bild

468 https://www.ots.at/presseaussendung/OTS_20151218_OTS0043/frauenberger-zum-internationalen-tag-der-migrantinnen-miteinander-fuers-gute-zusammenleben

469 https://diepresse.com/home/panorama/wien/5241568/Stadt-Wien-hat-sechs-Milliarden-Euro-Schulden

470 https://www.welt.de/politik/deutschland/article150091046/Eine-boshafte-Form-der-Naivitaet.html

471 https://www.ots.at/presseaussendung/OTS_20151222_OTS0017/gegen-verschaerfungen-im-asylgesetz-und-fuer-unbefristeten-aufenthaltsstatus-fuer-gefluechtete

472 https://de.wikipedia.org/wiki/Asyl

473 https://www.zeit.de/politik/deutschland/2015-12/islam-kritik-narrative-stereotype-muslime-hamed-abdel-samad

474 https://www.n-tv.de/politik/Somalier-schuldig-gesprochen-article2523221.html

475 http://www.spiegel.de/politik/deutschland/fluechtlinge-und-medien-erziehungs-rundfunk-kolumne-a-1070501.html

476 http://www.spiegel.de/politik/deutschland/fluechtlinge-und-medien-erziehungs-rundfunk-kolumne-a-1070501.html

477 http://www.sueddeutsche.de/panorama/uebergriffe-in-koeln-ausgelassene-stimmung-feiern-weitgehend-friedlich-1.2806355
https://www.presseportal.de/blaulicht/pm/12415/3214905

478 http://www.achgut.com/artikel/die_fuenf_duemmsten_statements_des_letzten_jahres

479 https://www.tagesschau.de/inland/studie-zahl-der-muslime-in-deutschland-101.html

480 In Österreich wurde die Zahl der Muslime offiziell bei der Volkszählung im Jahr 2001 erhoben. Seither gibt es nur noch Schätzungen, die sehr weit auseinanderliegen.

481 https://kurier.at/politik/inland/studie-bestaetigt-anstieg-von-muslimen-in-oesterreich/278.713.587

482 *https://kurier.at/politik/inland/mindestsicherung-rechnungshof-kritisiert-mangelnde-kontrolle-in-wien/273.814.941*

483 *http://www.nachrichten.at/nachrichten/politik/innenpolitik/Mindestsicherung-Zahl-der-Bezieher-stieg-um-8-1-Prozent;art385,2658702*

484 *https://www.krone.at/599590*

485 *https://www.welt.de/vermischtes/article150660691/ZDF-gibt-Fehleinschaetzung-bei-Koeln-Berichterstattung-zu.html*

486 *https://www.orf-watch.at/Kritik/2016/01/581*

487 *https://www.bild.de/politik/inland/sexuelle-belaestigung/an-silvester-eine-armlaenge-abstand-lautet-henriette-rekers-tipp-fuer-frauen-44037568.bild.html*

488 *https://www.shz.de/deutschland-welt/politik/Pegida-npd-und-afd-wie-rechte-die-attacken-von-koeln-instrumentalisieren-id12374201.html*

489 *http://www.fr.de/politik/angriffe-in-koeln-sexismus-durchzieht-unsere-gesellschaft-a-384879*

490 *https://www.youtube.com/watch?time_continue=1056&v=pZBgpILyMMo*

491 *https://www.profil.at/gesellschaft/stermann-grissemann-bilanz-kuenstlerehe-6181082*

492 *Frank&Frei – Magazin für Politik, Wirtschaft und Lebensstil, 07/2018*

493 *Frank&Frei – Magazin für Politik, Wirtschaft und Lebensstil, 07/2018*

494 *https://www.welt.de/print/die_welt/politik/article150754272/Es-gibt-auch-an-Karneval-Gewalt-gegen-Frauen.html*

495 *Arabische Bezeichnung für sexuelle Übergriffe durch Gruppen. Laut der früheren Kairo-Korrespondentin Julia Gerlach bezeichnet der Begriff in Ägypten bestimmte Formen von sexuellen Angriffen auf Frauen durch Gruppen von Männern. Siehe dazu: https://de.wikipedia.org/wiki/Taharrusch_dschama%27i*

496 *Eine Ausnahme ist Alice Schwarzer, die diese Zusammenhänge erkannt hat und dafür von den anderen Feministinnen heftig kritisiert wird.*

497 *http://www.roland-baader.de/gender-mainstreaming-mao-marx-und-mannerhass-was-der-feministische-kassenschlager-wirklich-bedeutet/#more-951*

498 *https://www.welt.de/print/die_welt/politik/article150754272/Es-gibt-auch-an-Karneval-Gewalt-gegen-Frauen.html*

499 *http://www.faz.net/aktuell/feuilleton/debatten/die-uebergriffe-in-koeln-und-falsche-zahlen-von-der-wiesn-14004617.html*

500 *http://www.fr.de/politik/angriffe-in-koeln-sexismus-durchzieht-unsere-gesellschaft-a-384879*

501 *https://www.welt.de/regionales/hamburg/article150824060/Alle-Maenner-sind-potenzielle-Vergewaltiger.html*

502 *https://www.tagesspiegel.de/politik/nach-den-uebergriffen-in-koeln-warum-habt-ihr-keinen-respekt/12810330.html*

503 *https://www.tagesspiegel.de/politik/nach-den-uebergriffen-in-koeln-warum-habt-ihr-keinen-respekt/12810330.html*

504 *https://www.welt.de/debatte/kommentare/article150810279/Nacht-des-Erschreckens-Nacht-der-Erkenntnis.html*

505 *https://www.zeit.de/politik/ausland/2016-01/anschlag-istanbul-sicherheitslage-deutschland-tuerkei*

506 Siehe Alexander, Robin: Die Getriebenen, aktualisierte Ausgabe 2018, Seite 212

507 *https://www.zeit.de/2016/01/moral-fluechtlinge-deutschland-fluechtlingspolitik-buerokratie*

508 *https://www.zeit.de/2016/01/moral-fluechtlinge-deutschland-fluechtlingspolitik-buerokratie/seite-2*

509 *https://www.zeit.de/2016/01/moral-fluechtlinge-deutschland-fluechtlingspolitik-buerokratie/seite-3*

510 *https://www.n-tv.de/ticker/Australien-schottet-sich-gegen-Fluechtlinge-ab-article15666651.html*

511 Alexander, Robin: Die Getriebenen, aktualisierte Ausgabe 2018, Seite 181

512 *https://www.bild.de/politik/inland/julia-kloeckner/attackiert-merkel-kritiker-44201138.bild.html*

513 *https://derstandard.at/2000029466127/Scharfer-Protest-von-SPOe-Wien-gegen-Obergrenzen*

514 *https://kurier.at/politik/inland/rechnungshof-kostenexplosion-bei-mindestsicherung-in-wien/246.941.681*

515 *https://www.krone.at/1722932*

516 *https://www.dasbiber.at/content/van-der-bellen-nicht-anti-islam-stimmung-verfallen*

517 *http://www.faz.net/aktuell/politik/fluechtlingskrise/interview-mit-der-integrationsbeauftragten-aydan-oezoguz-spd-14029100.html*

518 *https://www.merkur.de/politik/integrationsbeauftragte-ministerin-oezoguz-brueder-sind-islamisten-zr-3274550.html*
519 *http://www.faz.net/aktuell/politik/fluechtlingskrise/interview-mit-der-integrationsbeauftragten-aydan-oezoguz-spd-14029100.html*
520 *http://www.faz.net/aktuell/politik/fluechtlingskrise/interview-mit-der-integrationsbeauftragten-aydan-oezoguz-spd-14029100.html*
521 *http://www.sueddeutsche.de/muenchen/fuerstenfeldbruck/maisach-schueler-fragen-politiker-antworten-1.2835950*
522 *http://www.sueddeutsche.de/politik/streit-ueber-asylpolitik-die-zerrissenen-1.2837512*
523 *https://www.bundesregierung.de/Content/DE/Bulletin/2016/01/11-1-bmwi-regerkl-bt.html*
524 *https://www.bundesregierung.de/Content/DE/Bulletin/2016/01/11-1-bmwi-regerkl-bt.html*
525 *https://jungefreiheit.de/debatte/kommentar/2016/die-hysterie-regiert/*
526 *Georg Usadel in: Zucht und Ordnung – Grundlagen einer nationalsozialistischen Ethik. Zitiert nach: Schreckenberg, Heinz: Erziehung, Lebenswelt und Kriegseinsatz der deutsche Jugend unter Hitler. Anmerkungen zur Literatur, Münster 2000, Seite 322*
527 *https://zulehner.wordpress.com/2016/01/30/obergrenzen-nein-aber-an-idealen-ausgerichtete-grenzen-3/*
528 *https://www.profil.at/meinung/franz-schellhorn-bombe-klassenzimmer-10334508*
529 *https://www.sueddeutsche.de/muenchen/dachau/werkstatt-treffen-deutsch-und-mathe-mangelhaft-1.4085195*
530 *https://zulehner.wordpress.com/2016/01/30/obergrenzen-nein-aber-an-idealen-ausgerichtete-grenzen-3/*
531 *https://www.tagesspiegel.de/politik/winfried-kretschmann-im-interview-ich-bete-jeden-tag-fuer-angela-merkel/12900668.html*
532 *https://www.bayernkurier.de/inland/31429-der-familiennachzug-in-zahlen/*
533 *https://www.tagesspiegel.de/politik/winfried-kretschmann-im-interview-ich-bete-jeden-tag-fuer-angela-merkel/12900668.html*
534 *http://www.sueddeutsche.de/news/politik/migration-fluechtlingskrise-maas-warnt-vor-verbaler-radikalisierung-dpa.urn-newsml-dpa-com-20090101-160213-99-694193*

535 *https://www.welt.de/politik/deutschland/article150947586/Merkels-Alleingang-war-ein-Akt-der-Selbstermaechtigung.html*

536 *https://www.welt.de/politik/deutschland/article150947586/Merkels-Alleingang-war-ein-Akt-der-Selbstermaechtigung.html*

537 *https://www.n-tv.de/politik/politik_person_der_woche/Der-Richter-der-Kanzlerin-article16746101.html*

538 *https://www.huffingtonpost.de/2016/02/17/die-fluchtlinge-werden-eine-bereicherung-sein-merkel-erhalt-unerwartete-unterstutzung-fur-ihre-fluchtlingspolitik_n_9251610.html*

539 *https://www.zeit.de/2016/06/integration-kinder-arabisch-lernen*

540 *https://www.topagrar.com/news/Home-top-News-Schweinefleisch-in-Schulkantinen-immer-seltener-9202447.html*

541 *http://www.maz-online.de/Lokales/Potsdam/Justizminister-Maas-Die-AfD-ist-rassistisch*

542 *https://www.zeit.de/kultur/2016-02/clausnitz-rassismus-reaktion-afd-twitter*

543 *https://www.bild.de/politik/inland/thilo-sarrazin/diese-journalistin-muss-sich-bei-sarrazin-entschuldigen-24344024.bild.html*

544 *https://www.zeit.de/kultur/2016-02/clausnitz-rassismus-reaktion-afd-twitter*

545 *https://www.zeit.de/kultur/2016-02/clausnitz-rassismus-reaktion-afd-twitter*

546 *https://www.hna.de/politik/iris-berben-interview-fluechtlingspolitik-6162149.html*

547 *https://www.hna.de/politik/iris-berben-interview-fluechtlingspolitik-6162149.html*

548 *https://bayernspd-landtag.de/presse/pressemitteilungen/?id=308779*

549 *https://www.tagesspiegel.de/politik/fluechtlinge-in-europa-mit-der-spd-wird-es-niemals-grenzschliessungen-geben/13053412.html*

550 *https://www.youtube.com/watch?v=KmWoJ4V-4bg*

551 *https://www.zeit.de/2017/40/islamkritik-reformen-liberal-bedrohung*

552 *https://www.youtube.com/watch?v=KmWoJ4V-4bg*

553 *https://www.welt.de/politik/deutschland/article153131429/Tuerkei-verhaelt-sich-europaeischer-als-manches-EU-Land.html*

554 *https://www.welt.de/politik/deutschland/article153131429/Tuerkei-verhaelt-sich-europaeischer-als-manches-EU-Land.html*

555 *https://diepresse.com/home/politik/innenpolitik/4949952/Kurz-zu-Landau_Da-muss-ich-dir-in-aller-Freundschaft-extrem*

556 *Die Presse, 16.9.2018, Seite 4*

557 *https://www.welt.de/politik/deutschland/article153706898/De-Maiziere-bereut-Ein-Teil-dieser-Antworten.html*

558 *https://www.sueddeutsche.de/reise/mitteldeutsche-regiobahn-kontroverse-um-frauenabteile-in-der-regionalbahn-1.2921856*

559 *https://derstandard.at/2000033695914/Faymann-Merkels-Politik-ist-uns-gegenueber-unfair*

560 *https://derstandard.at/2000031147042/Merkel-und-Faymann-Geist-der-Freundschaft-verfluechtigt-sich*

561 *https://wien.orf.at/news/stories/2767866/*

562 *https://www.youtube.com/watch?v=CJUc8hCRv6g*

563 *https://twitter.com/florianscheuba1/status/718455697470578688*

564 *https://www.welt.de/print/die_welt/politik/article154502969/Mazyek-vergleicht-AfD-mit-Hitlers-NSDAP.html*

565 *https://www.youtube.com/watch?v=UACIR1x6zt4*

566 *Siehe dazu etwa: Ley, Michael: Die kommende Revolte, München 2015*

567 *https://www.wzb.eu/de/pressemitteilung/islamischer-religioeser-fundamentalismus-ist-weit-verbreitet*

568 *https://www.ots.at/presseaussendung/OTS_20160427_OTS0277/asyl-verschaerfungen-fuer-kaoe-und-caritas-voellig-falscher-weg*

569 *https://www.focus.de/regional/bayern/wegen-tweet-afd-stellt-strafanzeige-gegen-stellvertretenden-chef-der-bundes-spd_id_5536505.html*

570 *http://www.faz.net/aktuell/politik/gewalt-gegen-afd-mitglieder-mit-zweierlei-mass-14233720.html*

571 *https://www.infranken.de/regional/erlangenhoechstadt/Hilfe-in-der-Not-Anlaufstellen-fuer-Frauen-auf-der-Bergkirchweih;art215,1865725*

572 *https://www.infranken.de/regional/erlangenhoechstadt/Hilfe-in-der-Not-Anlaufstellen-fuer-Frauen-auf-der-Bergkirchweih;art215,1865725*

573 *https://www.huffingtonpost.de/2016/05/15/sprachforscherin-arabisch_n_9977956.html*

574 *Frank&Frei – Magazin für Politik, Wirtschaft und Lebensstil, 07/2018*

575 *http://www.oe24.at/oesterreich/politik/FPOe-will-Stemberger-verklagen/236135379*

576 *http://www.spiegel.de/politik/deutschland/heiko-maas-attackiert-afd-im-geiste-von-putin-trump-und-erdogan-a-1092187.html*

577 https://www.achgut.com/artikel/die_hetzjagd_hysterie_waechst-mit_der_entfernung

578 https://www.augsburger-allgemeine.de/politik/Warum-rutscht-Oesterreich-soweit-nach-rechts-Herr-Krassnitzer-id37829002.html

579 https://www.augsburger-allgemeine.de/politik/Warum-rutscht-Oesterreich-soweit-nach-rechts-Herr-Krassnitzer-id37829002.html

580 http://www.faz.net/aktuell/politik/im-interview-mit-angela-merkel-vor-tuerkei-besuch-14245795-p3.html

581 http://www.faz.net/aktuell/politik/im-interview-mit-angela-merkel-vor-tuerkei-besuch-14245795-p5.html

582 https://www.bundeskanzlerin.de/Content/DE/Interview/2016/06/2016-06-02-merkel-im-bunte-interview.html

583 https://www.bundeskanzlerin.de/Content/DE/Interview/2016/06/2016-06-02-merkel-im-bunte-interview.html

584 https://www.sz-online.de/nachrichten/junge-araber-und-polen-gehen-aufeinander-los-3414012.html

585 https://www.zeit.de/politik/deutschland/2016-06/wolfgang-schaeuble-aussenpolitik-wandel-afrika-arabische-welt

586 Größte Minderheit in Südkorea mit über 50 Millionen Einwohnern sind rund sind 200.000 Chinesen (nicht mitgerechnet Koreaner mit chinesischer Staatsbürgerschaft, die in Südkorea aufhältig sind)

587 https://www.zeit.de/politik/deutschland/2016-06/wolfgang-schaeuble-aussenpolitik-wandel-afrika-arabische-welt

588 https://www.focus.de/finanzen/videos/familienbild-schwarzarbeit-geburtenrate-warum-48-prozent-der-tuerken-in-deutschland-nicht-arbeiten_id_7338076.html

589 https://diepresse.com/home/wirtschaft/economist/5191575/Tuerken-sind-die-Sorgenkinder-am-Arbeitsmarkt

590 http://www.spiegel.de/lebenundlernen/schule/integration-warum-schueler-tuerkischer-herkunft-schlecht-abschneiden-a-1152964.html

591 https://www.hna.de/kassel/herderschuelerinnen-schulweg-belaestigt-6471442.html

592 https://www.krone.at/514077

593 https://www.rnz.de/nachrichten/heidelberg_artikel,-Heidelberg-Was-die-Fluechtlinge-uns-bringen-ist-wertvoller-als-Gold-_arid,198565.html (abgerufen am 21.03.2013)

594 https://www.express.de/koeln/trotz-skandal-um-koelner-hotel-mehr-fluechtlinge-fuer-andrea-horitzky-31379250

595 https://www.focus.de/politik/deutschland/aufnahme-und-integration-bericht-die-bisherigen-kosten-der-fluechtlingskrise-in-deutschland_id_8949358.html

596 https://kurier.at/kultur/konstantin-wecker-dumpfe-empoerte-kann-man-leicht-populistisch-ausbeuten/203.752.530

597 https://www.profil.at/meinung/elfriede-hammerl-wohlstand-6411903

598 Industriellen Verneigung: Reichtum, Armut & Umverteilung in Österreich. 5. Überarbeitetet Auflage, 2015

599 http://www.spiegel.de/politik/deutschland/fluechtlinge-bund-stellt-knapp-94-milliarden-euro-bis-2020-bereit-a-1092256.html

600 http://www.spiegel.de/politik/deutschland/gruene-katrin-goering-eckardt-fordert-schnelle-abschiebung-auslaendischer-gewalttaeter-a-1098409.html (abgerufen am 30.3.2018)

601 http://www.bundespraesident.de/SharedDocs/Reden/DE/Joachim-Gauck/Interviews/2016/160619-Bericht-aus-Berlin-Interview.html

602 http://www.spiegel.de/politik/deutschland/anschlag-in-berlin-offener-brief-an-angela-merkel-im-wortlaut-a-1181266.html

603 https://www.bundesregierung.de/Content/DE/Artikel/2016/07/Integration/2016-07-09-integration-thw.html

604 https://www.bundesregierung.de/Content/DE/Artikel/2016/07/Integration/2016-07-09-integration-thw.html

605 https://www.bundeskanzlerin.de/Content/DE/Podcast/2016/2016-07-09-Video-Podcast/links/download-PDF.pdf;jsessionid=24D64A2F14F42B2F207CCFFE9310BF84.s3t1?__blob=publicationFile&v=2

606 https://www.youtube.com/watch?time_continue=1&v=Zfc4cvMGqps

607 http://www.handelsblatt.com/politik/international/fluechtlinge-im-mittelmeer-roth-fordert-zivile-seenotrettung/13880316.html

608 https://www.sueddeutsche.de/politik/anschlag-in-nizza-der-terror-kann-uns-schlagen-besiegen-kann-er-uns-nicht-1.3079806

609 https://de.wikipedia.org/wiki/Anschlag_in_Nizza

610 https://www.n-tv.de/politik/De-Maiziere-warnt-vor-Generalverdacht-article18207426.html

611 https://de.wikipedia.org/wiki/Renate_K%C3%BCnast#Erfolglose_Kandidatur_als_Spitzenkandidatin_zur_Bundestagswahl_2013_und_R%C3%BCckzug_aus_der_ersten_Reihe
612 http://www.faz.net/aktuell/politik/inland/renate-kuenast-tweet-ueber-wuerzburg-taeter-empoert-das-netz-14347242.html
613 https://www.tagesspiegel.de/politik/nach-dem-attentat-von-wuerzburg-jetzt-zeigt-man-mit-den-fingern-auf-uns-muslime/13902142.html
614 https://www.tagesspiegel.de/politik/nach-dem-attentat-von-wuerzburg-jetzt-zeigt-man-mit-den-fingern-auf-uns-muslime/13902142.html
615 Wie in den meisten europäischen Ländern existieren auch in Frankreich – aus gutem Grund – keine offiziellen Zahlen über die Größe des muslimischen Bevölkerungsanteiles. Die inoffiziellen Schätzungen sind zumeist äußerst niedrig und wenig glaubwürdig. Laut Wikipedia sind von der französischen Gesamtbevölkerung von 67 Millionen nur 3,5 bis 9 Millionen Muslime, was wenig glaubwürdig ist.
616 https://www.bild.de/regional/aktuelles/stegner-warntnach-attentaten-vor-spiel-der-46939682.bild.html
617 https://www.bild.de/regional/aktuelles/stegner-warntnach-attentaten-vor-spiel-der-46939682.bild.html
618 https://www.zeit.de/2014/32/christen-verteibung-irak-tradition
619 https://www.stuttgarter-nachrichten.de/inhalt.nach-anschlag-in-ansbach-politische-reaktionen-gehen-weit-auseinander.05d725c5-8ef7-47b1-bb98-00b54f2c247e.html
620 https://www.br.de/nachricht/islamistischer-terror-reaktionen-politik-100.html
621 Siehe dazu Hamed Abdel-Samad und Udo Ulfkotte „Geheimplan Europa".
622 https://de.wikipedia.org/wiki/Mohammed_Amin_al-Husseini
623 https://www.youtube.com/watch?v=ibBf63KIBpI
624 Siehe Evans-Pritchard, Edward E.: Theorien über primitive Religionen, Frankfurt am Main 1981, Seite 128
625 https://dbate.de/videos/einwanderung-gewalt-kriminalitaet-kriminologe-pfeiffer/
626 https://www.zeit.de/news/2016-08/01/terrorismus-kirchen-angreifer-hatten-laut-medien-erst-seit-kurzem-kontakt-01113404
627 http://www.faz.net/aktuell/politik/inland/gespraech-ueber-unsere-gesellschaft-und-den-islam-14368816.html

628 *http://www.faz.net/aktuell/politik/inland/gespraech-ueber-unsere-gesellschaft-und-den-islam-14368816.html*
629 *http://www.faz.net/aktuell/feuilleton/debatten/integration/rassismus-das-schweigen-der-schulen-ueber-deutschenfeindlichkeit-11056390.html*
630 *https://www.stern.de/tv/stern-tv-studiogespraech--heinz-peter-meidinger-ueber-gewalt-an-deutschlands-schulen-7919472.html*
631 *https://www.bild.de/politik/inland/schule/situation-an-brennpunktschulen-ausser-kontrolle-55202968.bild.html*
632 *http://www.faz.net/aktuell/politik/inland/gespraech-ueber-unsere-gesellschaft-und-den-islam-14368816-p2.html*
633 *https://www.wzb.eu/de/pressemitteilung/islamischer-religioeser-fundamentalismus-ist-weit-verbreitet*
634 *http://www.spiegel.de/spiegel/print/d-146155473.html*
635 *http://www.spiegel.de/spiegel/print/d-146155473.html*
636 *http://www.spiegel.de/spiegel/print/d-146155473.html*
637 *http://www.faz.net/aktuell/wirtschaft/wirtschaftspolitik/spd-fordert-von-grosskonzernen-mehr-jobs-fuer-fluechtlinge-14392094.html*
638 *http://www.faz.net/aktuell/wirtschaft/unternehmen/welcher-konzern-stellte-fluechtlinge-ein-14322168.html*
639 *http://www.faz.net/aktuell/politik/fluechtlingskrise/angela-merkel-kein-zusammenhang-zwischen-fluechtlinge-terrorgefahr-14393721.html*
640 *https://www.mopo.de/news/panorama/im-freibad-dieses-klebe-tattoo-soll-vor-sex-attacken-schuetzen-24617724#*
641 *http://www.faz.net/aktuell/politik/fluechtlingskrise/angela-merkel-gesteht-fehler-in-der-fluechtlingskrise-ein-14413798.html*
642 *http://www.faz.net/aktuell/feuilleton/debatten/merkel-bashing-die-hilflose-kritik-an-der-kanzlerin-14437389.html?printPagedArticle=true#pageIndex_2*
643 *http://www.faz.net/aktuell/feuilleton/debatten/merkel-bashing-die-hilflose-kritik-an-der-kanzlerin-14437389.html?printPagedArticle=true#pageIndex_2*
644 *https://derstandard.at/2000044511382/Noestlinger-Nicht-alles-was-mir-nicht-gefaellt-kann-ich-verbieten*
645 *https://www.wu.ac.at/presse/presseaussendungen/presseaussendung-details/detail/neue-studie-humankapital-von-gefluechteten/*

646 *https://www.wu.ac.at/presse/presseaussendungen/presseaussendung-details/detail/neue-studie-humankapital-von-gefluechteten/*

647 *Studienbeschreibung: „Für ihre Untersuchung hat das Forschungsteam im November und Dezember 2015 Interviews mit 514 Geflüchteten beider Geschlechter und unterschiedlicher Altersgruppen überwiegend aus Syrien, dem Irak und Afghanistan zu ihrer Herkunft, Ausbildung und ihren beruflichen Erfahrungen, ihrem Familienstatus, ihren Einstellungen und Werten sowie ihren Zukunftsplänen in sieben Flüchtlingseinrichtungen in und um Wien durchgeführt."*

648 *https://www.youtube.com/watch?v=Q_Wv3yQ7reI*

649 *https://www.zeit.de/news/2016-10/03/deutschland-roth-entsetzt-ueber-brutalen-hass-bei-einheitsfeier-in-dresden-03200403*

650 *https://www.bz-berlin.de/deutschland/angespannte-stimmung-in-dresden-polizei-draengt-demonstranten-zurueck*

651 *https://www.zeit.de/news/2016-10/03/deutschland-roth-entsetzt-ueber-brutalen-hass-bei-einheitsfeier-in-dresden-03200403*

652 *https://kurier.at/kultur/rainhard-fendrich-im-interview-aha-der-ist-ja-gar-kein-ungustl/224.110.378*

653 *https://www.focus.de/politik/deutschland/fluechtlinge-asylanten-auf-heimaturlaub_aid_170910.html*

654 *https://www.bundeskanzlerin.de/Content/DE/Rede/2016/10/2016-10-06-rege-bga-unternehmertag.html*

655 *https://www.tagesspiegel.de/medien/hasskommentare-in-sozialen-netzwerken-maas-sieht-facebook-und-twitter-in-der-pflicht/14646758.html*

656 *https://de.wikipedia.org/wiki/Samisdat*

657 *https://rp-online.de/nrw/panorama/facebook-baut-loeschzentren-in-essen-und-berlin-aus_aid-22531779*

658 *https://meedia.de/2016/08/22/anhaltender-pr-gau-anwalt-joachim-steinhoefel-prangert-facebook-loeschaktionen-mit-wall-of-shame-an/*

659 *https://www.ksta.de/nrw/gibt-es-angstraeume-in-nrw--innenminister-jaeger-empoert-mit--no-brain-areas--aussage-24857802#*

660 *https://www.ksta.de/nrw/gibt-es-angstraeume-in-nrw--innenminister-jaeger-empoert-mit--no-brain-areas--aussage-24857802#*

661 *https://rp-online.de/nrw/landespolitik/natuerlich-gibt-es-no-go-areas-in-nrw_aid-18897379*

662 https://rp-online.de/nrw/landespolitik/natuerlich-gibt-es-no-go-areas-in-nrw_aid-18897379

663 http://www.nachrichten.at/nachrichten/kultur/Rainhard-Fendrich-Der-Gabalier-ist-halt-auch-noch-sehr-jung;art16,2367055

664 http://www.nachrichten.at/nachrichten/kultur/Rainhard-Fendrich-Der-Gabalier-ist-halt-auch-noch-sehr-jung;art16,2367055

665 https://www.tichyseinblick.de/kolumnen/mueller-vogg-gegen-den-strom/economics-war-gestern-jetzt-gibts-maasonomics/

666 https://www.marx21.de/wp-content/uploads/M21-No-41_Thesen_LOW_NEU.pdf

667 https://www.tichyseinblick.de/kolumnen/mueller-vogg-gegen-den-strom/economics-war-gestern-jetzt-gibts-maasonomics/

668 https://www.welt.de/politik/deutschland/article159030465/Der-Schweinebraten-bleibt-Bestandteil-unseres-Lebens.html

669 https://www.weser-kurier.de/bremen/bremen-stadt_artikel,-immer-weniger-schweinefleisch-an-kitas-und-schulen-_arid,1658197.html

670 https://www.welt.de/politik/deutschland/article149798514/Faelle-von-Paralleljustiz-in-Berliner-Grossfamilien.html

671 https://www.berliner-kurier.de/news/politik---wirtschaft/ard-bericht-ueber-araber-clans--fuer-die-dummheit-der-richter-koennen-wir-doch-nichts--31055050

672 http://www.spiegel.de/kultur/musik/marius-mueller-westernhagen-die-leute-sind-zu-dumm-fuer-demokratie-geworden-a-1118579.html

673 https://rp-online.de/kultur/musik/udo-lindenberg-im-interview-ich-bin-ein-entspannter-vogel_aid-18262463

674 Sie etwa den Fall des Bestsellerautors Akif Pirinçci

675 https://www.krone.at/1772126

676 https://ef-magazin.de/2015/10/22/7798-akif-pirinci-der-kitzel-des-guten-gewissens

677 https://www.youtube.com/watch?v=YK0ftJi5bv8

678 https://www.kleinezeitung.at/politik/bundespraesident/5118334/Wahlkampfauftakt_Van-der-Bellen-warnt-vor-AlpenMordor

679 Mordor ist in dem berühmten Fantasy-Epos „Der Herr der Ringe“ die Verkörperung des Bösen.

680 *Siehe dazu auch Werner Reichel: Am Scheiterhaufen der poltisch korrekten Inquisition. In: Günther/Reichel (Hg.): Populismus – Das unerhörte Volk und seine Feinde, Wien 2017*

681 *https://www.welt.de/politik/ausland/article159611932/Grenzoeffnung-fuer-Fluechtlinge-Keine-andere-Moeglichkeit.html*

682 *https://derstandard.at/2000048177390/Haselsteiner-wuerde-Praesident-Hofer-nicht-nach-Erl-einladen*

683 *In der ersten Stichwahl, die wegen Unregelmäßigkeiten wiederholt werden musste, erreichte Van der Bellen 50,35 % und Hofer 49,65 %. Bei der Wahlwiederholung stimmten 53,79 % für Van der Bellen.*

684 *https://www.domradio.de/themen/rainer-maria-kardinal-woelki/2016-12-01/kardinal-woelki-sprayt-fuer-gutmenschen*

685 *https://www.welt.de/politik/deutschland/article159921701/Fluechtlingspolitik-aus-Kriminologen-Sicht-das-Falscheste.html*

686 *https://www.bild.de/regional/aktuelles/baden-wuerttemberg/gabriel-warnt-vor-hetze-gegen-fluechtlinge-49073618.bild.html*

687 *http://www.spiegel.de/politik/deutschland/mord-an-maria-l-interview-mit-oberbuergermeister-von-freiburg-dieter-salomon-a-1124490.html*

688 *https://www.morgenpost.de/vermischtes/article208874973/So-erklaert-die-ARD-ihren-Verzicht-auf-Freiburg-Meldung.html*

689 *http://www.spiegel.de/kultur/tv/getoetete-studentin-maria-l-in-freiburg-warum-die-ard-nun-doch-ueber-den-mord-berichtet-a-1124574.html*

690 *http://www.oe24.at/oesterreich/politik/bp-wahl/Haeupl-Das-Gute-hat-das-Boese-besiegt/261244558*

691 *https://www.welt.de/politik/deutschland/article160057317/Polizeigewerkschaft-spricht-von-zweitem-Missbrauch-der-Opfer.html*

692 *https://www.derwesten.de/staedte/bochum/uni-vergewaltiger-von-bochum-ziyad-k-ueberfiel-in-bochum-zwei-studentinnen-seine-frau-lebte-mit-ihm-im-fluechtlingsheim-id210369847.html*

693 *https://www.welt.de/politik/deutschland/article160057317/Polizeigewerkschaft-spricht-von-zweitem-Missbrauch-der-Opfer.html*

694 *https://www.huffingtonpost.de/2016/12/07/grosse-koalition-kuendigen-stegner_n_13480800.html*

695 *http://de.euronews.com/2016/12/08/populismus-als-kollektive-bloedheit-und-islamischer-faschismus-ein-gespraech*

696 *https://twitter.com/ralf_stegner/status/810951891442081793?lang=de*

697 *https://en.wikipedia.org/wiki/2014_Dijon_attack*

698 *https://en.wikipedia.org/wiki/2014_Nantes_attack*

699 *https://de.wikipedia.org/wiki/Amokfahrt_von_Graz*

700 *https://de.wikipedia.org/wiki/Anschlag_in_Nizza*

701 *https://twitter.com/ralf_stegner/status/810947847608795136?lang=de*

702 *https://www.merkur.de/politik/anschlag-in-berlin-csu-experte-fordert-sicherheitspruefung-fuer-alle-weihnachtsmaerkte-zr-7140390.html*

703 *https://www.bundeskanzlerin.de/Content/DE/Mitschrift/Pressekonferenzen/2016/12/2016-12-20-erklaerung-merkel-breitscheidplatz.html*

704 *https://www.cicero.de/innenpolitik/reaktion-auf-berliner-anschlag-einschlaefern-als-krisenbewaeltigung*

705 *https://www.berlin.de/rbmskzl/aktuelles/pressemitteilungen/2016/pressemitteilung.545077.php*

706 *http://www.sueddeutsche.de/politik/rechtspopulismus-der-anschlag-die-afd-und-ihre-masche-1.3305035*

707 *https://www.berlin.de/rbmskzl/aktuelles/pressemitteilungen/2016/pressemitteilung.545077.php*

708 *https://www.tagesspiegel.de/politik/nach-anschlag-auf-breitscheidplatz-stegner-debatte-ueber-fluechtlinge-und-sicherheit-nicht-vermischen/19176538.html*

709 *https://www.tagesspiegel.de/politik/nach-anschlag-auf-breitscheidplatz-stegner-debatte-ueber-fluechtlinge-und-sicherheit-nicht-vermischen/19176538.html*

710 *https://diepresse.com/home/meinung/gastkommentar/5140680/Das-australische-Modell_Kaltherzig-und-sehr-kostspielig*

711 *https://www.zeit.de/politik/ausland/2016-10/un-bericht-fluechtlinge-unhcr-mittelmeer-todesfaelle*

712 *https://www.merkur.de/politik/merkels-ramadan-rede-muslime-nicht-ausgrenzen-zr-5190712.html*

713 *derstandard.at/2000056579232/Van-der-Bellen-sorgt-mit-Statement-zu-Kopftuch-fuer-Aufregung*

714 *https://www.tagesspiegel.de/politik/interview-mit-thomas-de-maiziere-wir-werden-mit-der-bedrohung-leben-muessen/19918356.html*

715 *https://jungefreiheit.de/politik/deutschland/2017/goering-eckardt-ohne-den-islam-waere-es-langweilig-in-deutschland*

716 *https://www.bz-berlin.de/berlin/berliner-linke-will-nicht-einmal-terroristen-abschieben*

717 *http://www.handelsblatt.com/politik/deutschland/die-zitate-der-fluechtlingskrise-dann-ist-das-nicht-mein-land-/12711550.html*

718 *https://www.focus.de/politik/deutschland/koennen-nicht-gang-der-geschichte-aufhalten-schaeuble-buerger-muessen-akzeptieren-dass-es-immer-mehr-muslime-gibt_id_8696294.html*

Über den Autor

WERNER REICHEL

Geboren 1966 in Niederösterreich, studierte Ethnologie, Publizistik und Kommunikationswissenschaft in Wien. Rund 20 Jahre im Rundfunk tätig, unter anderem als Programmchef und Geschäftsführer mehrerer österreichischer Privatradios. Er ist Chefredakteur der Quartalszeitschrift „Frank&Frei – Magazin für Politik, Wirtschaft und Lebensstil" und schreibt regelmäßig für liberale, libertäre und konservative Print- und Online-Medien, u.a. für *eigentümlich frei*, *alles roger?*, *Extradienst*, *andreas-unterberger.at* oder *orf-watch.at*.

Publikationen:
Privatradio in Österreich (2006), Die roten Meinungsmacher (2012), Das Phänomen Conchita Wurst (2014), Genderismus (2015), Infantilismus (2016), Populismus (2017)

Personenregister

G

Literatur

Abdel-Samad, Hamed: Der islamische Faschismus: Eine Analyse. München 2014

Alexander, Robin: Die Getriebenen: Merkel und die Flüchtlingspolitik: Report aus dem Innern der Macht. Aktualisierte Ausgabe, München 2018

Baader, Roland: Totgedacht: Warum Intellektuelle unsere Welt zerstören, Gräfelfing 2002

Bordieu, Pierre: Die feinen Unterschiede - Kritik der gesellschaftlichen Urteilskraft, Berlin 1987

Broder, Henryk M.: Das ist ja irre! – Mein deutsches Tagebuch, 2017

Bruckner, Pascal: Vom Nutzen und Nachteil der Geschichte für Europa, München 2008

Evans-Pritchard, Edward E.: Theorien über primitive Religionen, Frankfurt am Main 1981

Günther, Christian, Reichel, Werner (Hg.): Infantilismus – Der Nanny-Staat und seine Kinder, Wien 2016

Günther, Christian, Reichel, Werner (Hg.): Populismus – Das unerhörte Volk und seine Feinde, Wien 2017

Fischer, Joschka: Risiko Deutschland, Krise und Zukunft der deutschen Politik, eBook-Version der Originalausgabe von 1994

Hörl, Michael: Die Armutsindustrie – Wie mit falschen Zahlen Politik gemacht wird, Wien 2018

Ley, Michael: Die kommende Revolte, München 2015

Ley, Michael: Politischer Infantilismus: Die Achtundsechziger. In: Günther, Christian, Reichel, Werner (Hg.): Infantilismus – Der Nanny-Staat und seine Kinder, Wien 2016

Ley, Michael: Hitlers Kinder – Die Generation der Achtundsechziger, Marburg an der Lahn 2018

Lichtmesz, Martin: Die Hierarchie der Opfer, Schnellroda 2017

Murray, Douglas: Der Selbstmord Europas – Immigration, Identität, Islam, München 2018

Prantl, Heribert: Im Namen der Menschlichkeit: Rettet die Flüchtlinge!, eBook 2015

Sarrazin, Thilo: Feindliche Übernahme – Wie der Islam den Fortschritt behindert und die Gesellschaft bedroht, München 2018

Taleb, Nassim Nicholas: Das Risiko und sein Preis – Skin in the Game, München 2018

Team Stronach Akademie (Hg.): Stiefkind Wirtschaftskunde – Eine Analyse von Schulbüchern: einseitig falsch, tendenziös?, Wien 2016

Tögel, Andreas: Schluss mit lustig – Wie die Babyboomer die Zukunft der Jugend ruinieren, Wien 2018

Schreckenberg, Heinz: Erziehung, Lebenswelt und Kriegseinsatz der deutsche Jugend unter Hitler. Anmerkungen zur Literatur, Münster 2000

Ulfkotte, Udo: Geheimplan Europa – Wie ein Kontinent erobert wird, Wien 2018

Wiesinger, Susanne: Kulturkampf im Klassenzimmer – Wie der Islam die Schulen verändert. Bericht einer Lehrerin, Wien 2018

Impressum

IMPRESSUM

Werner Reichel

DER DEUTSCHE WILLKOMMENSWAHN

Eine Chronik in kommentierten Zitaten 2015–2016

Zweite, überarbeitete Auflage

Verlag Frank&Frei, Wien 2019

ISBN: 978-3-903236-21-9

eISBN: 978-3-903236-22-6

Titelgestaltung, Layout & Satz: derkapazunder.at

Bilderverzeichnis:

Coverfoto: Shutterstock
202: spiegel.de
219: wikipedia
244: flickr
599: Frank&Frei; Kalasek